Samivel

L'âme du monde

hoëbeke

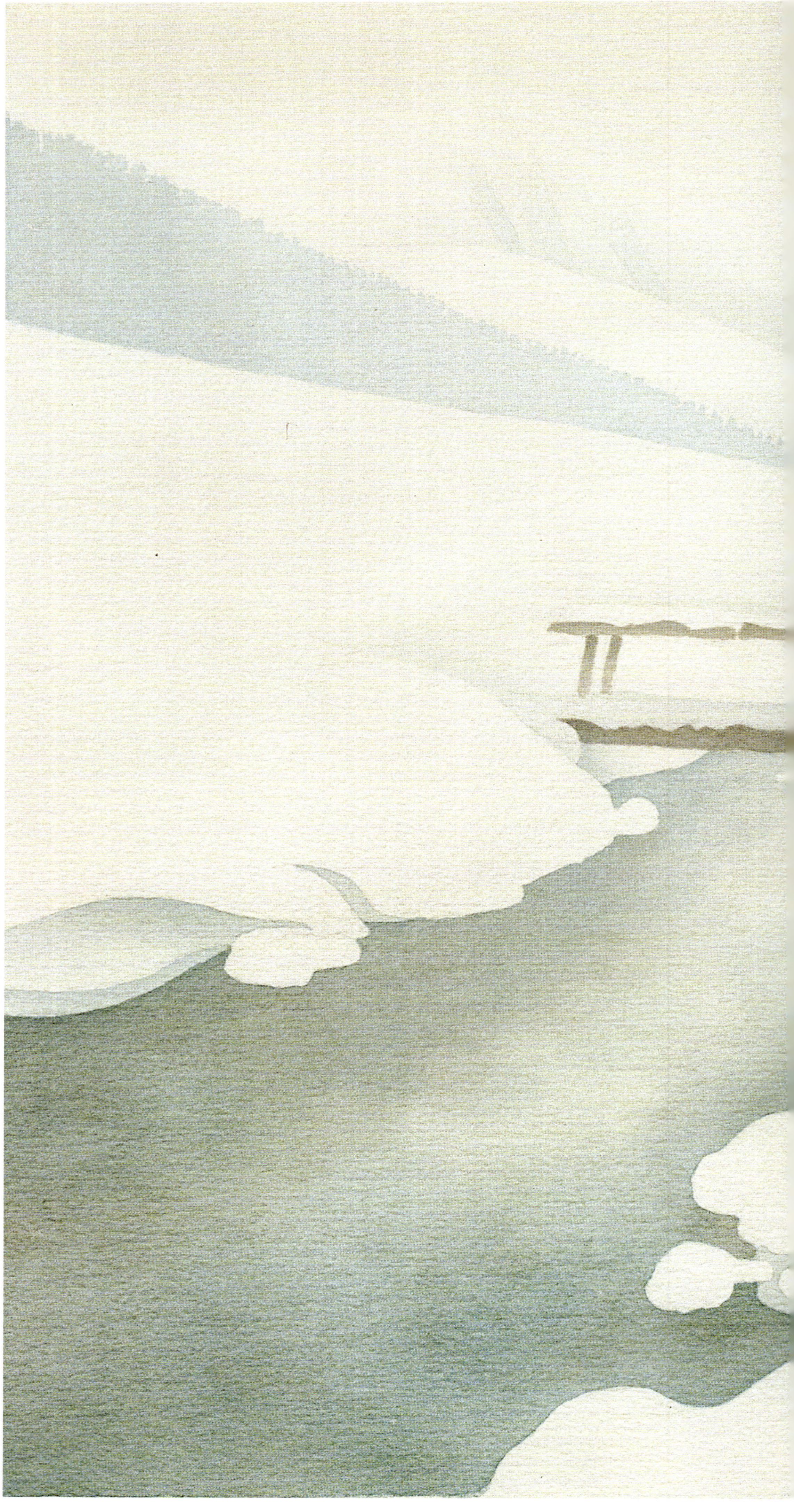

Le Pont, 1990.
Aquarelle.

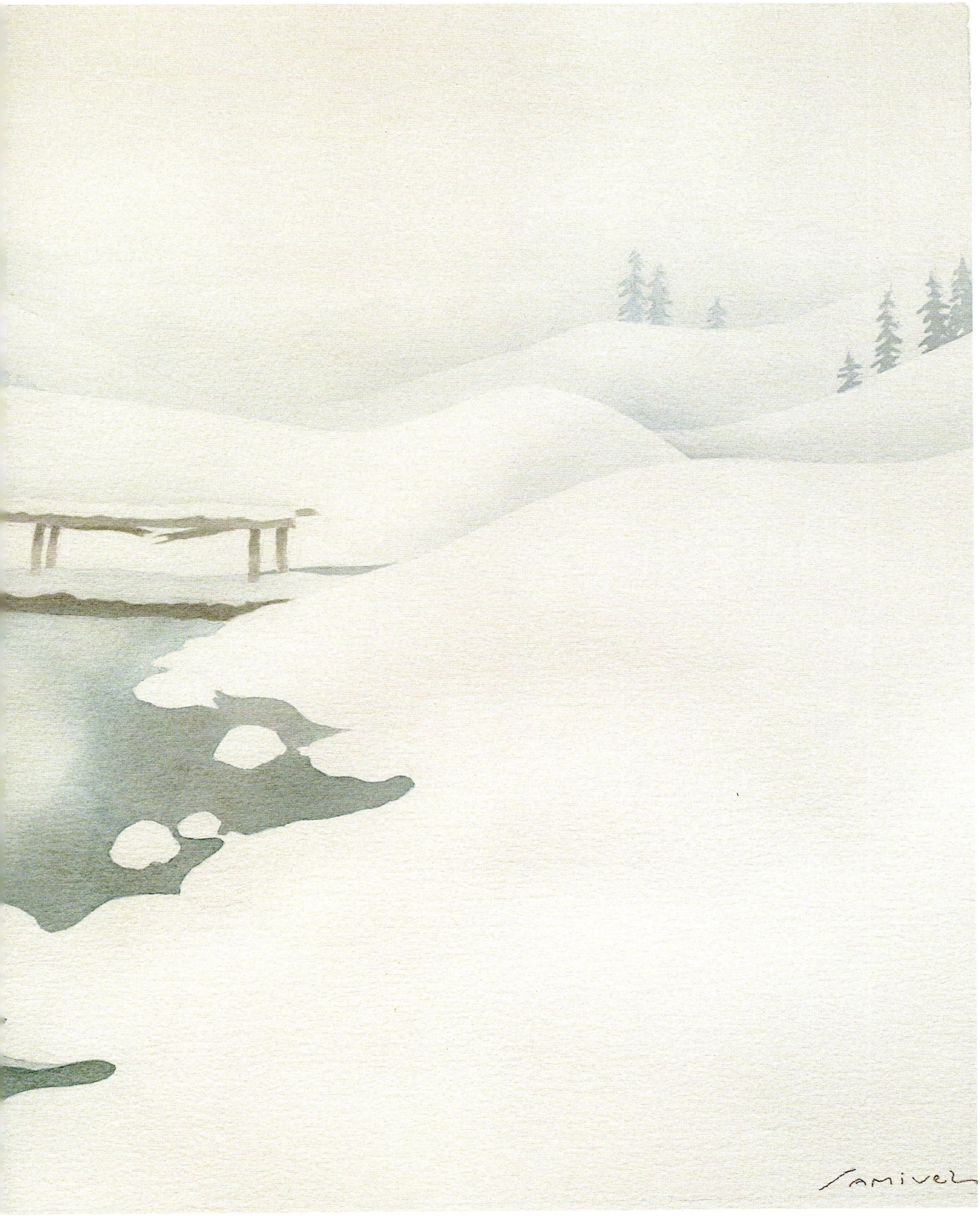
SAMIVEL

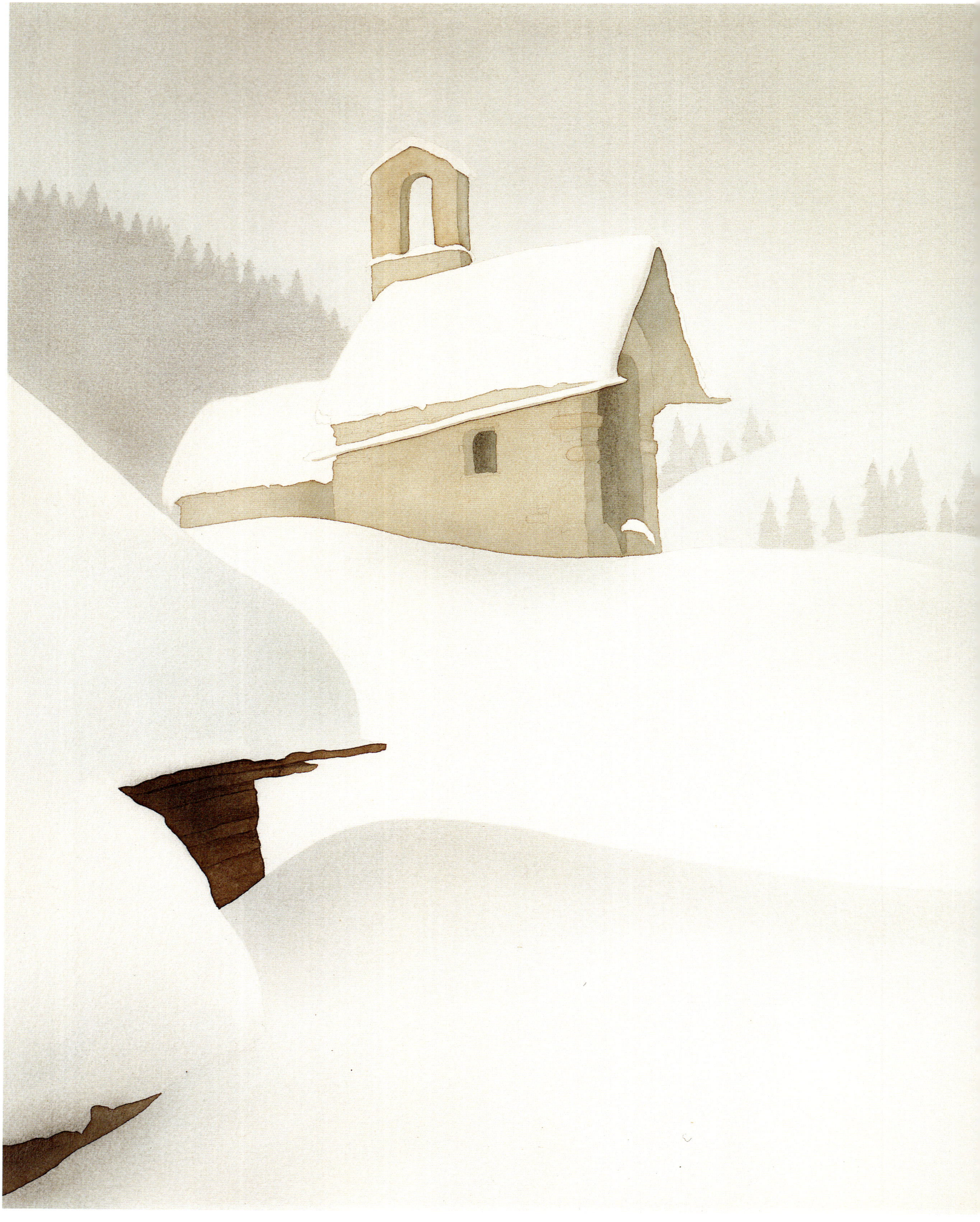

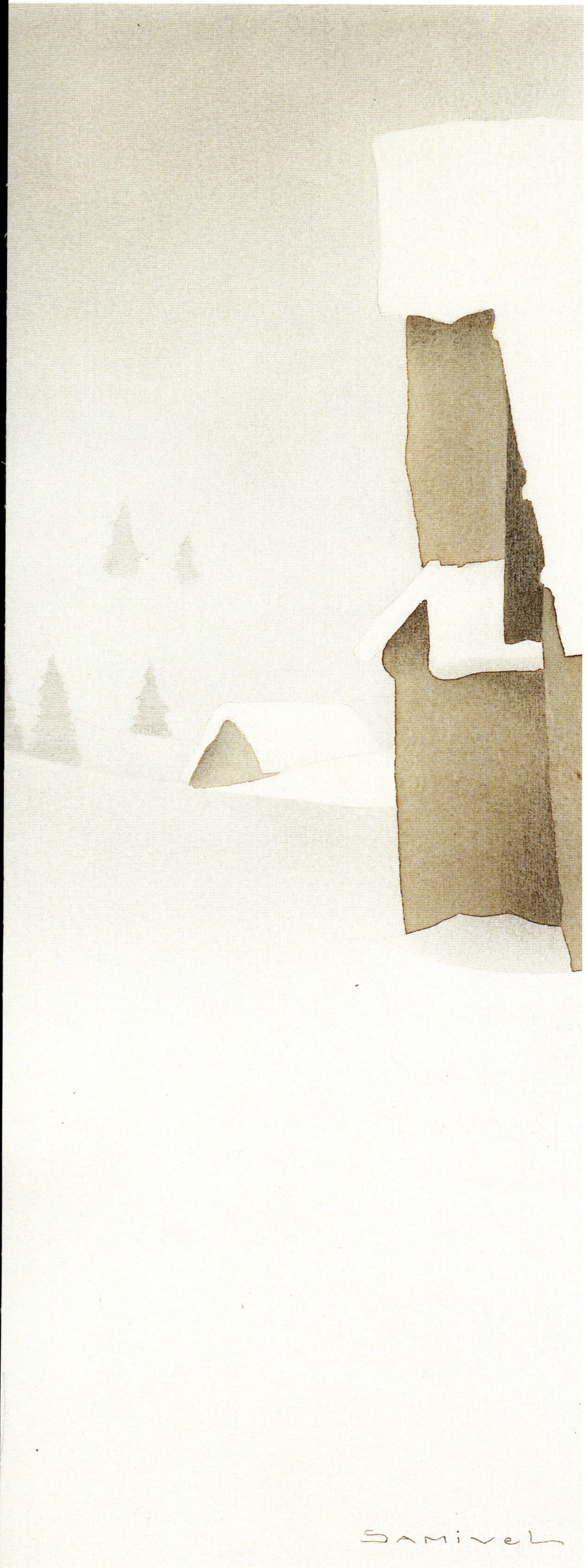

La Chapelle de Fontcouverte sous la neige, 1949.
Aquarelle.

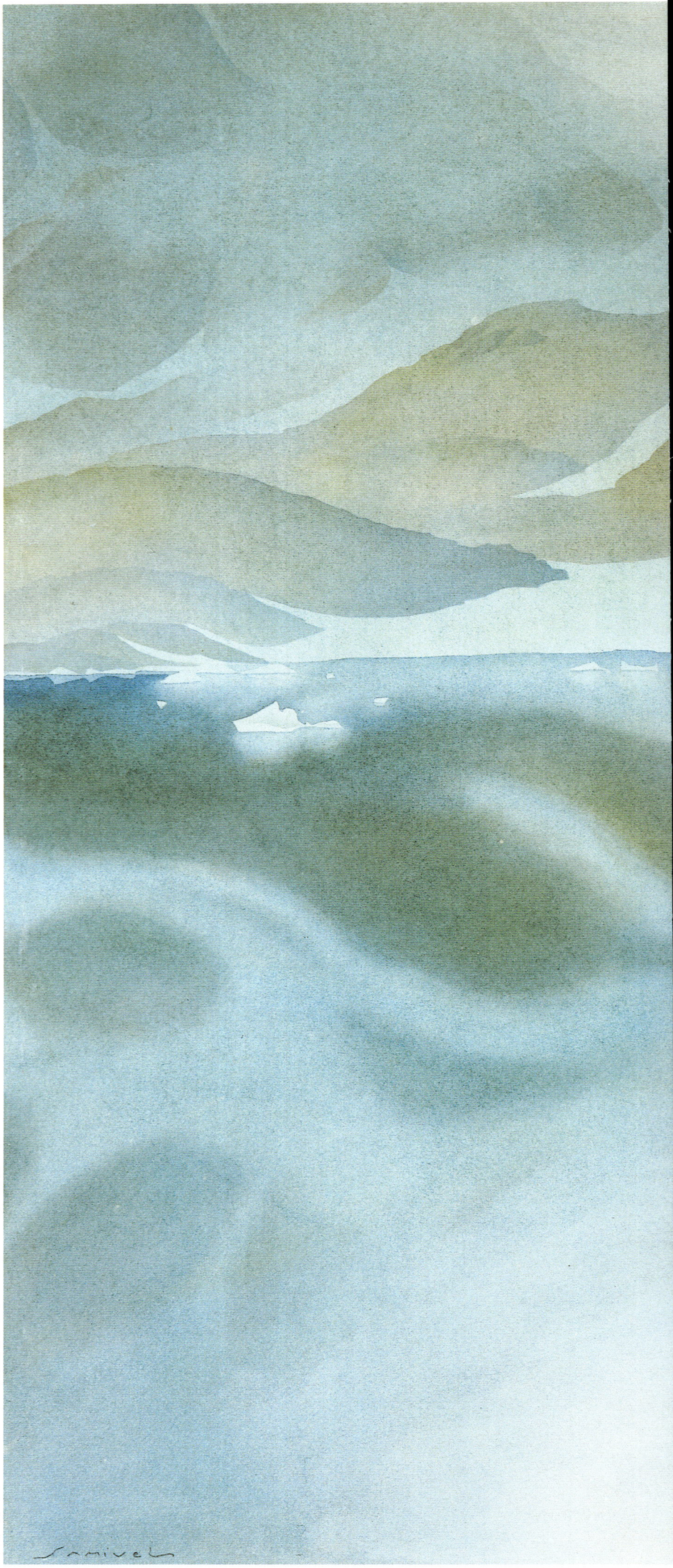

Fond du fjord de Quervain, Groenland, 1949.
Aquarelle.
Musée d'ethnographie de Genève.

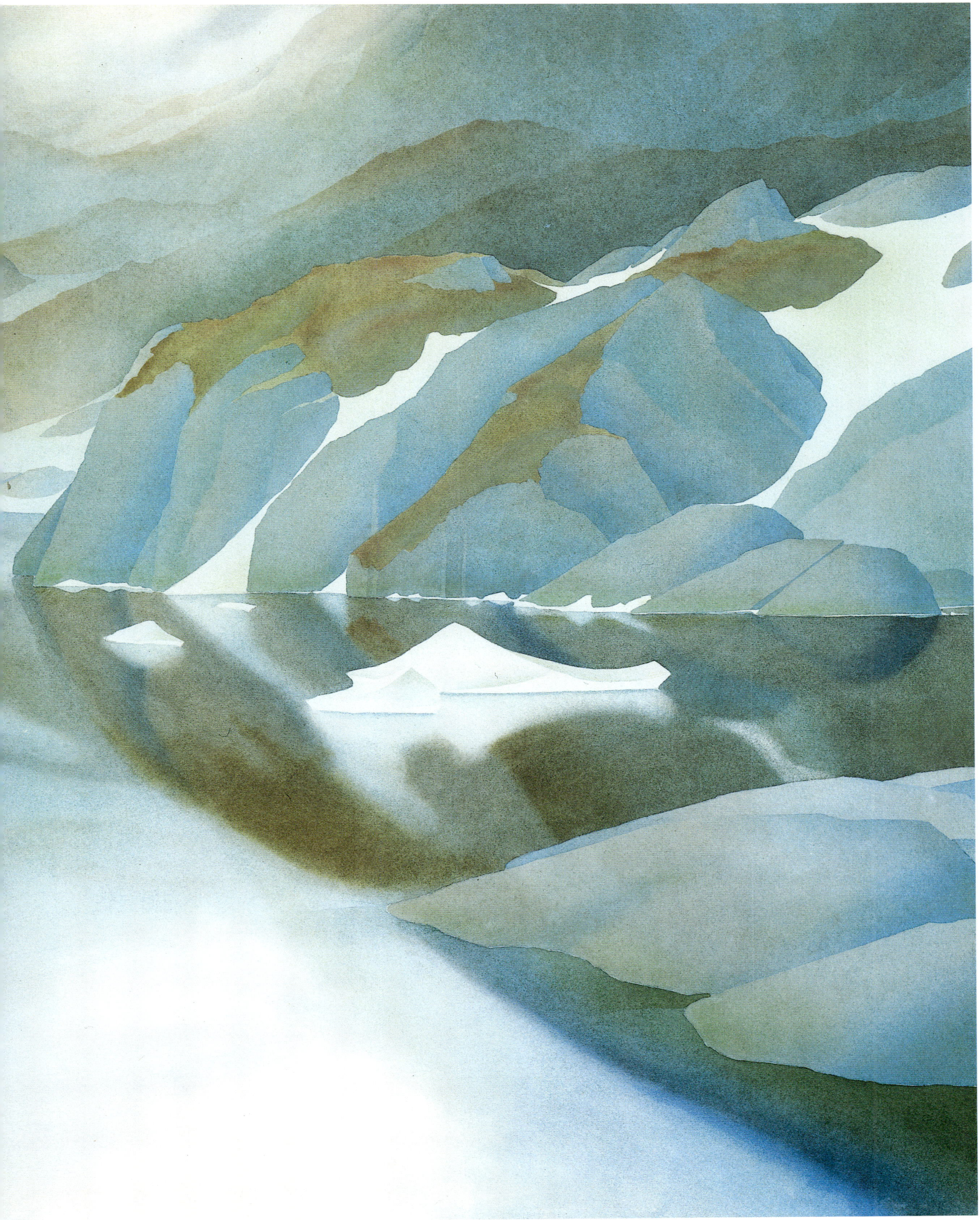

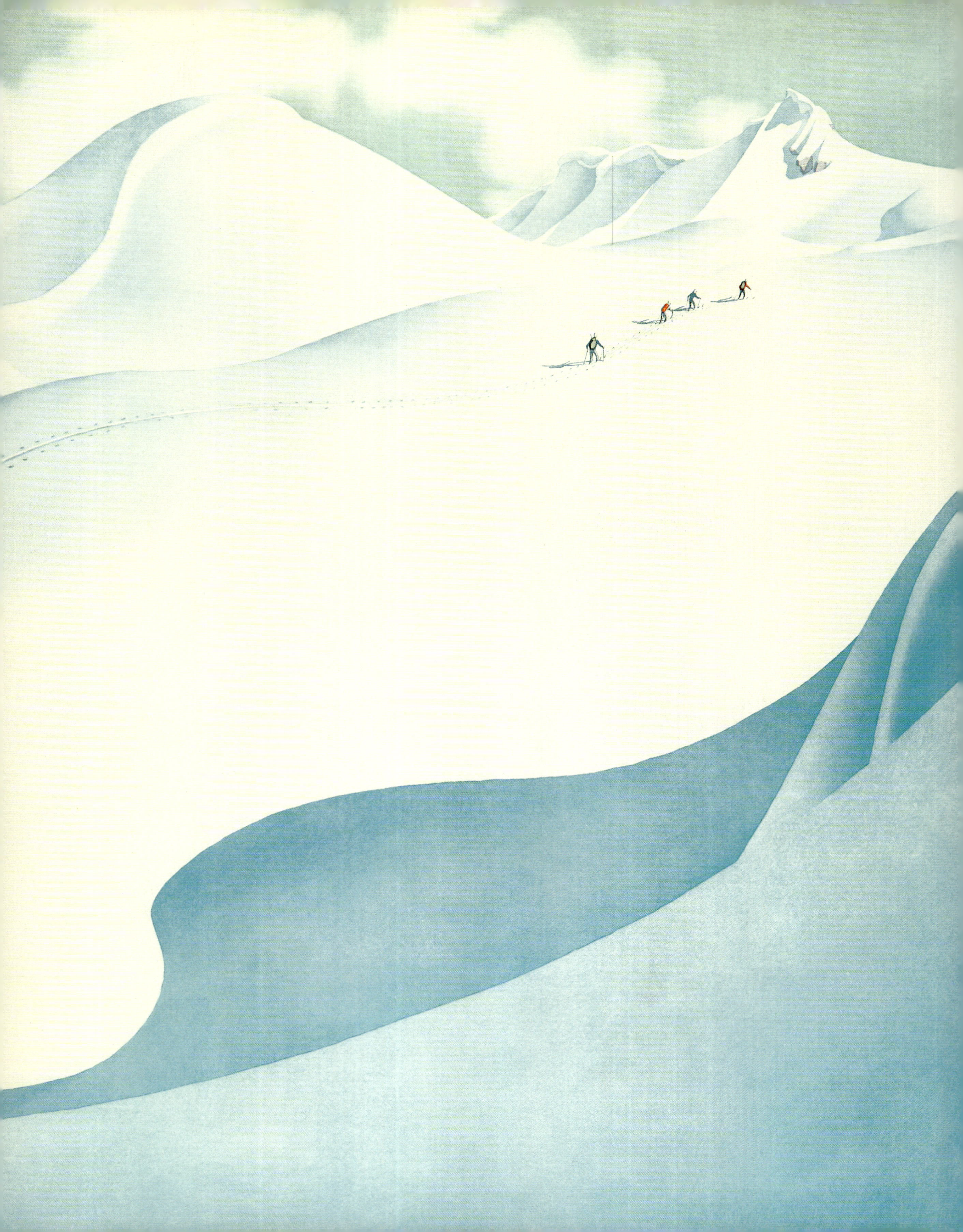

Au milieu des eaux tumultueuses de l'univers,
Au nœud des tourbillons et des étoiles,
Au centre des créatures et des actes,
Sans désir, sans liens, sans souillures,
Sans gestes avides, sans paroles étudiées,
Apprends à demeurer librement, paisiblement immobile,
Afin que les dieux timides et les plus humbles créatures
Cessent de s'émouvoir de ta présence.
Alors les oiseaux bâtiront leurs nids dans tes paumes,
Le vent d'hiver lui-même oubliera de mordre ton corps.
Et tu domineras les trésors et les cœurs.

Samivel
Extrait de « Je dis, le secret du monde est tel »,
Contes à pic, 1951

Grande traversée des Alpes françaises l'hiver,
affiche, 1974.
Aquarelle.

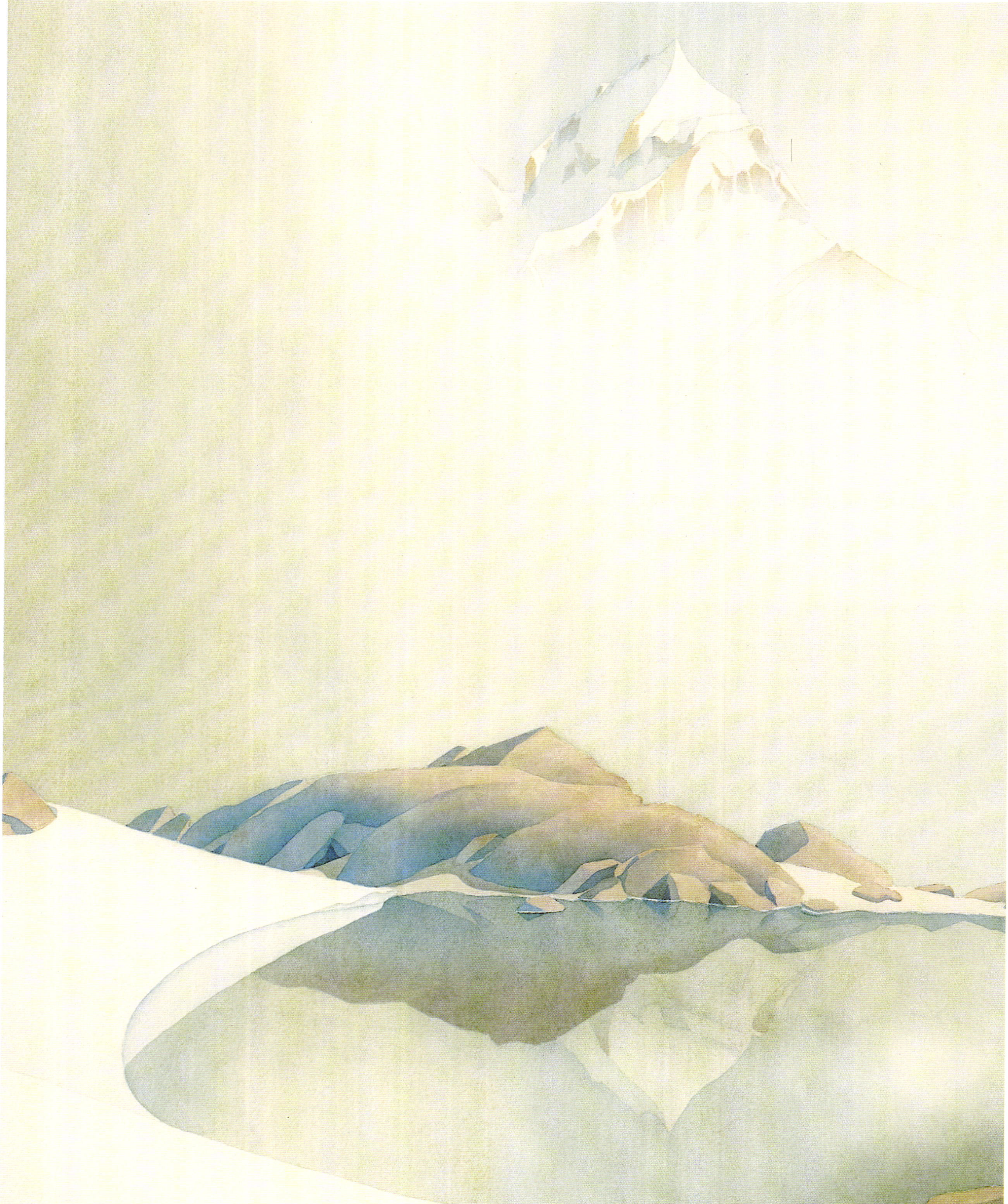
Samivel

Sommaire

page 12

Le dernier des romantiques

Jean-Pierre Coutaz

page 42

L'œil et les merveilles

Yves Paccalet

page 72

Le perpétuel ébloui

Yves Frémion

page 108

Le fonds Samivel du MEG
L'héritage

Erica Deuber Ziegler et Jean-Louis Feuz

page 134

Bibliographie

établie par Guylaine Nové-Josserand

Cet ouvrage est publié à l'occasion de l'exposition « Il y a 100 ans naissait Samivel, illustrateur, écrivain, cinéaste », organisée par la fondation du Château de Saint-Maurice, en collaboration avec le Musée d'ethnographie de Genève (MEG).

Commissariat
Jean-Pierre Coutaz, professeur d'art visuel et d'histoire de l'art, directeur du Château de Saint-Maurice.

L'exposition a été réalisée avec la participation d'Erica Deuber Zeigler, historienne de l'art, chargée de recherche au MEG, de Jean-Louis Feuz, historien de l'art, collaborateur scientifique au MEG et de Guylaine Nové-Josserand, ancienne collaboratrice de Samivel.

Samivel, L'Âme du monde est publié en partenariat avec la fondation du Château de Saint-Maurice et le Musée d'ethnographie de Genève, avec l'aimable collaboration des Éditions Mythra.

FUORCLA SURLEJ, ENGADINE, 1990.
AQUARELLE.

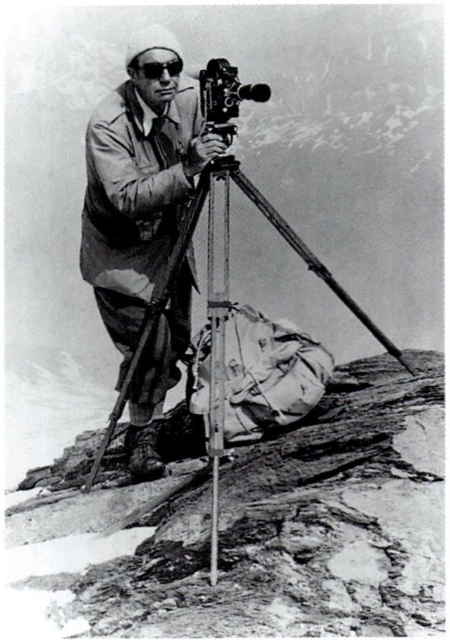

SAMIVEL
EN TOURNAGE, n. d.

Le dernier des romantiques

« Il me vint l'idée d'examiner de près une belle feuille dorée comme une crêpe, une feuille multiple, je m'en souviens, lâchée par l'aîné des marronniers. Elle ressemblait à un éventail baroque, ou bien à un panache, jusqu'au moment où j'y découvris sept poissons accrochés à la même ligne, et demeurai fasciné par le réseau des nervures symétriques, le dessin délicat des tissus végétaux. Cette perfection qui, de palier en palier, s'amenuisait jusqu'à des perspectives indistinctes me comblait d'une joie singulière. C'était après tout, si l'on y réfléchit, un message de l'infini à la portée d'un petit d'homme, et dépourvu d'angoisse ; en tout cas la révélation de la fabuleuse prolifération des apparences. »

Il y a dans ce souvenir d'enfance relaté dans *L'Œil émerveillé* la quintessence de la vie, de l'art et de l'œuvre de l'artiste.

On imagine aisément le petit garçon solitaire, observateur et rêveur, accroupi au pied d'un arbre (comme le sage en méditation face à la montagne dans « Au vrai sommet » de *L'Opéra de pics*) perdu dans son monde et balayant du regard le sol saupoudré d'or automnal.

Le bruissement des feuilles si proche du clapotis des vagues berce sa mélancolie et l'enfant cueille une feuille et de son œil d'alchimiste accomplit le grand œuvre. Paul Klee, à quelques années près, n'écrivait-il d'ailleurs pas que le rôle de l'artiste n'est pas de reproduire le visible mais de produire l'invisible. Le petit Paul, avec toute sa fraîcheur cristalline, se raconte une « histoire naturelle infinie » pour reprendre le titre même du tome second des écrits de Paul Klee. L'enfant scrute avec une attention de chirurgien tous les vaisseaux de sa feuille de marronnier : il faut dire qu'il a de qui tenir puisque son grand-père paternel, Alphonse Gayet, était professeur de chirurgie ophtalmique à la faculté de médecine de Lyon.

L'extrême finesse des traits de plume de l'artiste, dès son plus jeune âge, est très proche de l'incision lente et précise qui ne souffre aucune hésitation et semble suivre un parcours prévu. Le silence est absolu, les Gayet opèrent.

Plongeant au cœur des nervures, fasciné par leur réseau complexe, le petit homme passe allégrement de la vue à la vision et découvre... sept poissons accrochés à la même ligne. Mais de quelle ligne s'agit-il ? Celle du graphiste ou celle du marin que Samivel aurait rêvé d'être ? Cet amour de la mer d'ailleurs, et de la ligne ondoyante ou oblique comme l'ondée, est merveilleusement illustré par les dessins de Samivel dans *Histoire du naufragé volontaire* d'Alain Bombard

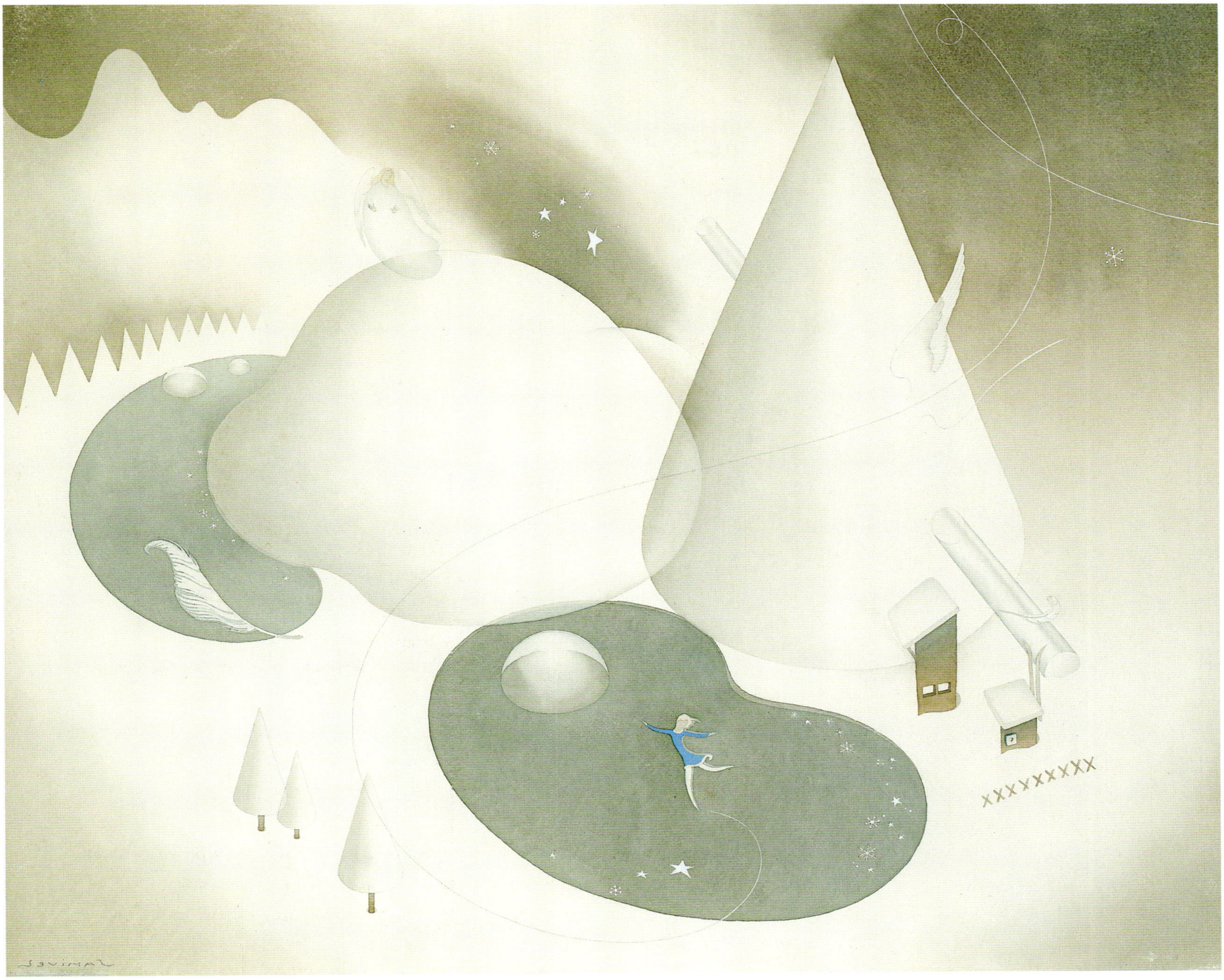

La Patineuse, n. d.

Pages suivantes

Le Retour des skieurs, n. d.

Aquarelles.

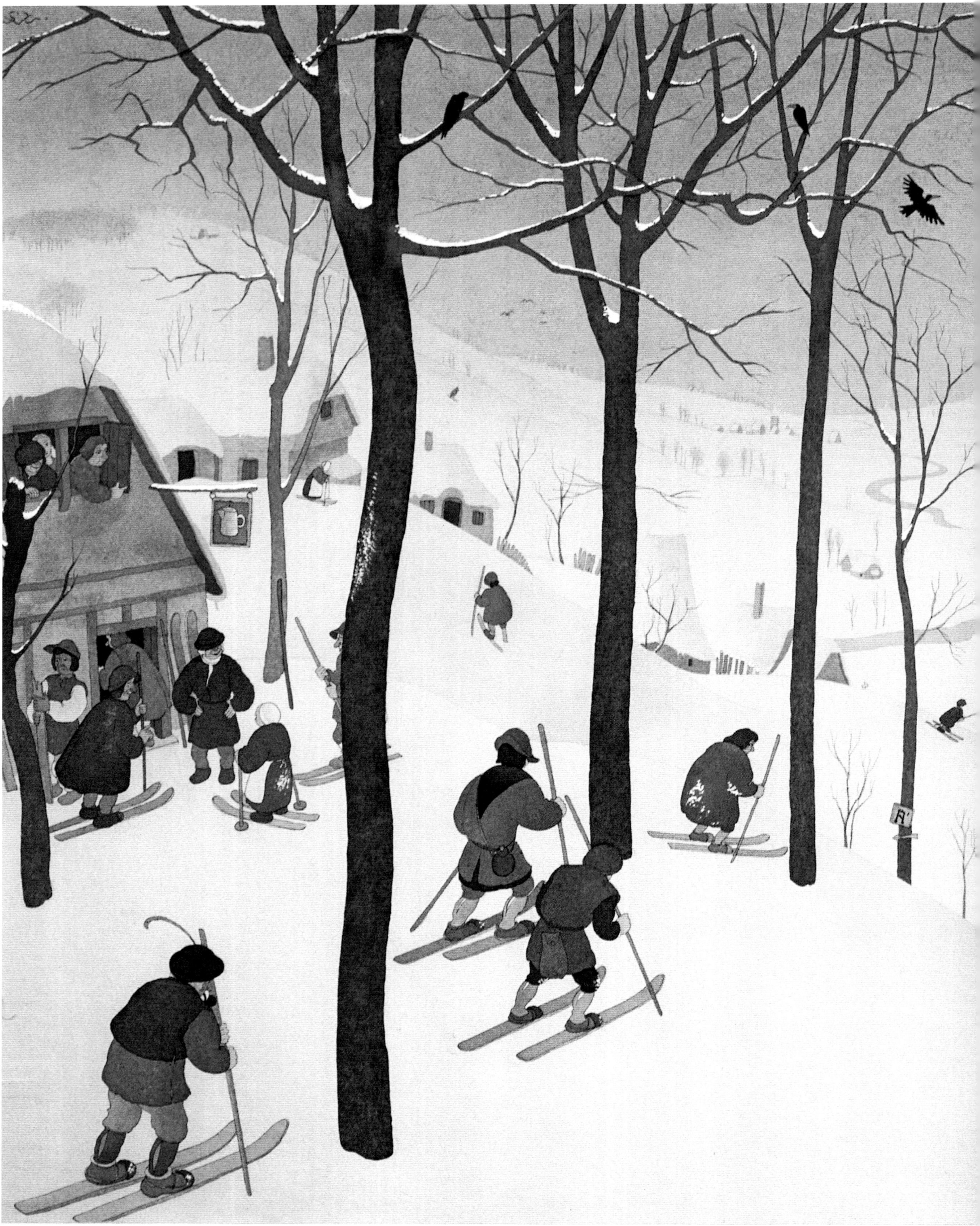

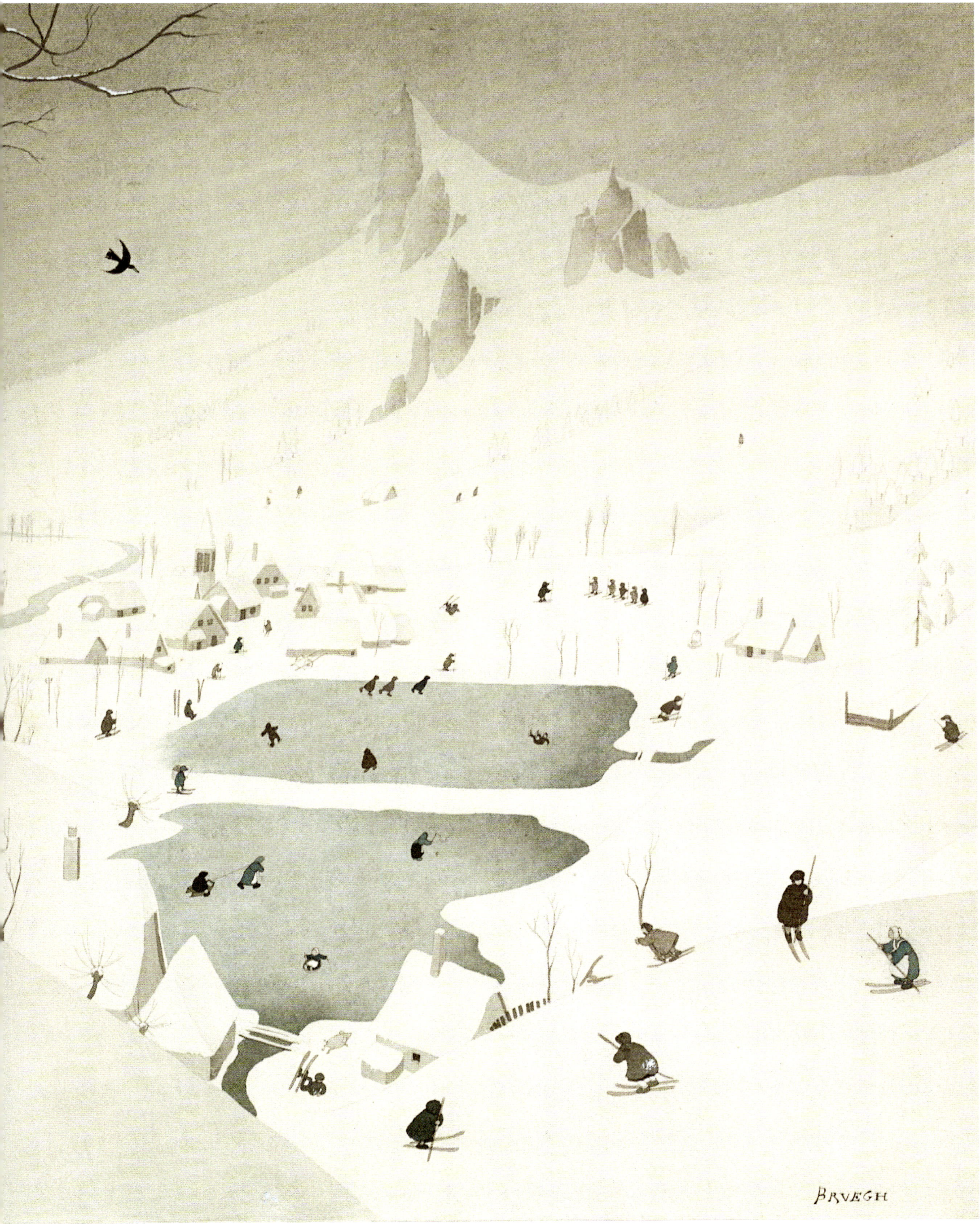
BRVEGH

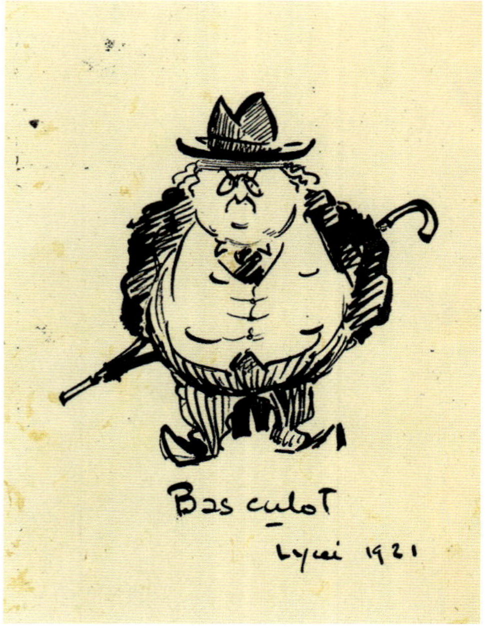

Le professeur de philosophie surnommé « Bas culot », caricaturé par le futur Samivel, Chambéry, 1921. Dessin à l'encre de Chine.

publiée en 1953. On y découvre, sans doute insoupçonnées, des analogies troublantes avec les estampes du « vieux fou de dessin » qu'est Hokusai.

Les dentelles de la feuille de marronnier pourraient presque, en fondu enchaîné, se superposer à la « Vague » griffue du peintre japonais.

Mais comment se peut-il que l'œuvre de cet autodidacte, dernier en cours de dessin, parisien de naissance, savoyard d'adoption, révèle un caractère aussi universel ? Les réponses gisent peut-être dans cette feuille détachée de marronnier : contemplation de la nature, humilité face à « l'univers géant », authenticité et simplicité. En un mot, Samivel a su préserver une âme d'enfant, garder constamment ouvert son œil émerveillé en tâchant d'ouvrir celui des autres.

Si pour les amoureux de la montagne le nom de Samivel évoque spontanément aussi bien de petits bonshommes confrontés à l'immensité de la nature, que des aquarelles éthérées aux subtiles variations de bleu, bien peu savent que derrière ce pseudonyme se cache un artiste autodidacte, solitaire, inclassable : Paul Gayet-Tancrède.

L'anecdote relative au choix de ce nouveau nom nous oblige à faire une brève incursion dans la chronologie des événements biographiques.

Vers l'âge de huit ou dix ans Paul a reçu de la sœur de son père, tante Marie Falcouz, un livre de Charles Dickens, *Les Aventures de M. Pickwick*, illustré par Cecil Aldin. À quinze ans, l'adolescent relit l'ouvrage avec attention, fasciné par les dessins, le choix du détail pittoresque, cocasse, méticuleux et découvre son héros Sam Weller, affectueusement surnommé Samivel par son propre père. Paul trouve dans ce personnage un *alter ego* dont l'humour, évidemment très *british*, correspond à merveille à sa sensibilité et à sa distinction naturelle. C'est à partir de 1928 déjà, donc vers l'âge de vingt ans, que Paul Gayet se rebaptisera définitivement par ce nouveau nom avec lequel il signera ses premiers dessins humoristiques sur la montagne, parus dans une revue grenobloise intitulée *La Vie alpine*.

Samivel : le nom sonne clair et, comme l'écrivait Jean-Olivier Majastre dans un hommage paru en 1992 dans *La Montagne* à l'occasion de la mort de l'artiste, on y trouve la *vie* et le *sel* entourant l'*ami*. Rédiger la biographie d'un auteur aussi réservé n'est pas chose aisée tant l'homme fut discret et peu disert sur son enfance, sa formation et son existence, qui se confond d'ailleurs le plus souvent avec sa production.

Heureusement qu'au travers de certains entretiens relevés dans la presse écrite ou radiophonique nous pouvons glaner quelques passages relatifs à ses amitiés, ses rencontres, voire quelques brèves confessions. Enfin quelques photos anciennes, annotées au dos, viennent compléter le puzzle.

L'enfance de Samivel

Paul Gayet naît à Paris le 11 juillet 1907 quelques mois après le décès de son père, âgé de trente-deux ans seulement. Ce dernier, également prénommé Paul, lieutenant de cavalerie, était, par ouï-dire, un homme élégant, mondain, mais ayant le sens de l'engagement et de l'honneur. Fils unique, le petit Paul est élevé par une mère attentionnée, Marcelle Gayet née Trancrède, qu'il considéra durant toute son existence comme la femme de sa vie. Elle le protégera et veillera sur lui dans la crainte qu'une pneumonie ne l'emporte comme son père.

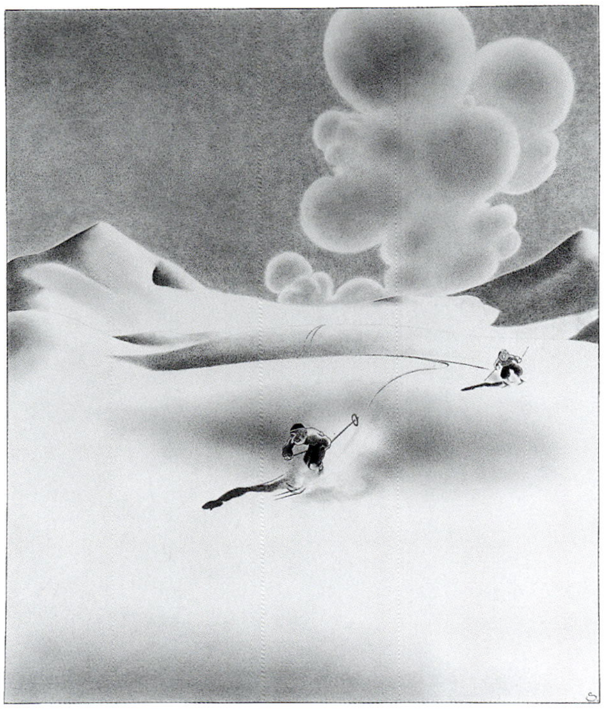

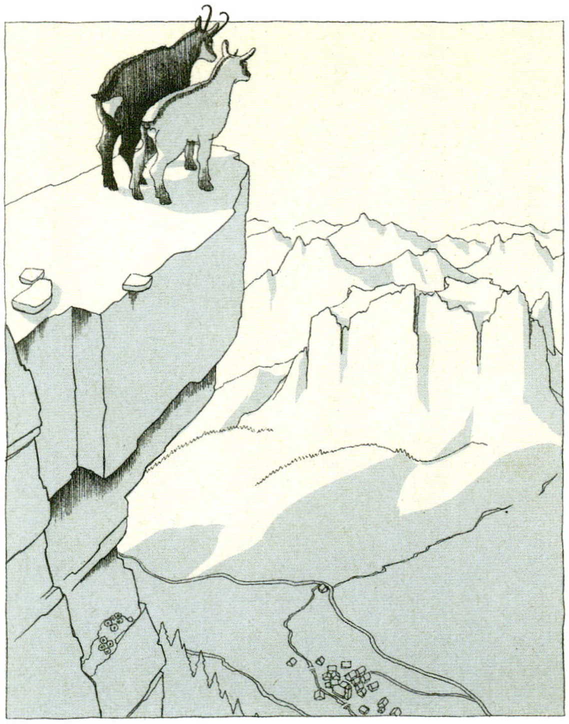

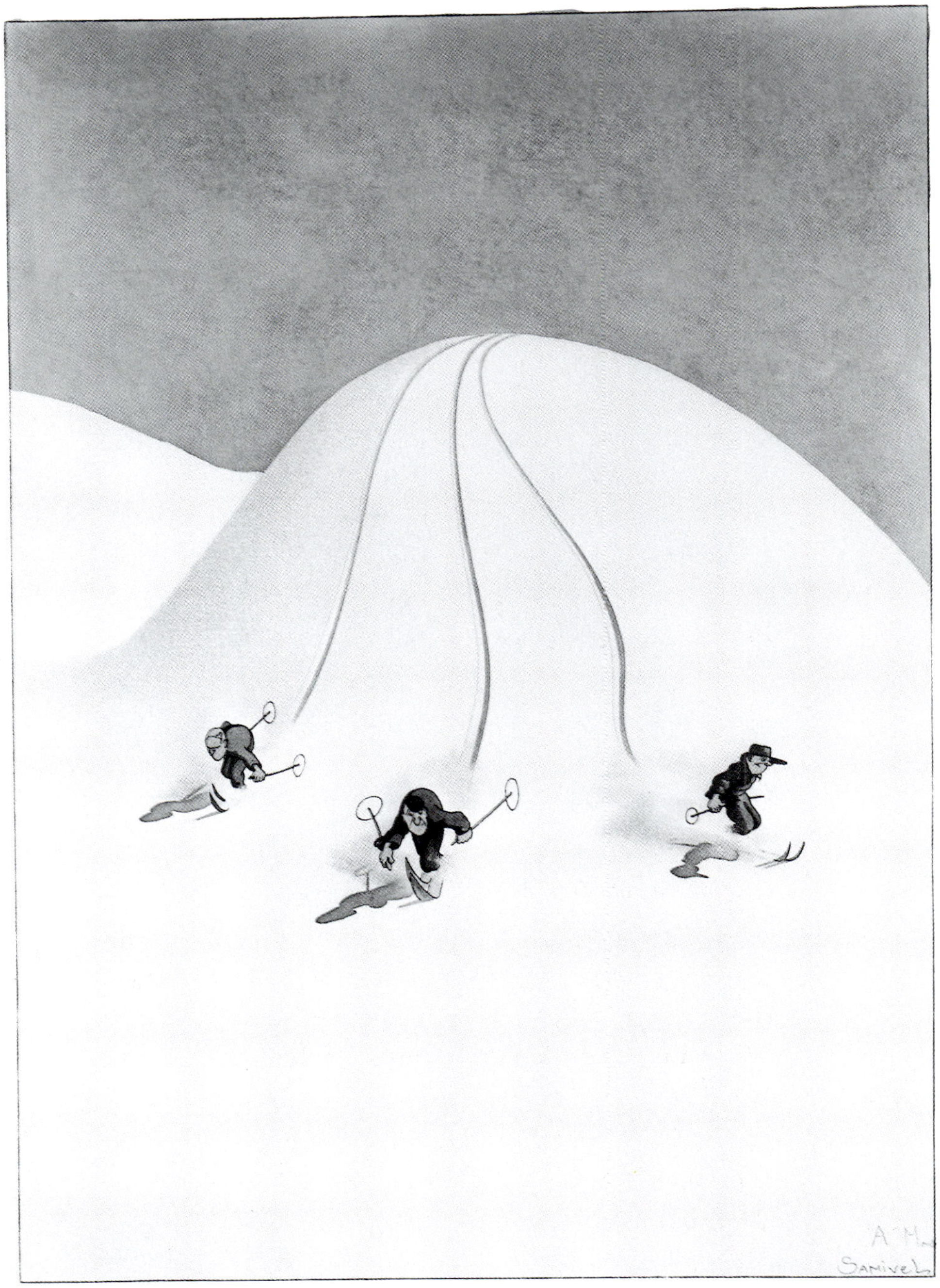

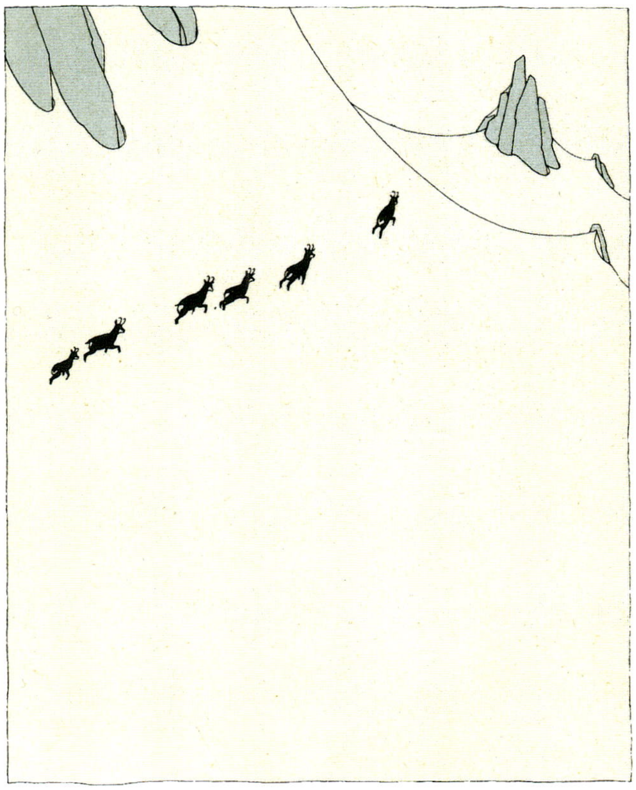

Moins dix degrés, 1933,
En haut à gauche : « Neige poudreuse », n. d.
En bas à gauche : sans titre, n. d.
Dessins à l'encre de Chine et lavis.

À droite : Trag le chamois, 1947.
Dessins aquarellés.

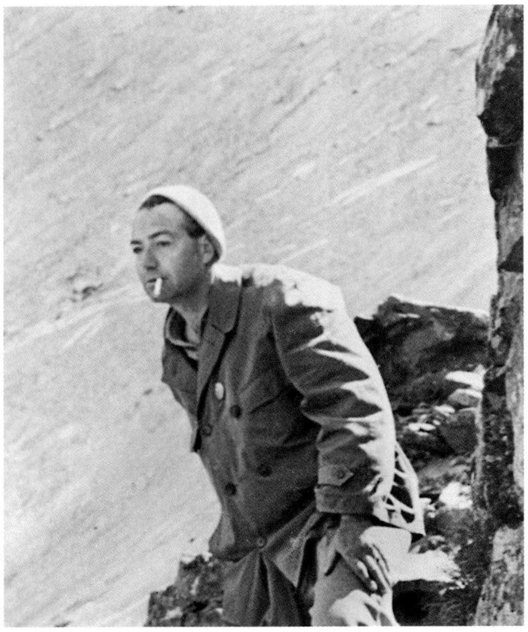

Samivel lors du tournage du film Grand Paradis, 1956.

Il vit à Paris au boulevard Suchet jusqu'en 1914 dans la maison que fit construire son grand-père maternel et dont le jardin à l'anglaise était une sorte d'Éden qui favorisa et développa chez l'enfant le goût de la nature. Il n'est qu'à lire les premières pages de *L'Œil émerveillé* pour comprendre à quel point ce berceau de verdure marqua sa précoce sensibilité.

À la déclaration de la Première Guerre mondiale le petit Parisien découvre la Savoie où sa mère l'envoie en vacances au château de Barral près de Chambéry chez son oncle. Mère et fils y passeront les hivers de 1914 à 1918. À la fin du conflit on le retrouve dans la capitale où il fréquente le collège de Janson-de-Sailly avant de repartir pour Chambéry au collège Saint-François-de-Sales. Sa maîtrise de la langue française stupéfie ses camarades et... ses professeurs. Sous la houlette de l'abbé Bonnet, Paul réalise alors bon nombre d'excursions en *zigzag* selon la formule de Rodolphe Tœpffer dont les croquis ne laissent pas indifférent le futur auteur de *Bonshommes de neige*. Toujours à Chambéry mais au lycée Vaugelas, il suit les cours d'un certain Henri Petiot, connu plus tard sous le pseudonyme de Daniel-Rops. Ce jeune enseignant d'histoire et de géographie, rationaliste, habité par des tourments intérieurs dans la recherche d'une vérité qui devait l'amener au niveau supérieur de la spiritualité chrétienne, saura donner à ses élèves le goût de la littérature contemporaine. Plus tard, dans un article sur Samivel, il comparera les aquarelles de son ancien élève aux estampes extrême-orientales qui évoquent, écrira-t-il, « cette limite du rêve et du réel où s'élabore la plus authentique poésie ». C'est encore dans le même établissement que Paul découvre M. Dizot, un maître de philosophie affligé d'une petite taille et d'une forte corpulence, dont le sobriquet de Baculot l'inspirera pour son duo mythique avec Samovar qui apparaît en 1932 dans quelques dessins de *Sous l'œil des choucas*. Il est intéressant de noter au passage que, malgré l'évidence de ses multiples talents confirmés par la suite, l'artiste en herbe est fort mal coté par son professeur de dessin. Il faut avouer que les modèles en plâtre n'inspirent guère cet amoureux de la vie et de la montagne. Cette dernière s'est trouvée intimement liée à son enfance : première ascension à 3 000 m à douze ans, première glissade à ski à quatorze ans, sur les pentes du mont Revard, le mont Blanc à seize ans. Paul est marqué par la montagne comme d'autres le sont par la mer, grimpe sur tout ce qui culmine avant de fulminer plus tard sur tous ceux qui grimpent sans amour ni respect. En 1924 déjà, il rédige sa *Revue alpine*, petit manuscrit de vingt pages dans lequel il recopie scrupuleusement d'une écriture microscopique des articles traitant de la conquête du Cervin, de l'assaut de l'Everest aussi bien que le programme des ascensions et des excursions projetées ou ses frais d'équipement.

Sa mère, soucieuse de la santé de son fils, ayant fait construire vers 1920 un chalet, « l'Armancette », aux Contamines-sur-Saint-Gervais dans le val Montjoie, Paul vit ainsi au cœur de sa passion et au pied du mont Blanc. Après avoir passé son bac, seul diplôme à son actif, l'oiseau prend son envol et... sa plume pour réaliser et signer ses premiers dessins humoristiques sur la montagne. Il expose à Chambéry sous les arcades de la ville et sous son pseudonyme.

Paul Gayet-Tancrède n'est plus, vive Samivel.

Après son mariage en 1930 avec Suzanne Régnier qui lui donnera deux fils, les repères biographiques se confondent

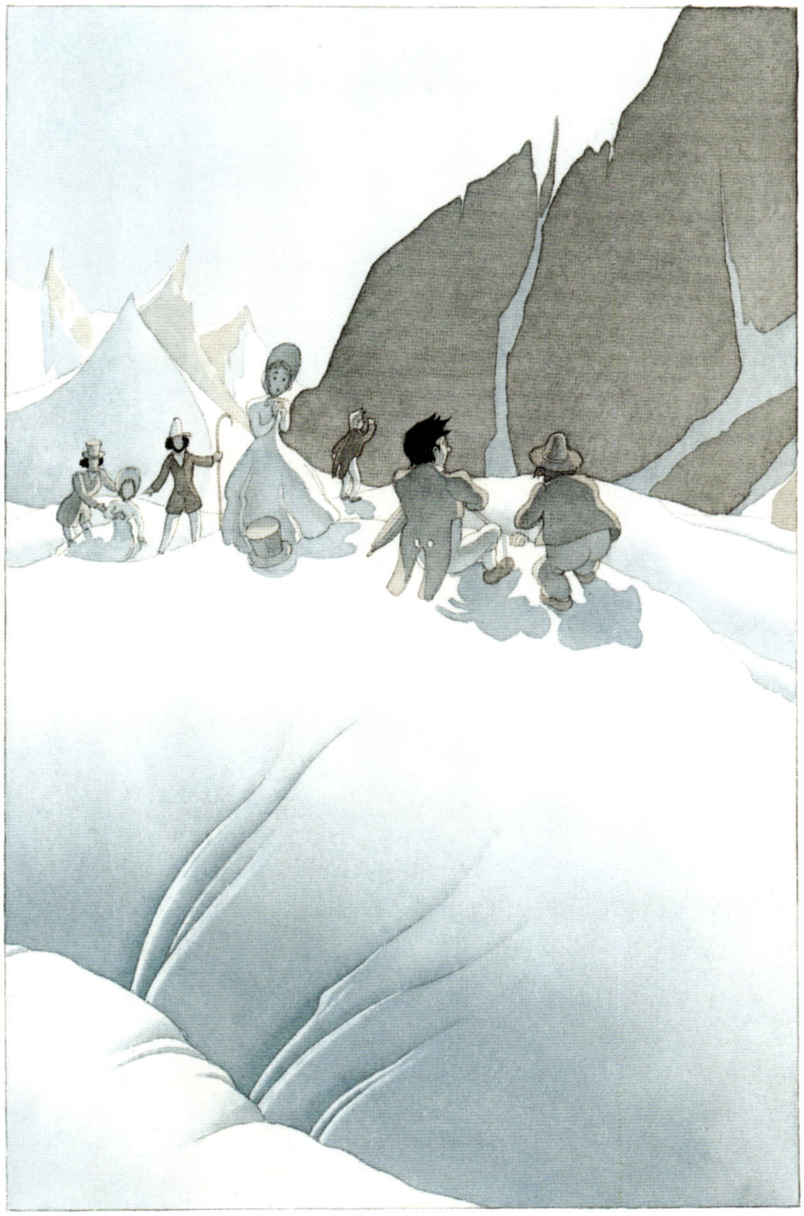

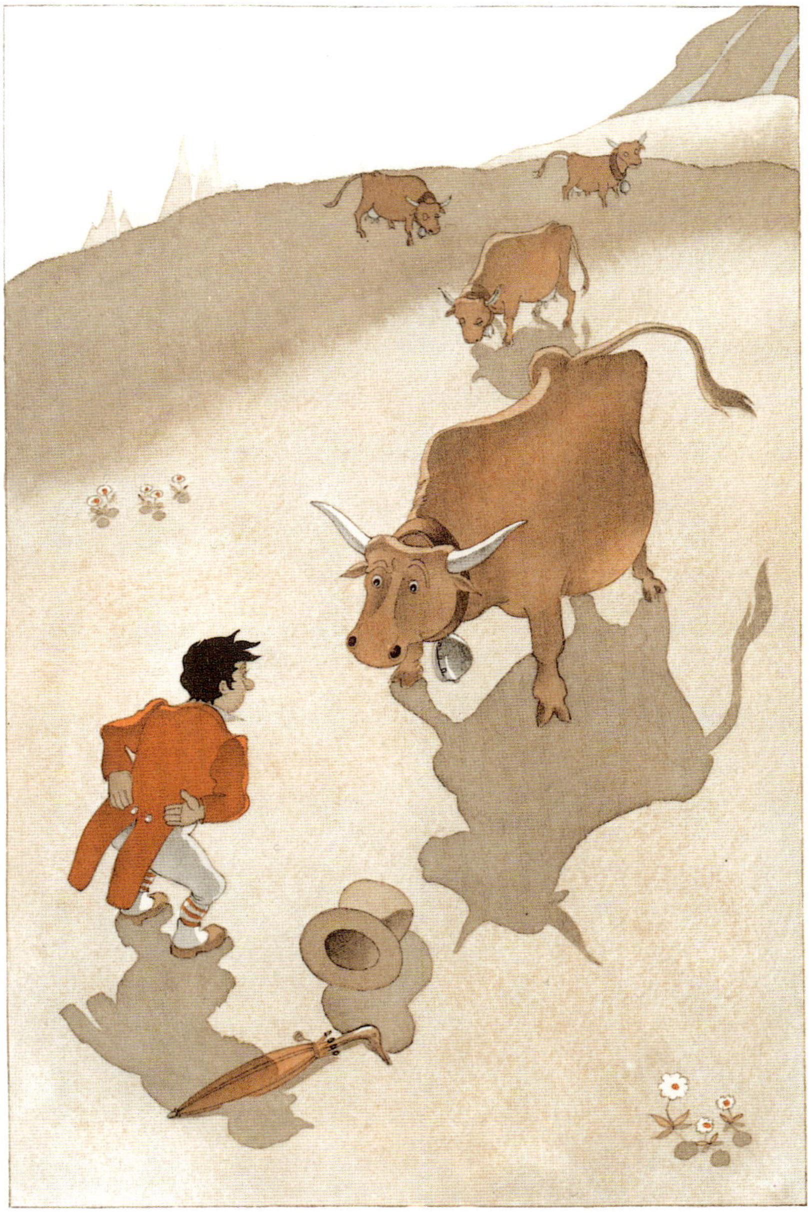

Monsieur Dumollet sur le Mont-Blanc, 1946,
« Le guide des Alpes et moi-même, réunissant nos efforts... »,
« Une vache plus grande que les autres qu'à ce signe je crus reconnaître pour un taureau. »
Aquarelles.

MONSIEUR DUMOLLET SUR LE MONT-BLANC, 1946,
« OUVRONS L'ŒIL, MON CHER MONSIEUR !... OUVRONS L'ŒIL. »,
« QUELLE SCÈNE POUR UN PEINTRE DE CARACTÈRE ! »,
« ... ET L'OFFRIR ENSUITE AVEC AUDACE À MME DUMOLLET, QUI LE REÇUT EN SOURIANT ! »,
« À CE MOT MAGIQUE : UN CHAMOIS ! J'ÉCARQUILLAIS LES YEUX DE TOUTES MES FORCES... »
AQUARELLES.

PAGES SUIVANTES
PAGES DE GARDE, 1946.
AQUARELLE.

avec sa production d'abord graphique, puis littéraire et enfin cinématographique.

Samivel et l'enfance

À sept ans déjà le petit Paul est marqué par l'Alsacien Hansi, au style breughélien fourmillant de détails pittoresques, dont il s'efforce de recopier les compositions. Puis il découvre le dessinateur anglais Heath Robinson dont l'humour et la fantaisie quasi surréaliste le séduisent. Après ce sera Marcel Capy avec ses foules écrasées au sol, comme dans certains dessins de Grandville, par une perspective en plongée. Enfin, Cecil Aldin, illustrateur anglais lui aussi et d'une savoureuse bonhomie, l'introduira dans l'univers de Dickens où l'adolescent découvrira son héros dont il utilisera le petit nom pour en faire son pseudonyme. À noter, pour la petite histoire, que bien avant cette découverte, un autre artiste français de bandes dessinées, Henry Steimer, usait du même pseudonyme pour signer dans les années 1910 et 1920 ses planches dans des revues de jeunesse.

C'est suite à un enchaînement de circonstances et sur proposition de l'éditeur Delagrave qui venait de publier *Sous l'œil des choucas* (1931) que Samivel accepte d'illustrer une adaptation de Rabelais, *Gargantua* et *Pantagruel*, dont Madeleine Giraud était l'auteur.

Cette collaboration quelque peu involontaire lui donne l'envie de voler de ses propres ailes. Aimant tout ce qui a trait au Moyen Âge, il se met dans la peau d'un conteur du XIIe ou du XIIIe siècle et écrit les textes de trois « chantefables » de son cru, en vers libres à la manière de Paul Fort, en s'inspirant de quelques thèmes du *Roman de Renart*. Ainsi naîtra la trilogie médiévale de *Goupil*, *Brun l'ours* et *Les Malheurs d'Ysengrin*, dont il assumera naturellement l'illustration.

Soucieux d'arriver à plaire aussi bien à de jeunes lecteurs qu'au public adulte, il pratique une formule abondamment reprise depuis : « Pour enfants de huit à quatre-vingts ans et au-delà... » Son graphisme élégant, jouant avec des mises en pages dynamiques où alternent vues plongeantes et contre-plongées, plans américains, cadrages serrés et clairs-obscurs aussi efficaces que sobres, le tout servi par une gamme chromatique limitée à deux couleurs, demeure un modèle du genre.

Certes, par rapport à la sensibilité et aux goûts de la jeunesse d'aujourd'hui ces représentations sont un peu décalées et plaisent surtout aux générations précédentes tout en conservant néanmoins une indéniable poésie. Ce qui demeure époustouflant, en observant les originaux, c'est la qualité technique de ces derniers. En effet, la plupart du temps, le dessin de base est reproduit à même échelle dans les ouvrages. On reste stupéfait devant l'extrême précision du trait et la sensualité des lavis. La maîtrise de l'aquarelle avec ses dégradés, que souvent les graphistes contemporains réalisent à l'ordinateur, atteste d'un métier qui rappelle celui des peintres chinois.

L'amour de Samivel pour les bêtes rejoint celui d'un certain Pythagore qui, il y a deux mille ans, disait : « Tant que l'homme continuera à être le destructeur impitoyable des êtres animés des plans inférieurs, il ne connaîtra ni la santé ni la joie. Tant que les hommes massacreront les bêtes, ils s'entretueront. Celui qui sème le meurtre et la douleur ne peut en effet récolter la joie et l'amour. » Il est évident que l'animal n'est qu'un masque sous lequel, comme chez La Fontaine, parlent et agissent les êtres humains. Il n'y a pour s'en convaincre qu'à décrypter les « crra » du chouca dans *Contes à pic*. Pour conclure, laissons à l'auteur le soin de définir

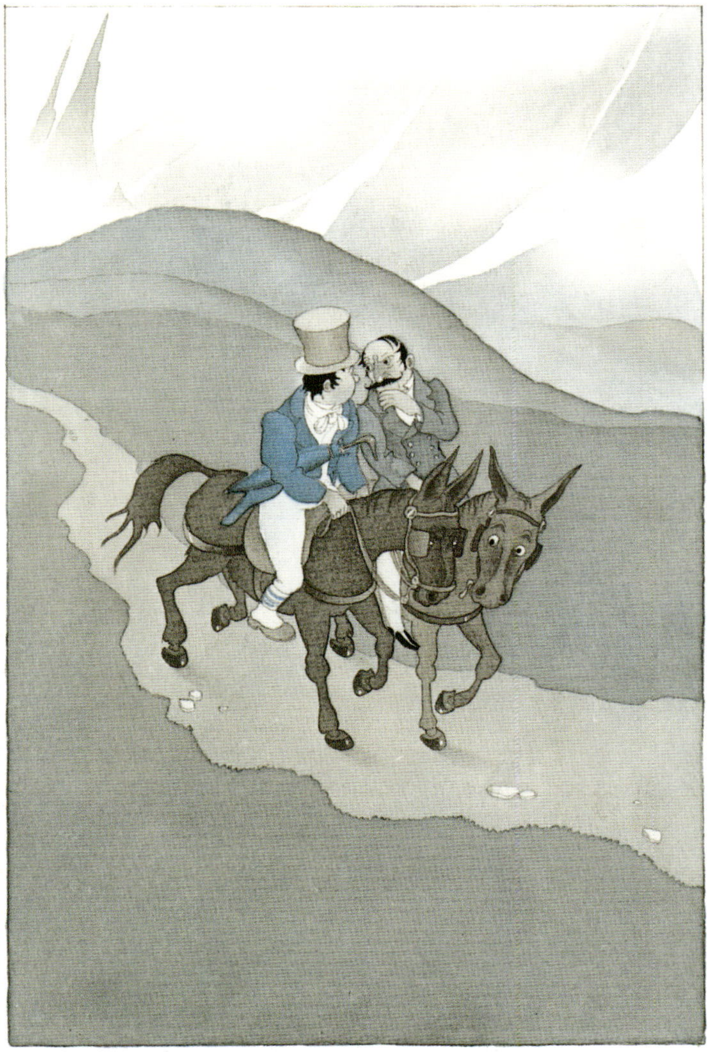
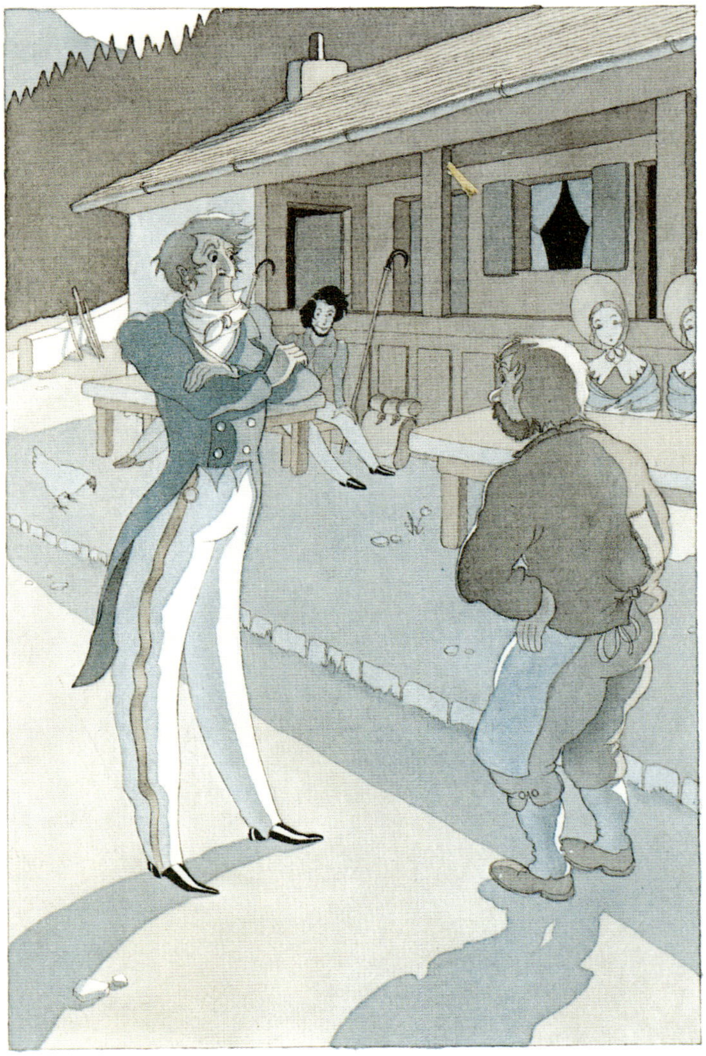
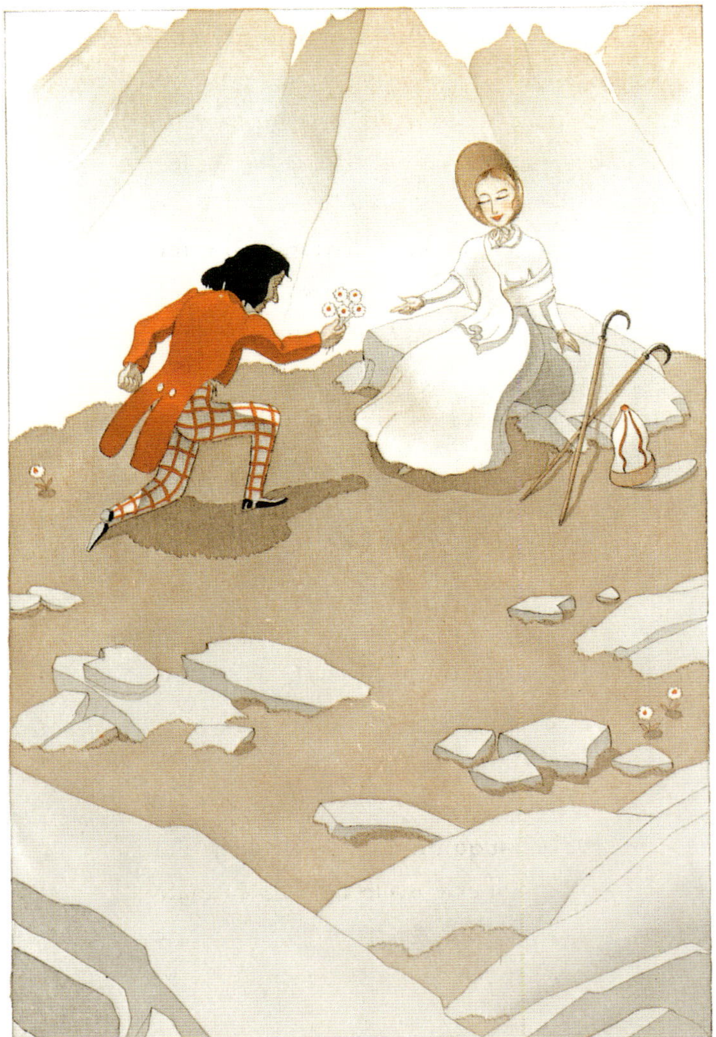
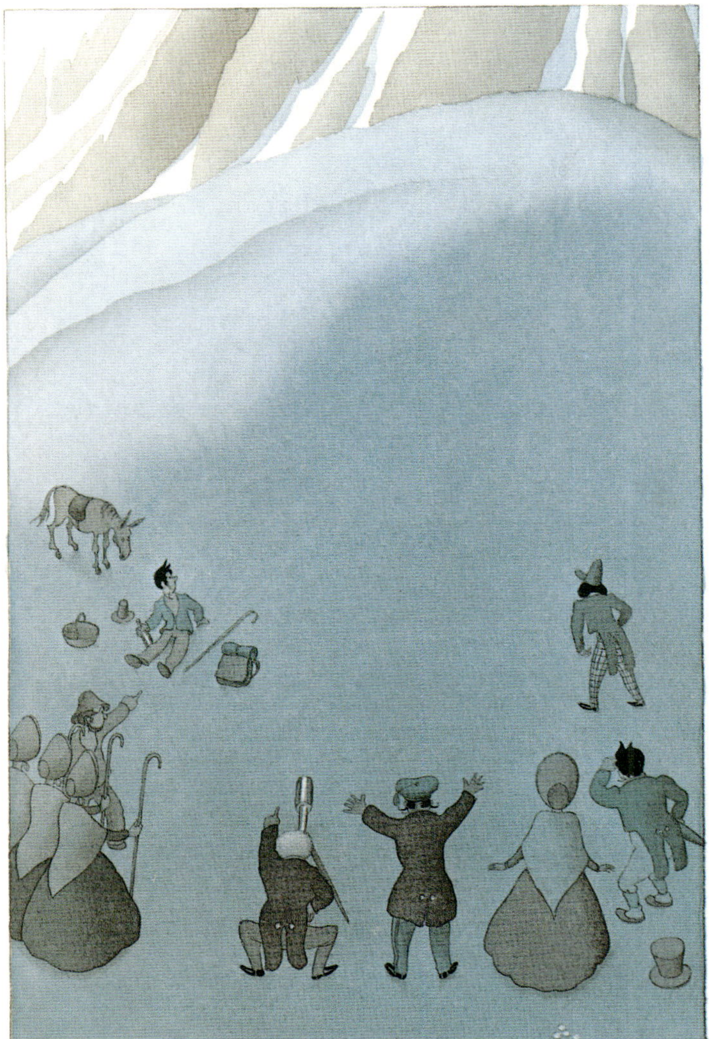

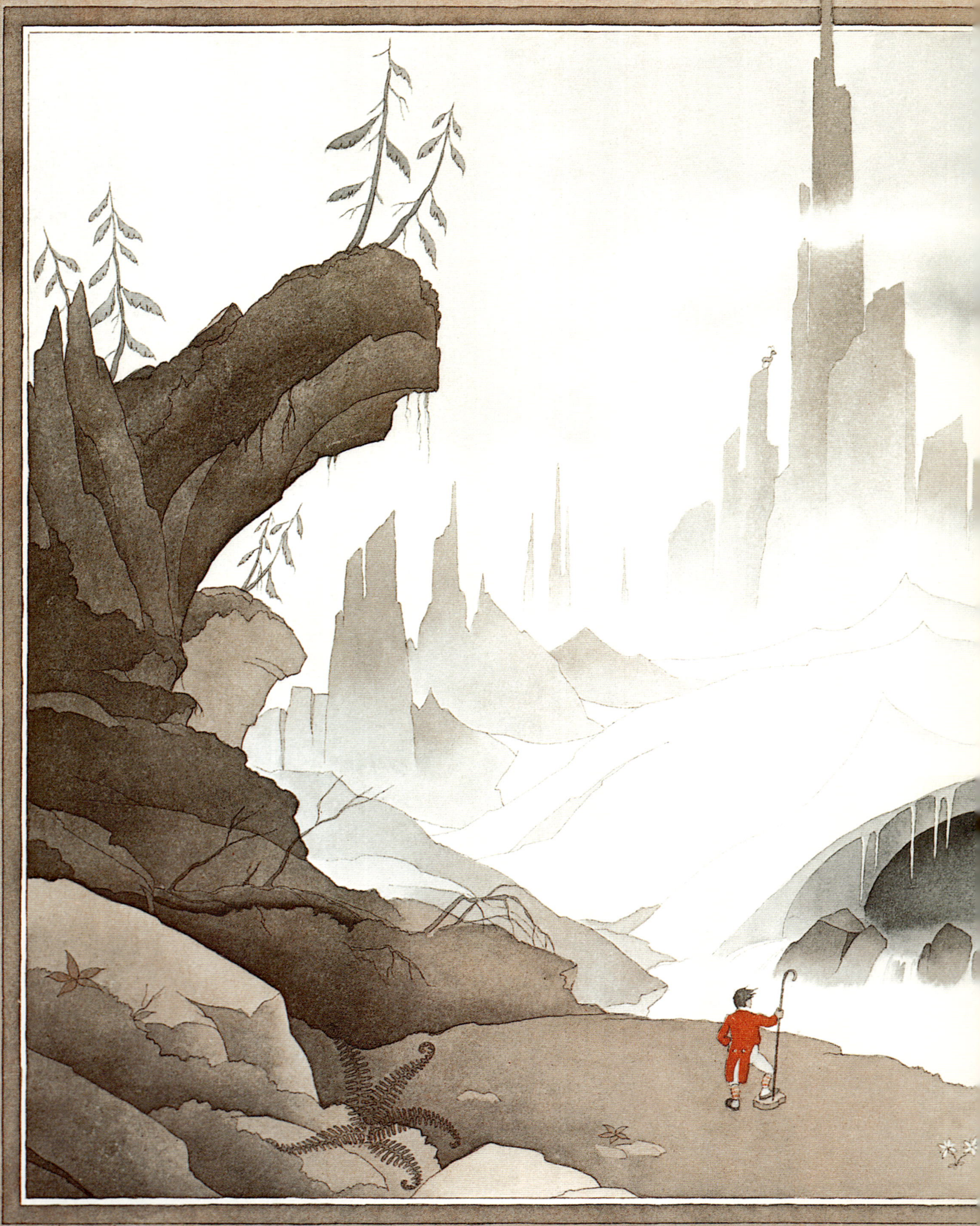

Dumollet descrips.

Mortel ! admire ici ,
Le Monarque pompeu
S'Il n'avait à son p
Il était foulé du m

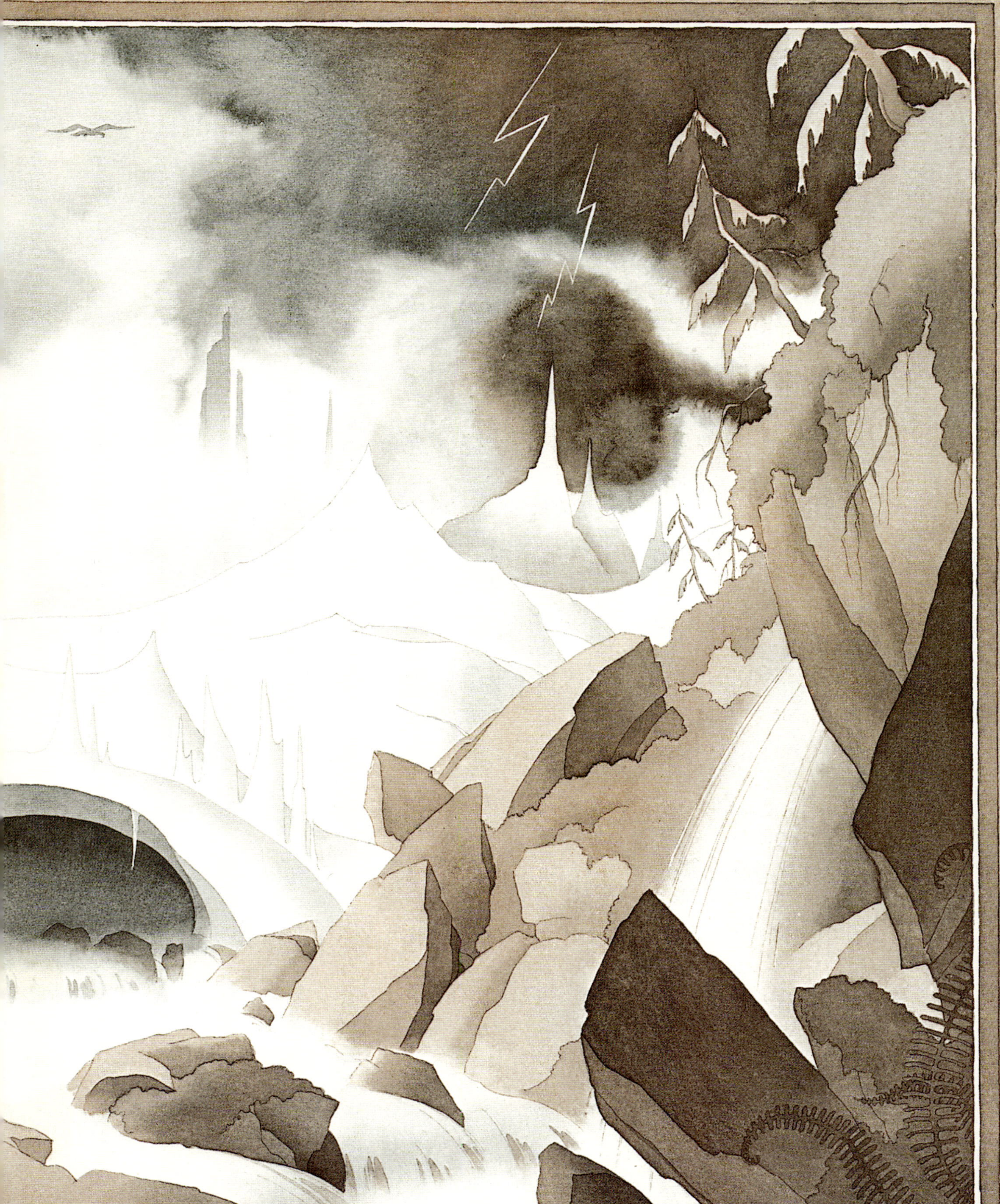

SAMIVEL pinx

…açonné par Nature,
…les frimas hibernaux.
… déja trouvé Saussure
…llet de Saint-Malo !

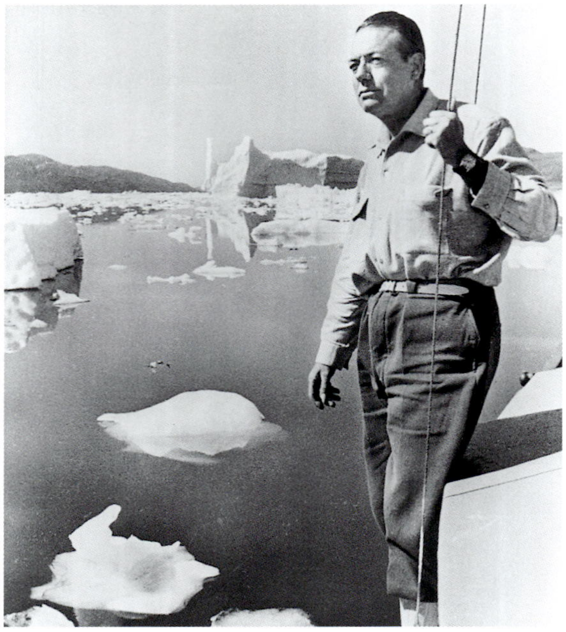

Samivel au Groenland
lors du tournage du film
L'Or de l'Islande, 1962.

Bon voyage, monsieur Dumollet!, 1941,
« Le navire dans la tempête ».
Aquarelle.
Musée d'ethnographie de Genève.

sa relation avec le monde de l'enfance au travers d'une entrevue accordée à *Marie France* en 1966.

« Les enfants constituent un public presque plus difficile à contenter que les adultes. C'est une erreur exaspérante de penser que n'importe quoi est assez bon pour eux. Les premières lectures, les premières images frappent les jeunes imaginations avec une force de suggestion inconcevable. Je pense qu'un bon livre pour enfants doit être d'abord un bon livre tout court. C'est pourquoi je crois aux contes de fées, qui recèlent le trésor d'une expérience humaine et d'une sagesse collective venant du fond des temps. C'est du merveilleux, certes, mais du merveilleux poétiquement humain. Il en est de même sur le plan de l'image. Je m'attache à faire des dessins aux contours précis, fertiles en détails identifiables. Il faut que les images qu'ils contemplent leur donnent l'amour de la nature et le désir d'en connaître plus long sur la Terre des Hommes qui est aussi celle des petits d'hommes. »

Samivel et l'humour

La formule de Stéphane Mallarmé « Tout écrivain complet aboutit à un humoriste » convient comme un gant à Samivel et de surcroît peut se retourner de même ; en effet, à survoler les genres littéraires auxquels l'écrivain s'est adonné on reste étonné de leur diversité : nouvelles, romans, essais, théâtre, récits, contes, reportages. Ainsi donc le terme de complet n'est pas usurpé. Quant à l'humoriste il occupe une place particulière puisqu'il balance, tel un funambule, entre le verbe et l'image. Rares sont les artistes que les fées ont autant comblés de leurs dons. À feuilleter, année après année, la bibliographie de ce multirécidiviste, on se rend rapidement compte que toute tentative de classification s'avère impossible. Les parutions s'enchaînent avec leur lot de surprises, égrenant albums pour enfants, récits de montagne ou de voyage, ouvrages de réflexions ou illustrations diverses.

Certes, toutes les créations de Samivel ne sont pas d'une égale qualité et lui-même, à la fin de sa vie, jetait parfois un regard critique sur ses premiers travaux. Mais son humour particulier est une constante dans sa production tant littéraire que graphique. On sent un homme distingué, élégant et cultivé dont les allusions et les subtiles références échappent parfois au lecteur non averti. S'il est un domaine où l'évolution (voire la dégradation) s'est fait sentir depuis la fin de la Deuxième Guerre mondiale, c'est bien celui de l'humour. Celui d'aujourd'hui est nettement plus incisif, absurde, désespéré et souvent noir. Samivel, dans ses planches, fait sourire ou réfléchir sans jamais verser dans le vulgaire. Sa satire reste gentille. Il n'y a qu'à se remémorer la définition qu'il donnait de cette forme d'esprit : *hu* comme humeur et *mour* comme amour. Évidemment, détachés de leur époque et de leur contexte, certains dessins de presse parus dans *Les Nouvelles littéraires* entre 1945 et 1948 n'ont plus le sel qu'on leur prêtait alors, mais l'esthétique du trait, la mise en pages ou d'autres effets restent encore séduisants. C'est, sans conteste, dans l'illustration de sports de glisse et de grimpe que l'auteur de *Sous l'œil des choucas* est resté un maître et un pionnier.

Dans sa préface du livre *Sur les planches* (1931), Édouard Monod-Herzen grand alpiniste, bibliothécaire à l'École des arts décoratifs et graveur, après avoir déploré la médiocrité des toiles exposées au Salon des peintres de montagne, relève que les dessins de Samivel marquent une date dans l'histoire de l'iconographie alpine et conclut par une phrase de Tœpffer :

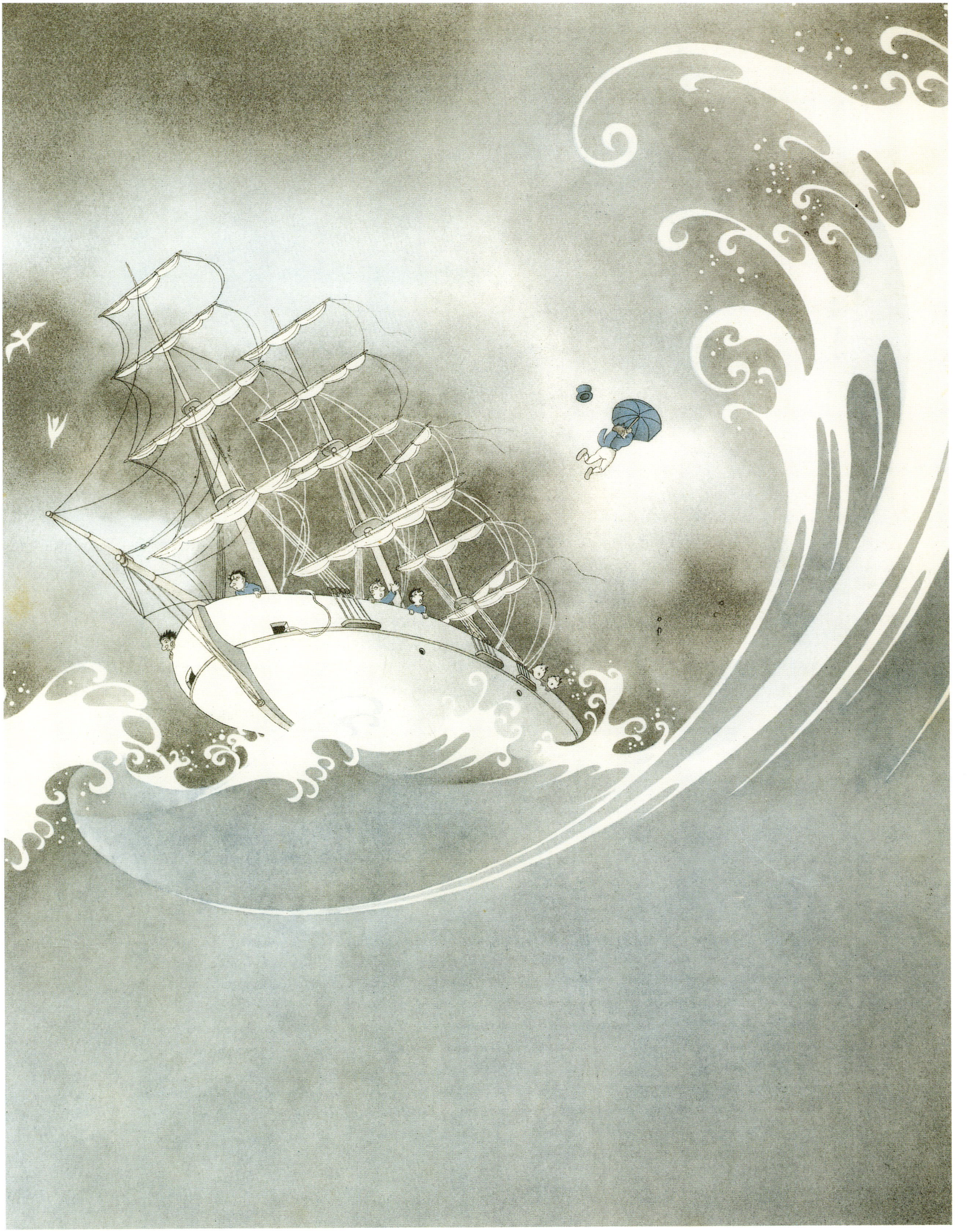

Bon voyage, monsieur Dumollet !, 1941,
« La pêche à la baleine ».
Aquarelle.
Musée d'ethnographie de Genève.

« Va, petit livre, et choisis ton monde. » S'il est un point important à ne pas oublier, c'est que ce « touche-à-tout » a ouvert des voies jusqu'alors inconnues.

Bien sûr que ski et alpinisme en étaient encore à leurs débuts ou presque, mais qui d'autre, avant Samivel, avait abordé ces thèmes avec un regard aussi pointu ? Car c'est bien l'amour de la montagne et sa préservation qui le mettaient dans une telle humeur. En 1947 déjà il prévoyait ces villes à la montagne telle la superstation internationale de Miraneige (*Bonshommes de neige*). Depuis, combien sont-elles à avoir irrémédiablement dénaturé la mémoire du paysage ?

Reconnu comme un des « pères » du parc national de la Vanoise, qu'il conçoit comme protection contre l'ignorance et le vandalisme des biens et des beautés qui appartiennent à tous, Samivel doit se réjouir de voir l'avenir de la planète placé enfin au cœur des débats politiques actuels.

Sous ses cendres dispersées en 1992 aux Dômes de Miage, le feu allumé par cet amoureux de la terre couve encore.

Samivel, le dernier des romantiques

Les aventures d'un personnage original, même si Robida et plusieurs chansonniers l'avaient déjà exploité précédemment, surgit dans la production samivelienne : Monsieur Dumollet. Étalées sur sept années, les péripéties de ce brave bourgeois engendreront trois livres pour enfants intitulés : *Bon voyage, monsieur Dumollet !* (1941), *Monsieur Dumollet sur le Mont-Blanc* (1946) et enfin *Monsieur Dumollet à Paris* (1948). Parodiant le style romantique dans les Alpes au XIXe siècle, l'auteur-illustrateur décrit les heurs et malheurs d'un bonnetier de Saint-Malo tenant boutique à la rue Quiquengrogne.

La page de garde de *Monsieur Dumollet sur le Mont-Blanc* est le pastiche d'une gravure du XVIIIe de Bélanger, *La Source de l'Arveron*. Il est intéressant de déceler comment l'autodidacte Samivel s'empare de cette œuvre pour la faire sienne. Au-delà du respect apparent des formes, on sent déjà cette écriture toute personnelle et ces lavis subtilement dégradés qui ne cesseront de s'affiner au cours des ans. Cet écrin de roches embrumées, de pics escarpés sur lesquels la foudre s'acharne à droite tandis qu'un ciel autant laiteux que diurne irradie à gauche, tout concourt à guider notre œil vers cette tache carmin en redingote. Dumollet aux bas zébrés pose un pied triomphateur sur un minuscule piedestal, tenant sa canne comme un évêque sa crosse dans son diocèse.

Dumollet a le coup de foudre, lui aussi, devant ce théâtre aux tentures minérales et nous cisèle une tirade grandiloquente

Mortel ! admire ici, façonné par Nature,
Le Monarque pompeux des frimas hibernaux.
S'il n'avait à son pied déjà trouvé Saussure
Il était foulé du mollet de Saint-Malo !

Le cartouche, élégamment ourlé d'une cursive ondulée, contient, telle une huître généreuse, une perle où l'expression « trouver chaussure à son pied » permet un calembour ou un jeu de mots laid autour d'un vainqueur du mont Blanc : Horace Bénédicte de SAUSSURE.

Le calligraphe, avec l'application feinte d'un écolier studieux, y couche à l'anglaise un quatrain dont l'emphase trouvera un digne écho, quelques années plus tard, dans les envolées ampoulées d'un certain Achille... Talon.

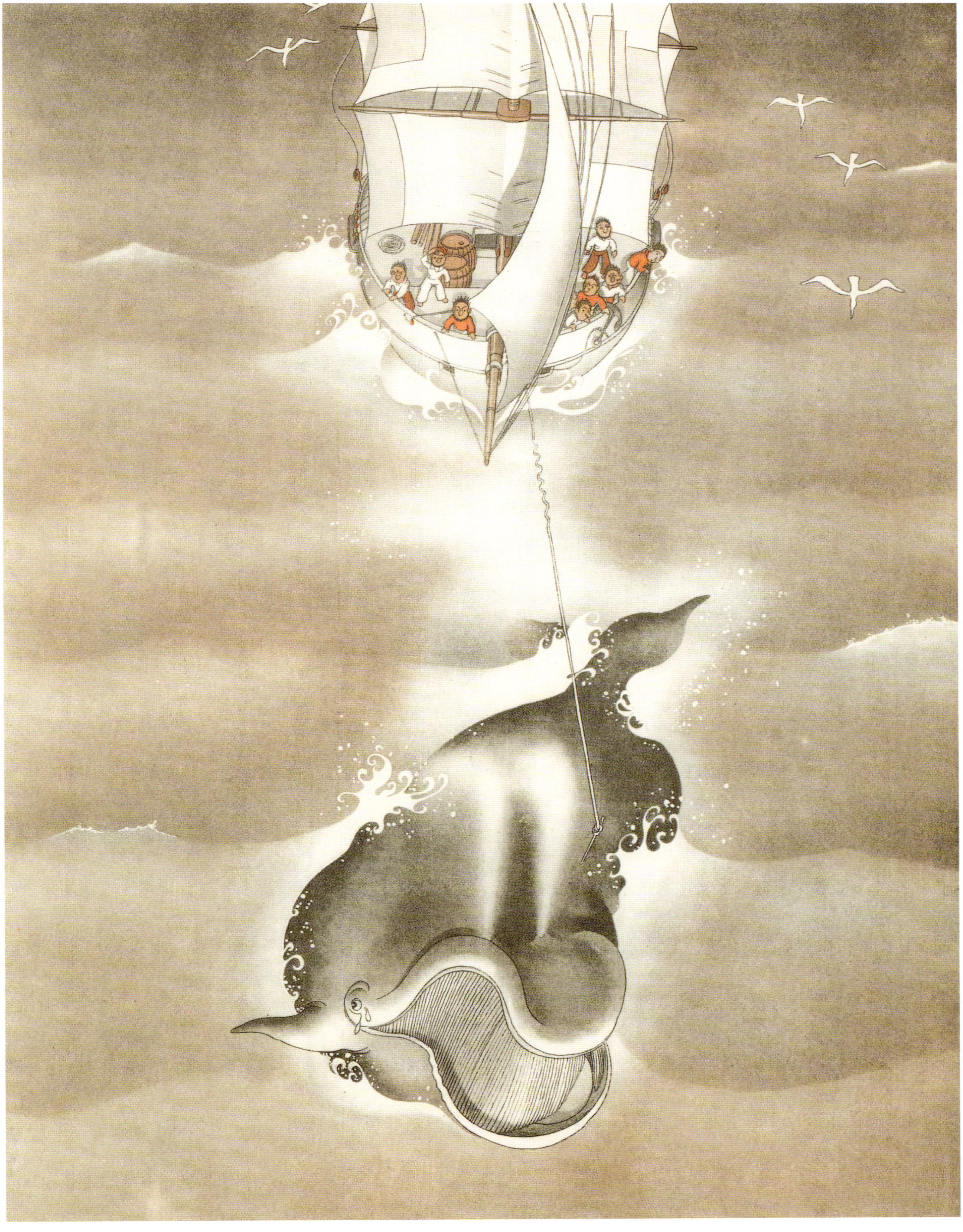

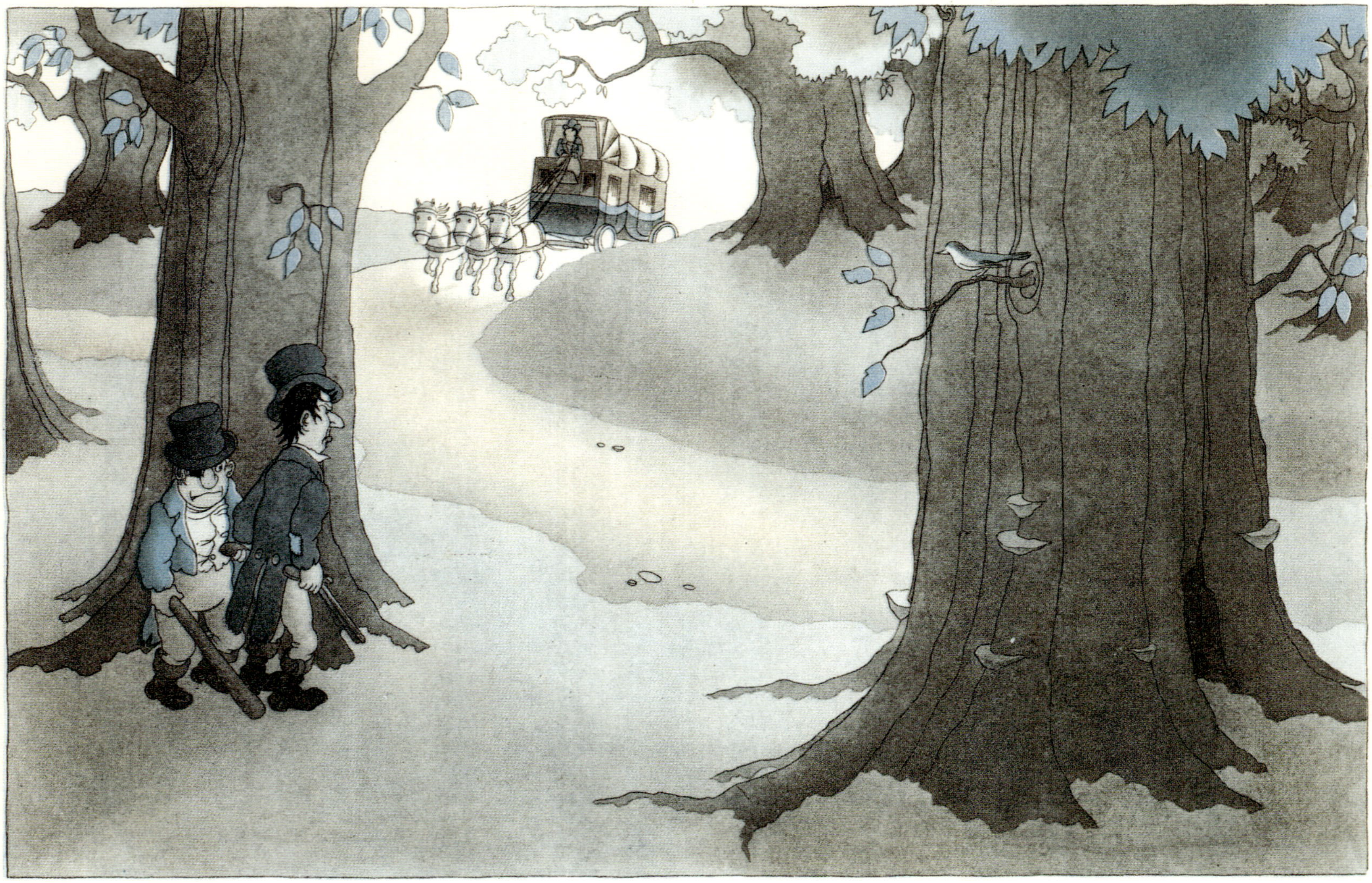

Bon voyage, monsieur Dumollet !, 1941,
« Le départ de M. Dumollet »,

Page de droite
« M. Dumollet chez les sauvages ».
Dessins aquarellés.
Musée d'ethnographie de Genève.

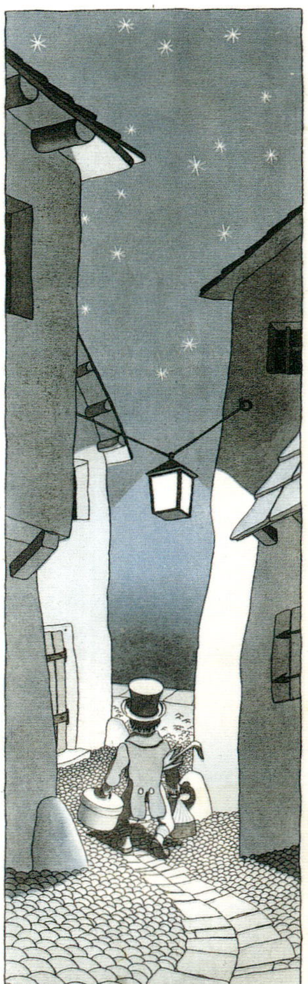

Double page suivante
pages de garde, Les Fables de La Fontaine, 1944,
« Le monde de La Fontaine ».
Dessin aquarellé.
Musée d'ethnographie de Genève.

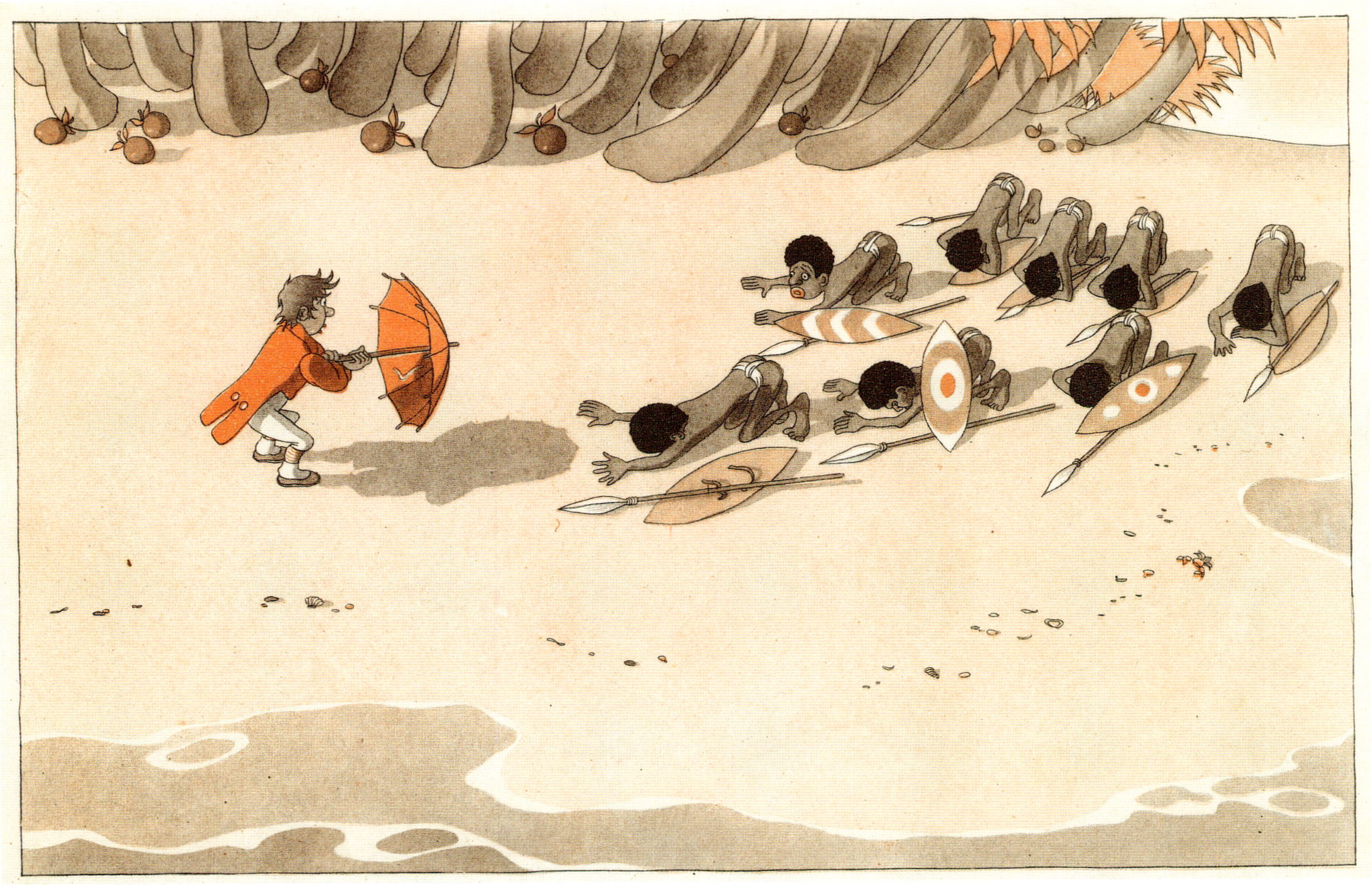

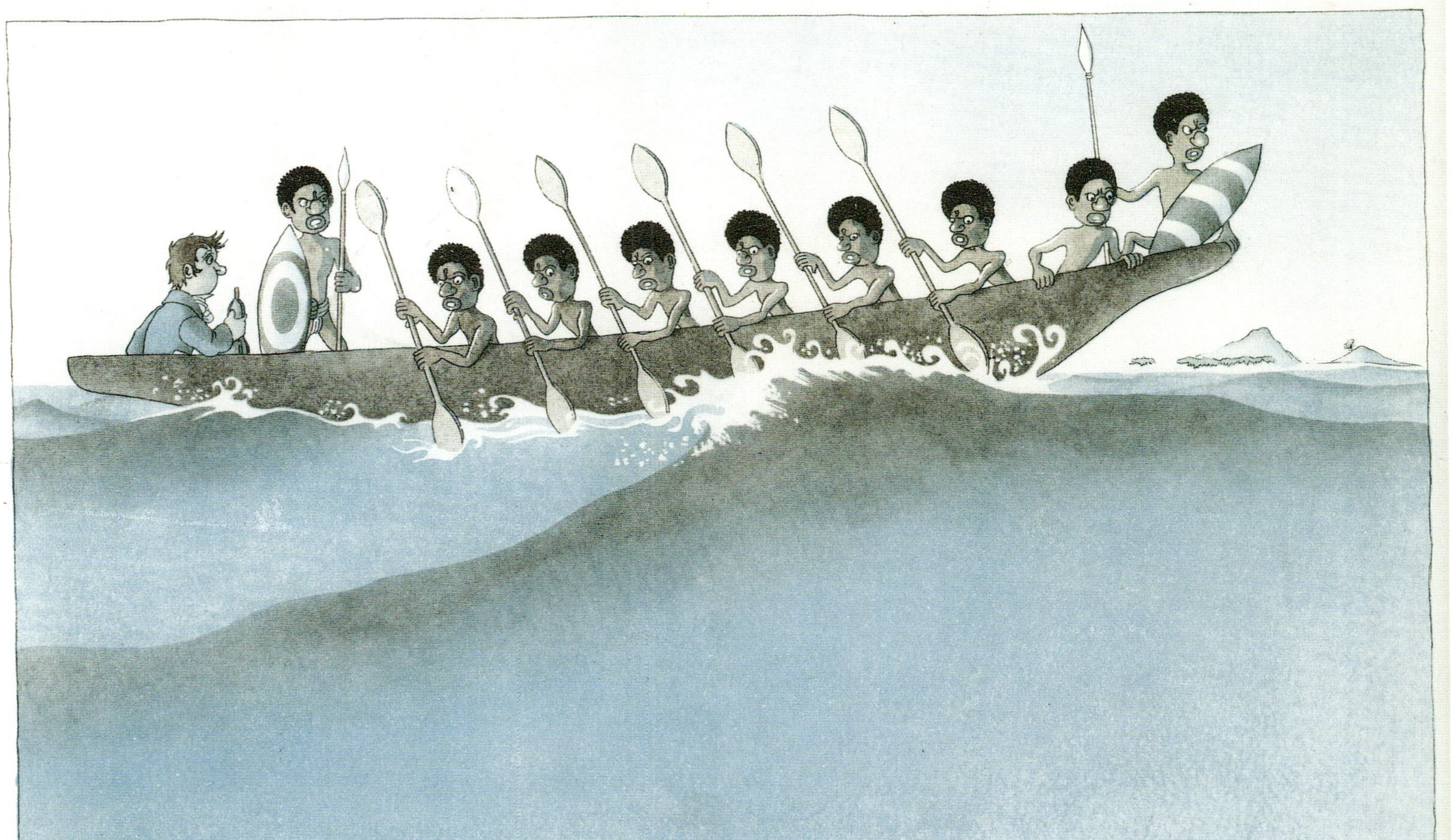

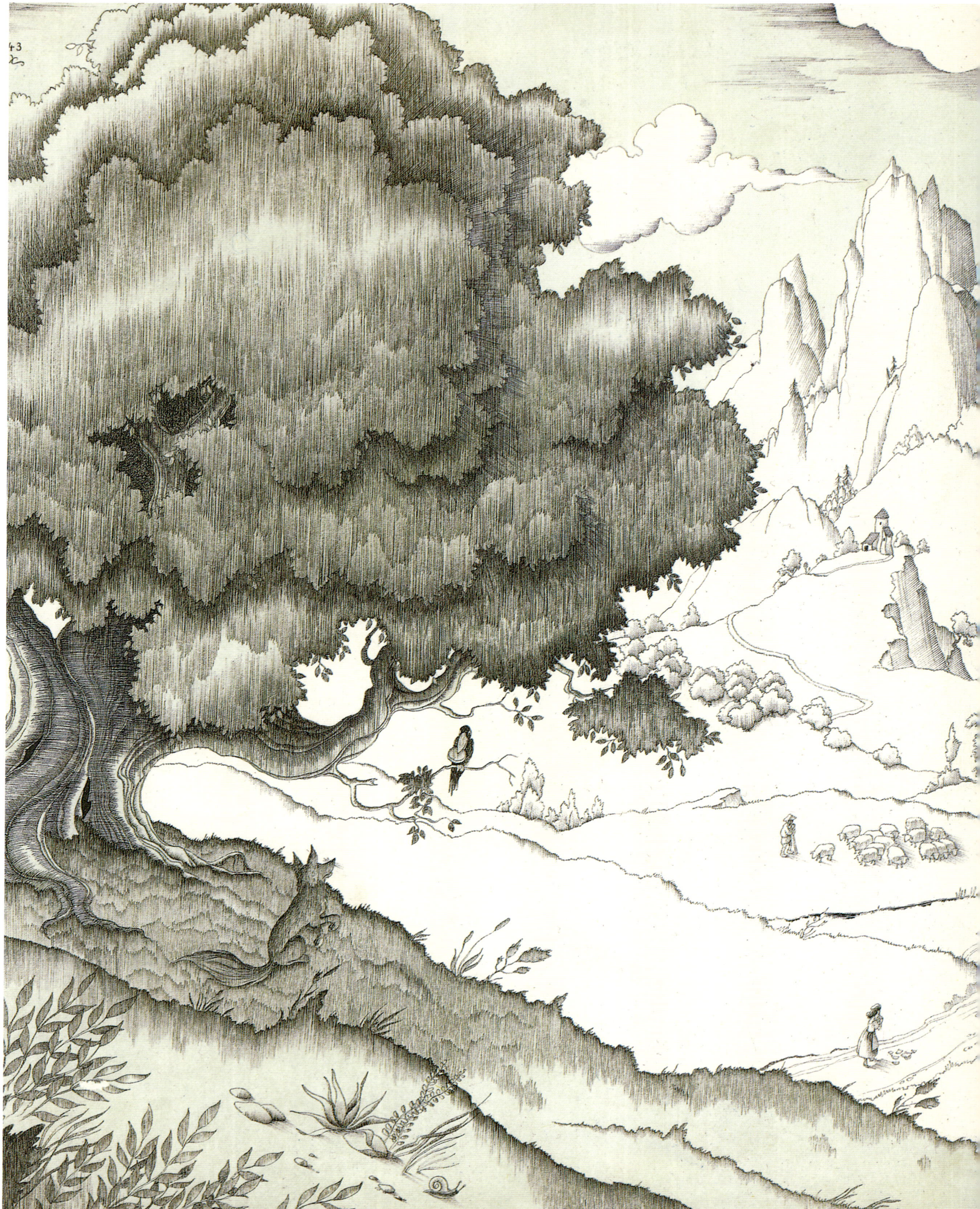
43

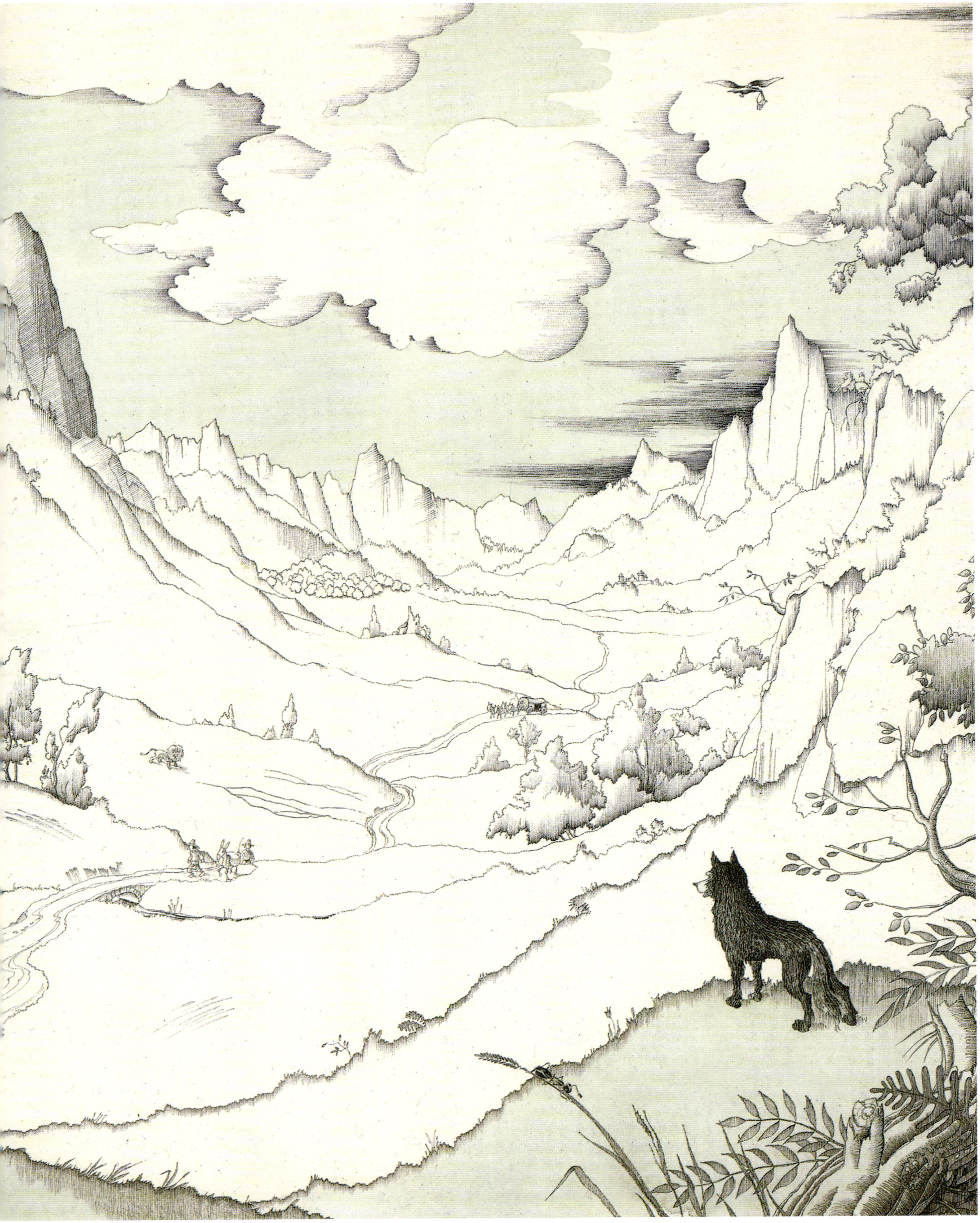

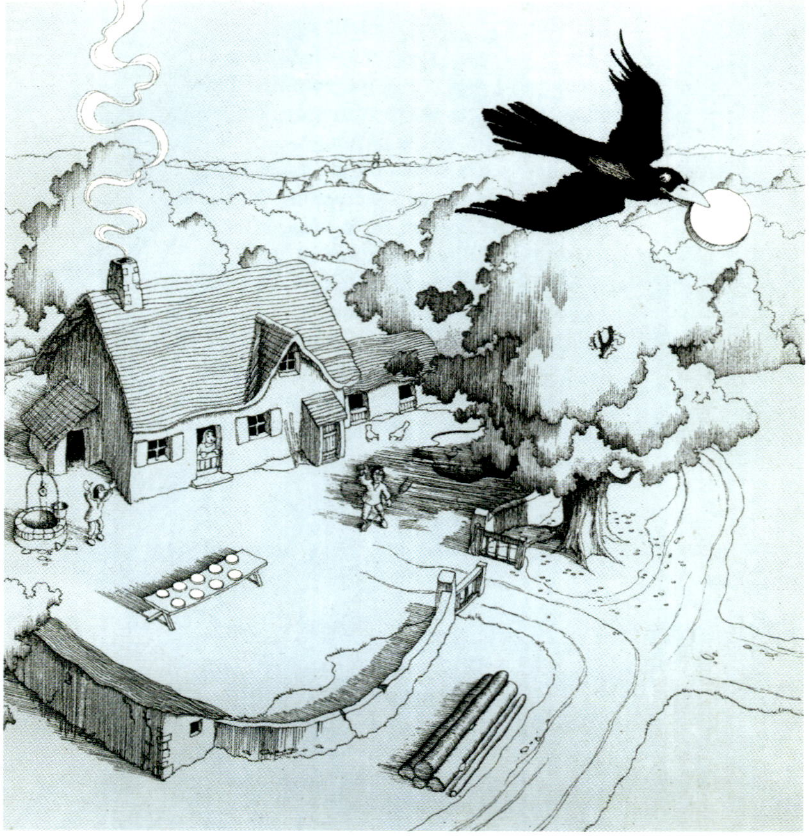

Les Fables de La Fontaine, 1944,
« Le corbeau et le renard ».
Dessin aquarellé.
Musée d'ethnographie de Genève.

Non seulement habile à mêler les citations et les emprunts, le « peintre » perturbe également notre logique de la perception de l'espace, en faisant émerger, ou plutôt émarger, l'aiguille centrale hors du faux passe-partout, alors qu'elle se dresse au loin selon les lois traditionnelles du trompe-l'œil.

Cet artifice, certes connu de bon nombre de graphistes contemporains, ne relève pas chez Samivel d'une systématique mais magnifie, à sa façon, le mont Blanc pompeux à l'étroit dans son « cadre » alpin.

Enfin, Samivel signe à la manière latinisante des graveurs d'antan *Samivel pinxit* comme s'il n'était que l'illustrateur des propos de sa propre créature (*Dumollet descrips*).

La petitesse de M. Dumollet face à la grandeur de la nature vierge ou celle du sage hindou dans « au vrai sommet » (dernière planche de *L'Opéra de pics*) nous rappellent étrangement un grand romantique allemand, Caspar Friedrich, chez qui l'homme est souvent aussi immortalisé de dos, saisi dans la muette contemplation du Sublime, selon l'expression de Kant, par opposition au Beau.

Les romantiques du XIXe siècle trouveront dans la montagne une source d'inspiration poétique, voire philosophique, et même plus si entente ! Le monde ecclésiastique d'aujourd'hui n'échappe pas à cet engouement, à voir le nombre de pèlerinages en haute montagne qui, paraît-il, permettent de pénétrer dans l'antichambre du... Paradis. Mais pour parvenir à cet état de béatitude, quel enfer ! Si ce dernier est pavé de bonnes intentions, par contre le dallage ou plutôt le pierrier qui conduit au pied de la paroi rédemptrice ressemble plus à la montée au calvaire qu'à une promenade sur la place Saint-Pierre.

Lorsque Samivel retrouve la pureté originelle de cristaux monumentaux tels que l'Aiguille du Jardin dans le massif du Mont-Blanc, débarrassés de leurs chenilles processionnaires, il incise de son scalpel de graphite à cœur ouvert, lavant son pinceau dans l'eau pure pour mieux transcrire la neige éblouissante et laisser fleurir ses aquarêves.

Dans ce silencieux tête-à-tête entre la montagne qui pose et le peintre qui lui conte fleurette, le temps est suspendu, les distances annihilées, le Japon à deux pas. Ces dégradés d'azur mouillé ne vieilliront pas plus que leur modèle.

Jean-Pierre Coutaz
directeur du château de Saint-Maurice,
commissaire de l'exposition.

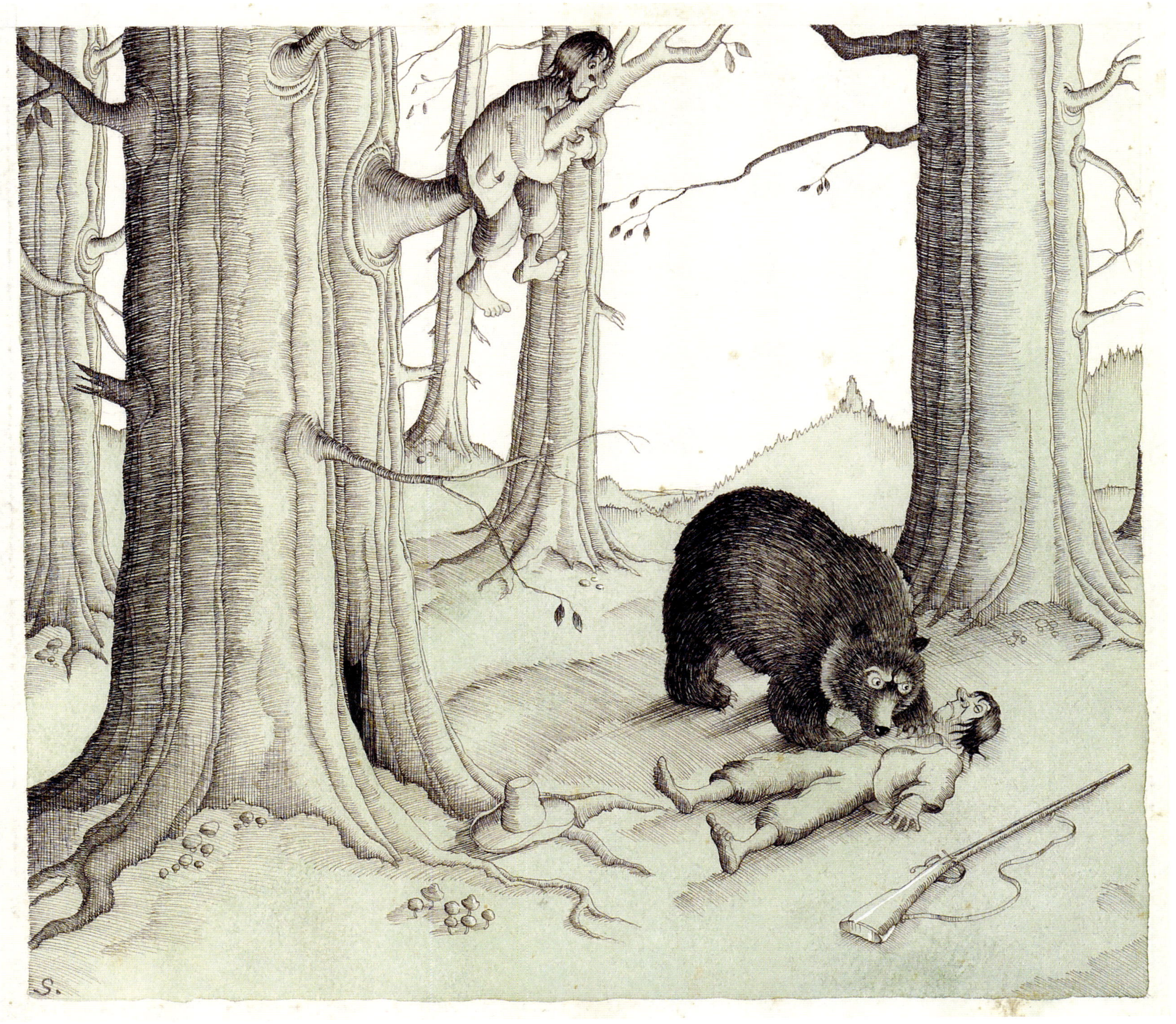

Les Fables de La Fontaine, 1944,
« L'ours et les deux compagnons ».
Dessin aquarellé.
Musée d'ethnographie de Genève.

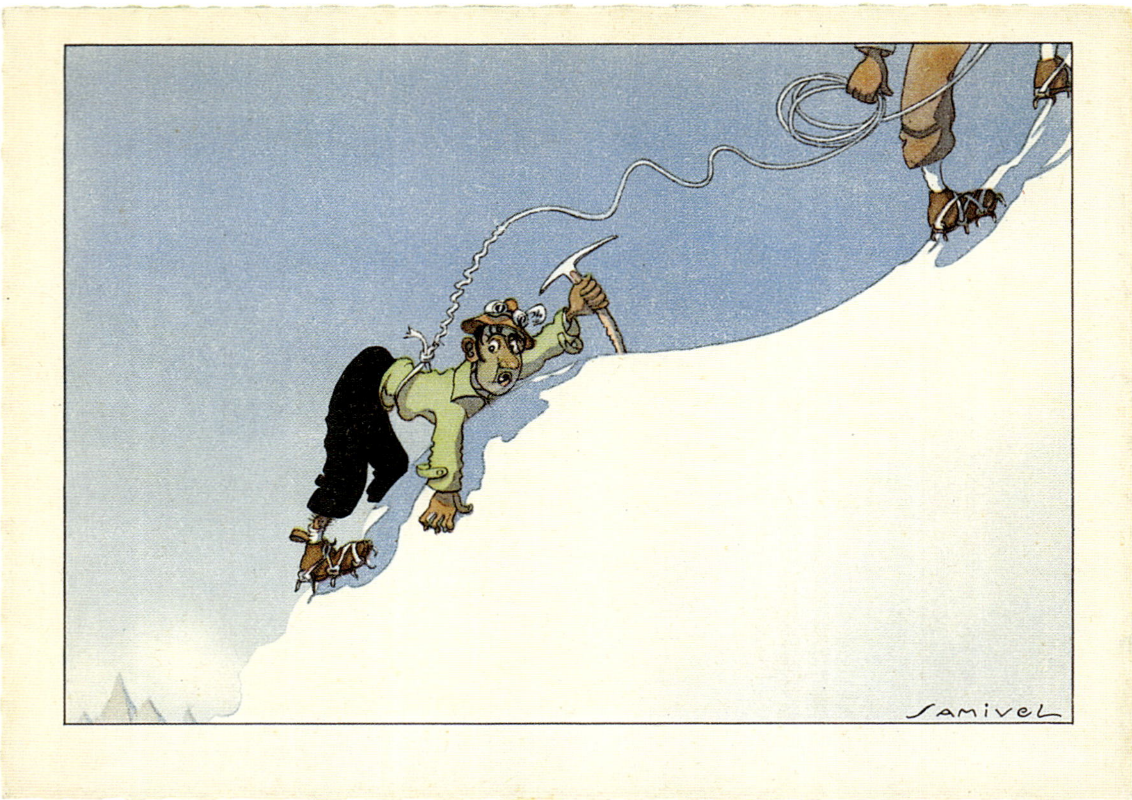

Suivez le guide !, n. d. Dessin humoristique aquarellé.

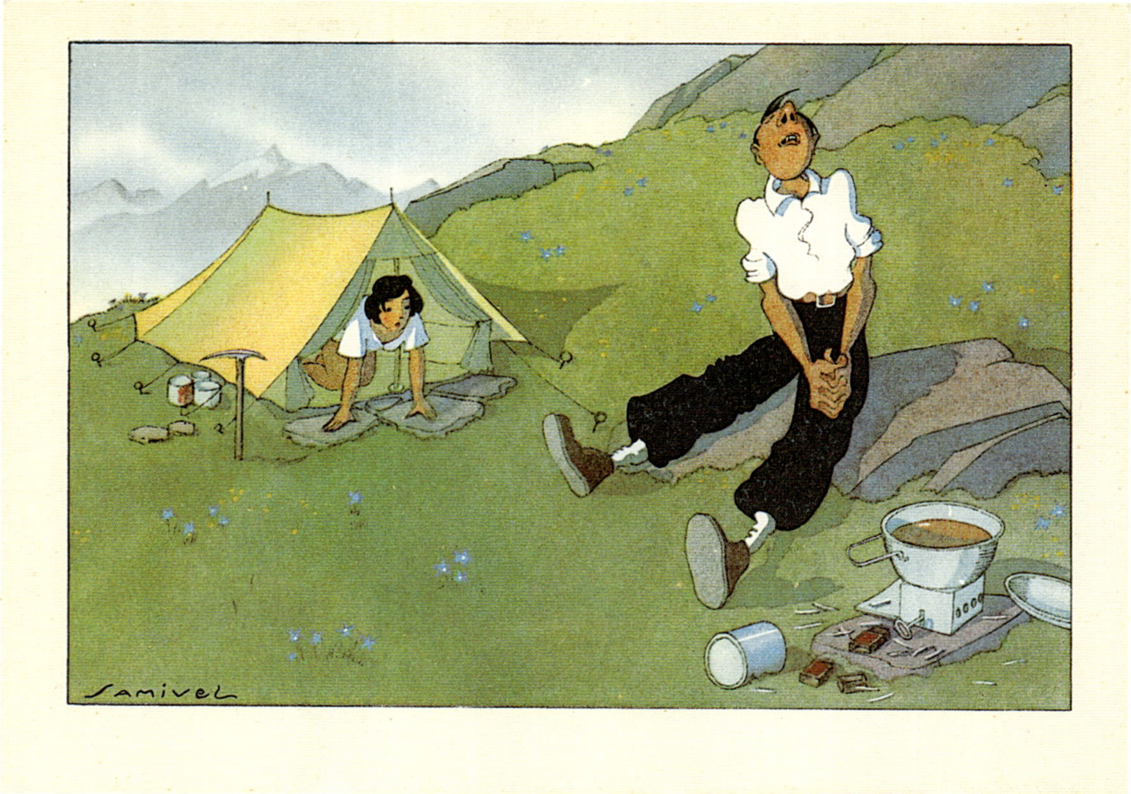

Sans titre, n. d. Dessin humoristique aquarellé.

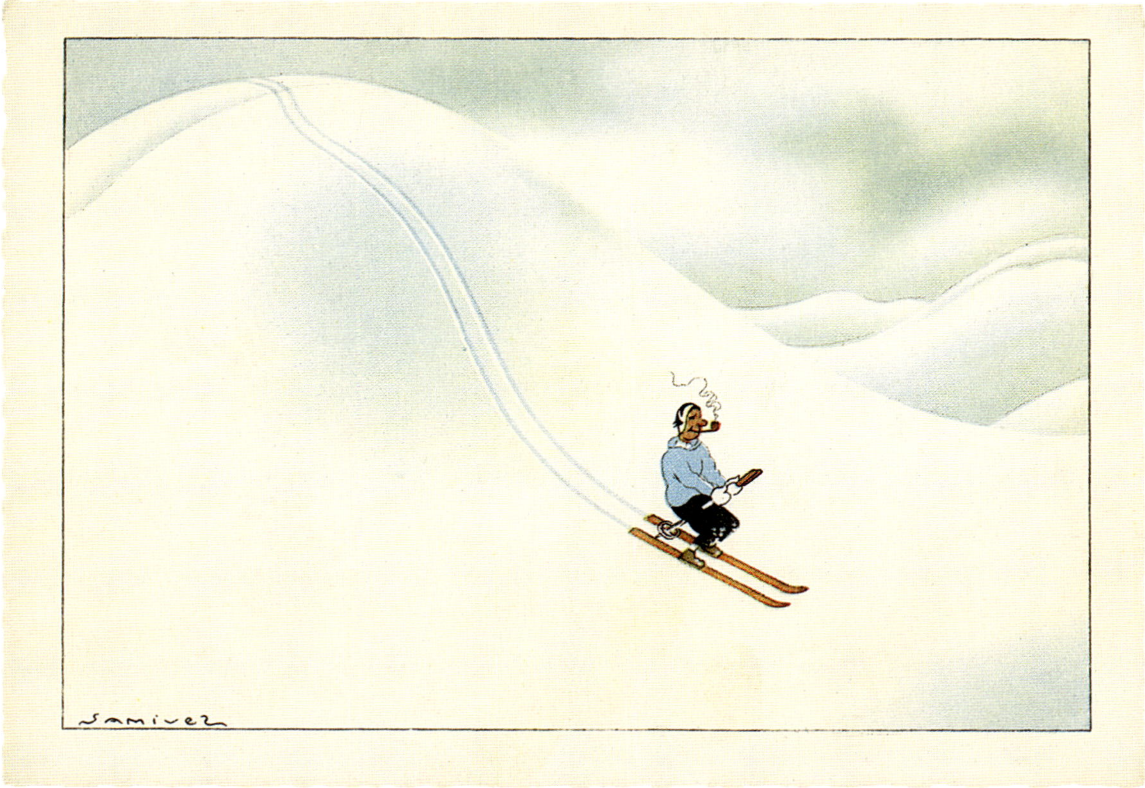

Le Grand Champion dans l'intimité, n. d. Dessin humoristique aquarellé.

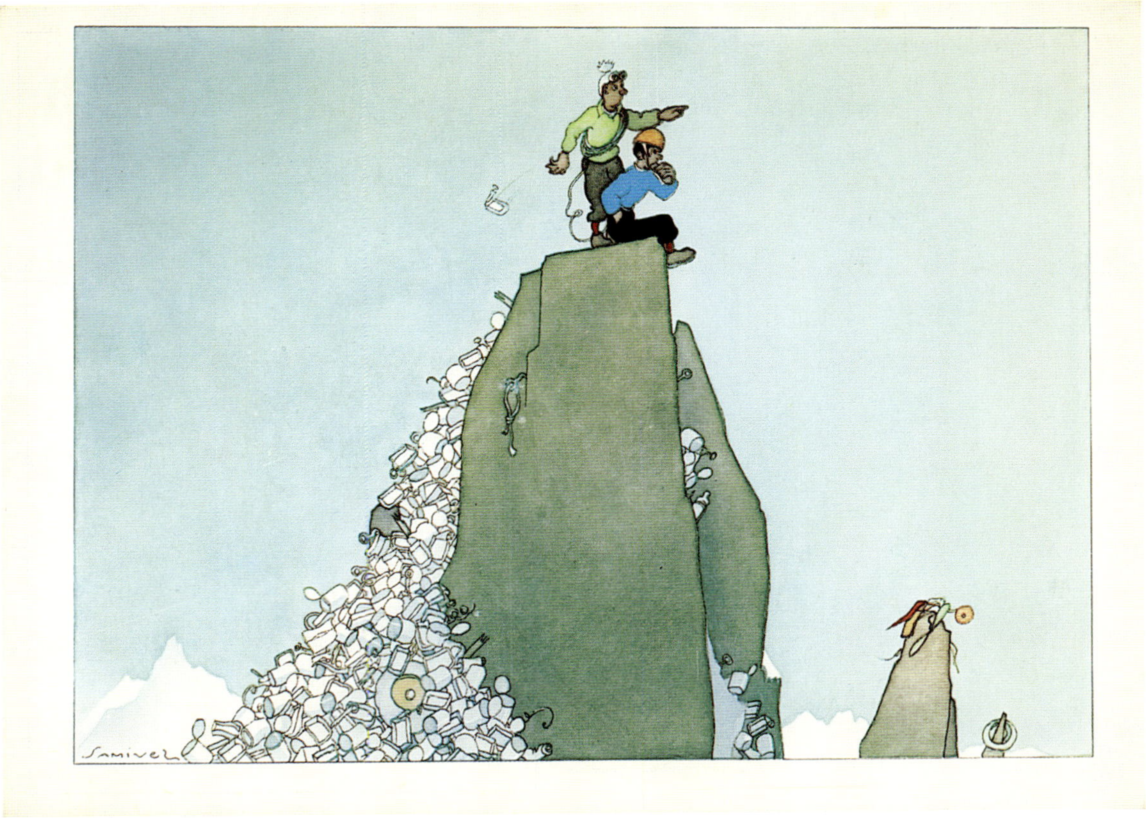

Les Éboulis du diable, n. d. Dessin humoristique aquarellé.

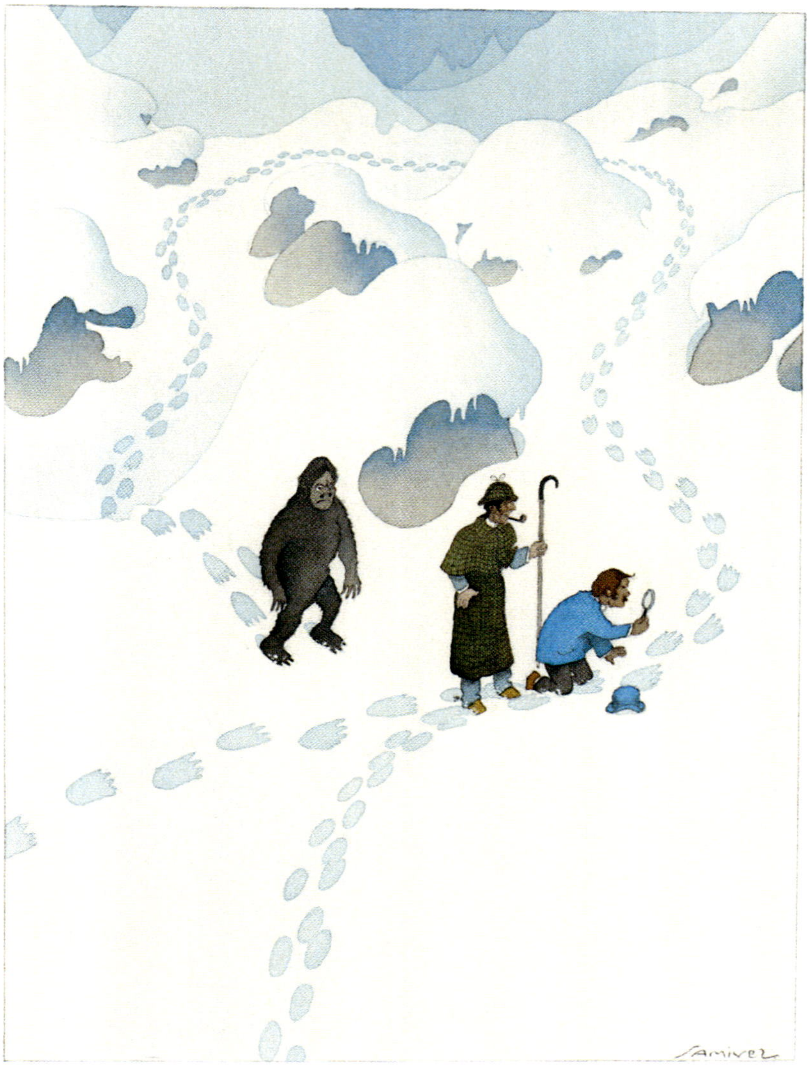

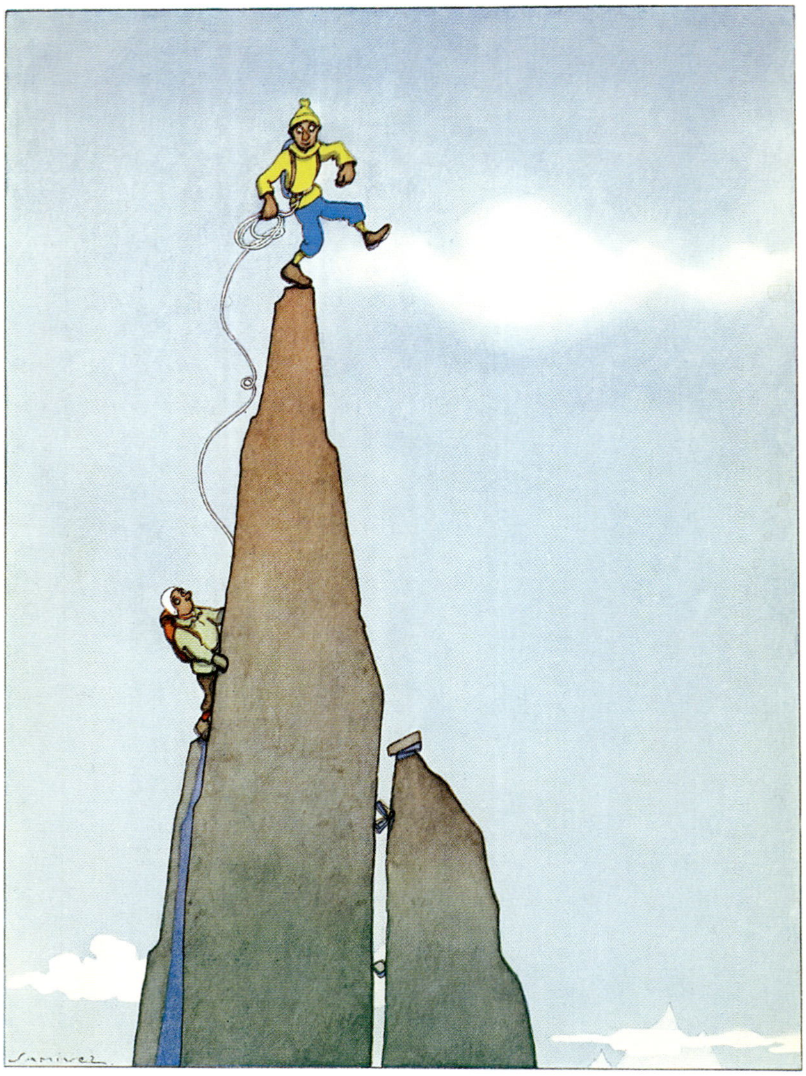

« Élémentaire, mon cher watson… », n. d.
« Ça tient ! »
Aquarelles.

Page de droite
Sans titre, n. d.
Aquarelle.

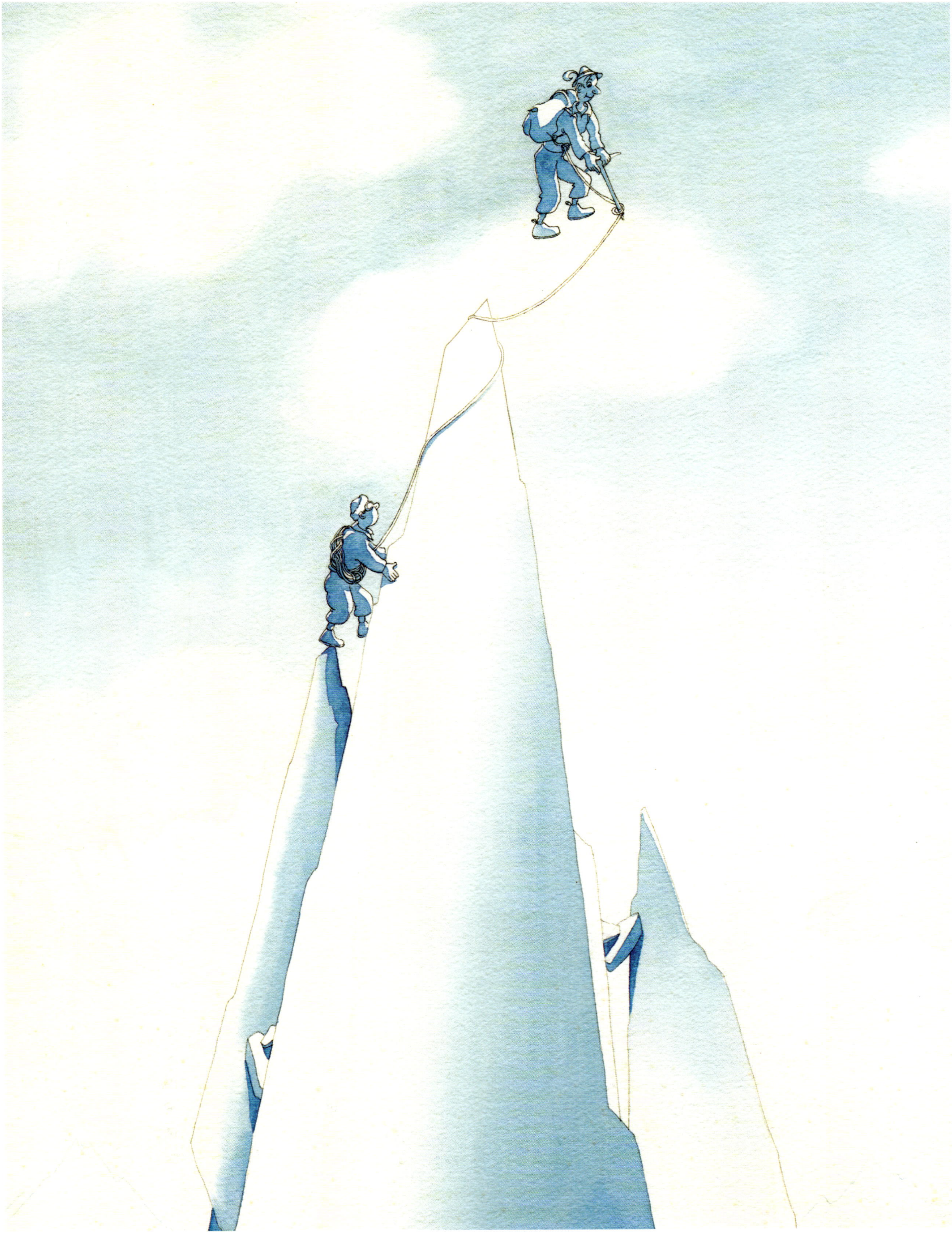

« Les chemins durent en moyenne beaucoup plus longtemps que les empires. »

Le Fou d'Edenberg

L'œil et les merveilles

J'ai aimé Samivel du premier jour où je l'ai lu et vu. Textes et dessins, comme on dit en BD...

C'était à l'école primaire de mon hameau natal de Tincave, commune de Bozel, Savoie. Gaby Gellon, ma blonde institutrice, m'a présenté son œuvre. Elle aimait Samivel comme je l'aimais elle-même : dans l'idéal ! *L'Opéra de pics* et les *Contes à pic* figuraient dans la petite bibliothèque de la classe. Accrochées au mur, on pouvait voir des reproductions de plusieurs dessins de l'auteur. Je me souviens d'une aquarelle humoristique qui montrait une fille et un garçon cramponnés à une aiguille de roche, au-dessus de l'abîme ; j'ai oublié la légende. Une autre image, sous-titrée « L'orage », représentait la tente du couple d'alpinistes enlevée par une bourrasque. Tous les enfants et moi-même rions volontiers du malheur des autres.

J'ai toujours adoré les précipices et les situations burlesques : j'étais fait pour goûter Samivel. Enfant, je courais la forêt, les éboulis et les alpages jusqu'au palais perché des edelweiss et des chamois. Les éclairs et les roulements du tonnerre me fascinaient plus qu'ils ne m'effrayaient. Je guettais le grand corbeau à la queue en losange, l'aigle royal, la marmotte au sifflet incorporé et le papillon apollon aux ailes de cellophane à pois rouges et noirs.

Je n'étais qu'un gamin du cours moyen première ou deuxième année ; Samivel était plus âgé que mon père ; mais je suis sûr que nous avions le même enthousiasme, la même passion de l'exploration, le même regard enchanté sur la mer de nuages. Nous aurions pu faire des balades ensemble. Nous aurions (ô Victor Hugo !) « escaladé la nue ». J'aurais rêvé de m'encorder, pour une ascension de la Grande Casse ou du mont Blanc, avec ce grand copain secret, peu causant et même franchement taiseux ; mais tellement doué pour développer ce que je savoure le plus chez l'homme – et que j'ai, plus tard, retrouvé chez Li Po et Chu Teh en Chine, chez Bashô et Hokusai au Japon, chez Abu Nuwas et Omar Khayyam dans l'islam des plaisirs, chez Verlaine et Rimbaud en Occident : la capacité de voir (d'entendre, de humer, de goûter...) ce que les autres ne soupçonnent pas ; et de le restituer sous forme de dessins, de poèmes ou de musiques. D'unir, dans ces compositions, les délices des sens et de l'esprit, à travers une perception exacerbée de la beauté qui passe...

Aujourd'hui encore, Samivel corrobore ce que je crois de l'absurde et sublime destin des anthropoïdes à gros cerveau bizarre et à peau peu poilue que nous sommes. Il m'en explique l'aptitude à déguster la nature à plein corps et à plein cœur ; la liberté de marcher en pensant, en écrivant ou en esquissant des formes sur un carnet ; et le don de transformer ces impressions en œuvres d'art.

Dans les années 1960, 1970, 1980, les dessins et les aquarelles de ce modeste génie étaient partout présents,

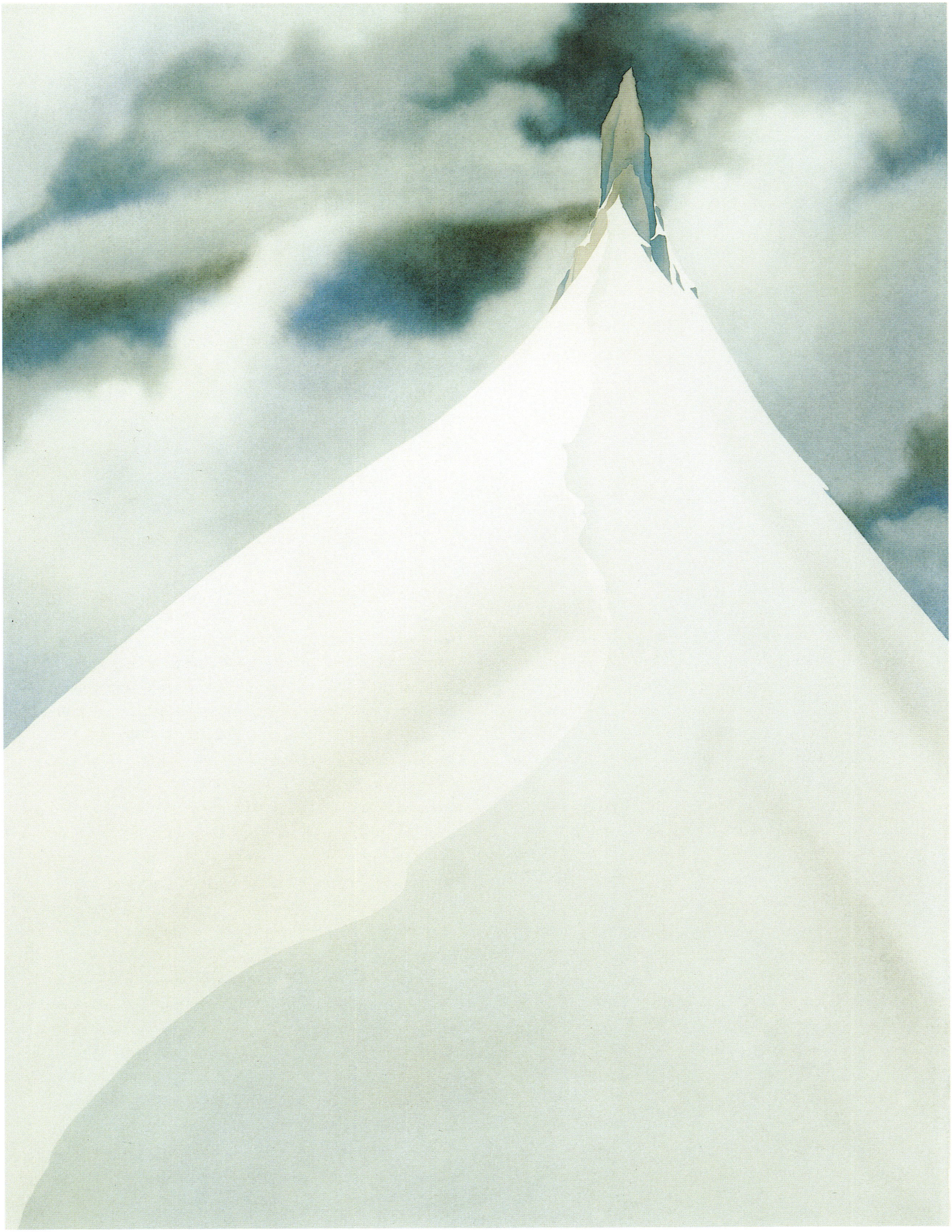

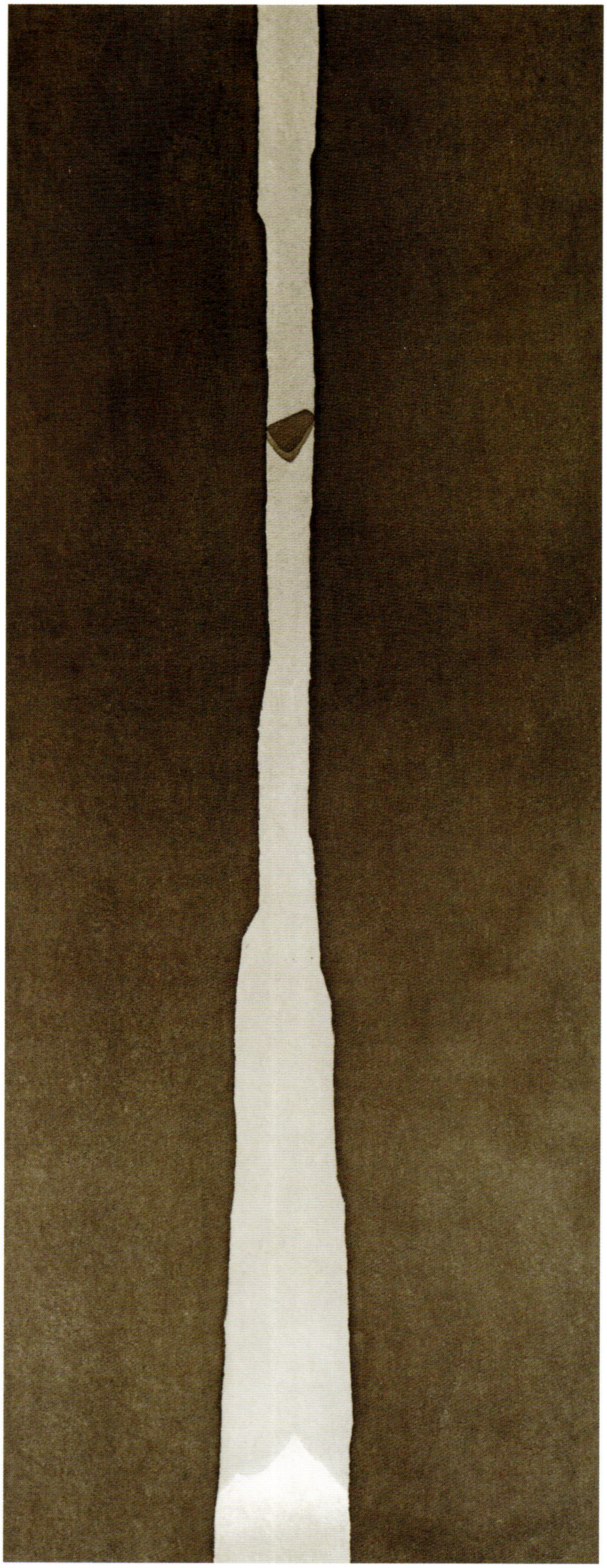

L'Opéra de pics, 1944,
« Il attend ».
Lavis.
Musée d'ethnographie de Genève.

Page de droite
Au vrai sommet, n. d.
Aquarelle.
Musée d'ethnographie de Genève.

Double page précédente
Prémices d'orage
dans le massif
du Mont-Blanc, n. d.
Aquarelle.

reproduits, dupliqués, punaisés aux murs des cafés, des halls de gare, des bureaux de poste, des offices de tourisme. L'auteur détestait cette célébrité. Il se cachait, il redoutait qu'on l'identifie. Mais son œuvre s'affichait… Samivel fuyait la foule, bien peu de gens connaissaient son visage, mais on décelait sa « patte » au premier regard. Mieux que quiconque, il popularisait la splendeur des hautes terres. Il exaltait la grandeur de l'Alpe – et, au-delà, de l'Islande ou du Groenland, jusqu'à l'immense océan. Il en révélait les ombres et les lumières, les rochers et les courants, les végétaux, les animaux et les hommes. Il décrivait et peignait ce qu'on pourrait appeler « l'âme » des cimes, et qui consiste en un subtil entrelacs de réalités géologiques, géographiques et écologiques, modifiées par le patient labeur des peuples. Samivel mettait en lumière. Il révélait à ses congénères ces assemblages de minéraux et d'êtres vivants entortillés dans ce que l'humanité, au fil des siècles, a pu créer de plus subtil en fait de contes et légendes, de poèmes, de tableaux et de chansons.

J'aime Samivel. Mais puis-je même utiliser ce verbe ? Ne disait-il pas, dans une nouvelle (*Il y aura de l'eau pour les cygnes*) : « En France, le verbe aimer sert à tous les usages. On y aime Molière, Gauguin, Mozart, sa maîtresse ou le bœuf en daube. Barbarie sentimentale ou extrême pudeur ? » À mes yeux, Samivel incarne à la fois l'enfance de la montagne et mon enfance dans la montagne. Il représente la poésie, le songe, la familiarité qu'on noue avec la marmotte et l'arnica, la neige et le lagopède. Nul, mieux que lui, n'excelle à faire respirer la senteur de l'orchis

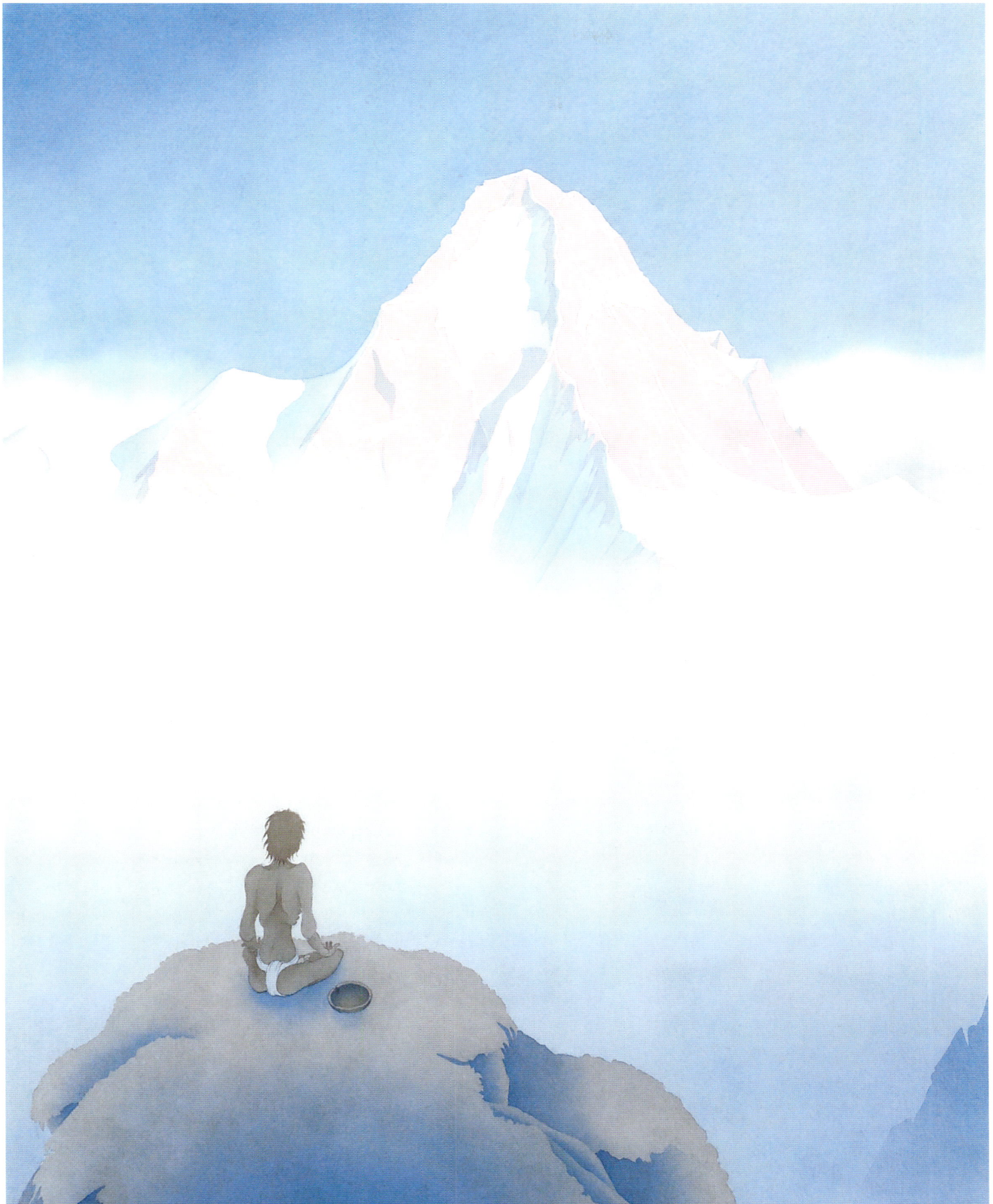
Samivel

Brouillard, 1950.
Aquarelle.
Musée d'ethnographie de Genève.

vanillé ou du génépi, le parfum de la vache ou l'odeur des pieds du randonneur, le soir, en arrivant au refuge !

Lorsque je le lis ou que je contemple ses œuvres graphiques, je redeviens le gamin que je n'ai jamais cessé d'être ; le petit garçon qui gobait le vent et grimpait la falaise ; un hybride de Petit Ramoneur savoyard et de Gavroche. Je redécouvre sans cesse, chez Samivel, l'humour et l'enchantement des forêts, des pics et des neiges éternelles. (De moins en moins éternelles, les neiges, à cause du réchauffement climatique !) Il en a incarné le dessinateur et le peintre inspiré, le conteur, le poète et l'humoriste. Je m'imagine en train d'entrer dans un de ses dessins, tel un titi des *Misérables* transplanté dans la montagne, qui chanterait tour à tour « C'est la faute à Voltaire » et « Étoile des neiges » à cheval sur un sérac, avant de s'esclaffer une dernière fois quand une mortelle fleur rouge éclorait sur sa poitrine.

Romantique, trop romantique ! Je sais que je délire. Mais Samivel me fait cet effet-là. La poudre de nuages qu'il répand sur les vallées de ses aquarelles, et qui les rend si féeriques, constitue bel et bien une drogue. Mais cette hallucination de neige et de brume ne provoque aucune accoutumance : chaque fois qu'on en reprend, on éprouve la même jouissance ! Ici, la glace et les nuées ont la couleur des ailes de l'ange ; mettons, pour ceux qui ne croient pas au paradis : la perfection immaculée de la fourrure d'hermine.

Lorsque j'étais enfant, j'ai eu cinq maîtres en balades, nature, littérature et poésie. Mon père, qui m'a pris par la main et emmené du hameau de Tincave à la cime du mont Jovet (le *Mons Jovis*, la « montagne de Jupiter »). Gaby Gellon, ma maîtresse d'école. Le vieux curé Louis, qui m'a enseigné des rudiments de botanique. Jules Verne, qui m'a emporté dans la Lune, au fond de la mer ou au centre de la Terre.

Mon cinquième maître a été Samivel. Il m'a révélé l'inépuisable poésie de la nature. Il m'a présenté le secret granuleux du schiste et du granit. Il m'a offert la véritable apparence de la Vanoise ou du mont Blanc, la réalité du torrent et de l'arc-en-ciel, de la touffe d'herbe et du sentier, de l'épicéa poudré de neige et du bouquetin qui contemple son reflet dans un lac d'altitude, tel Narcisse incliné sur l'étang... Dans ses dessins comme dans ses textes, Samivel déploie la précision et l'imprécision du rêve. Ses contours sont nets, ses couleurs justes, ses mots choisis. Mais le résultat bascule au-delà du réel. L'image qui en résulte n'est plus seulement un croquis, une aquarelle ou une page de livre : elle recèle un mystère essentiel. Désormais, le réel et l'irréel s'épousent, et nul ne sait où passe la frontière. « J'aime, explique l'auteur de *L'Œil émerveillé*, les grandes plages de silence, les variations subtiles de tons, à la première apparence presque monochromes, les décors flottant dans une dimension quasi immatérielle. La neige, les brumes, les eaux, les montagnes multiplient de tels effets. »

Physiquement, j'ai croisé Samivel une seule fois, dans un meeting de militants mobilisés pour la création du parc national de la Vanoise – dont il fut l'un des pères et le meilleur propagandiste. Il me semble que c'était en 1969, à Chambéry. J'ai écouté parler (on s'en doute, pas dans un style enflammé : il n'a pas prononcé deux cents mots ; mais c'était ceux d'un poète) l'écologiste, le fou des cimes, le protecteur de la beauté sauvage, l'adversaire des promoteurs qui voulaient hérisser les cimes de remontées mécaniques et de bâtisses en béton (et qui n'ont toujours pas renoncé à leur projet). Je me souviens

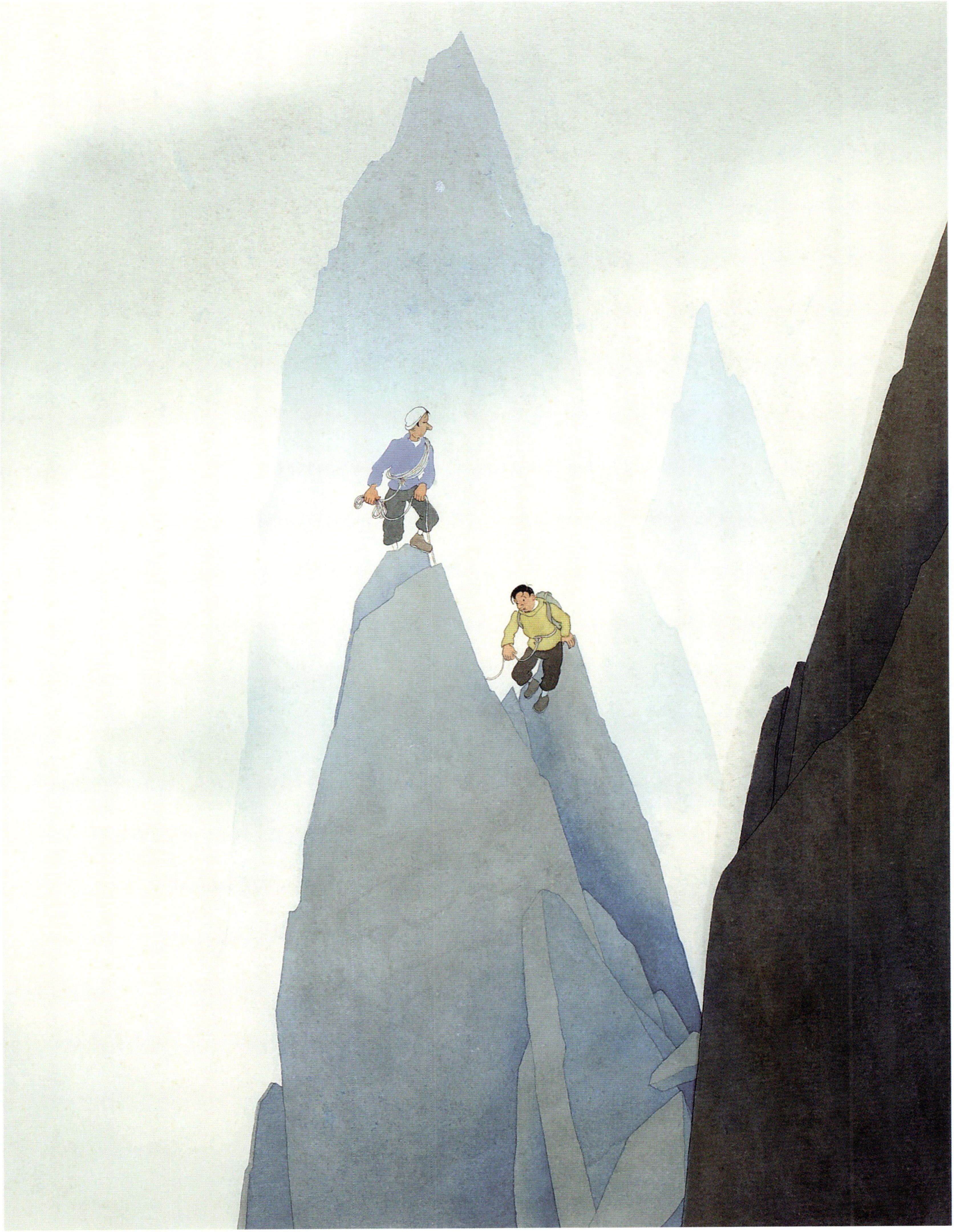

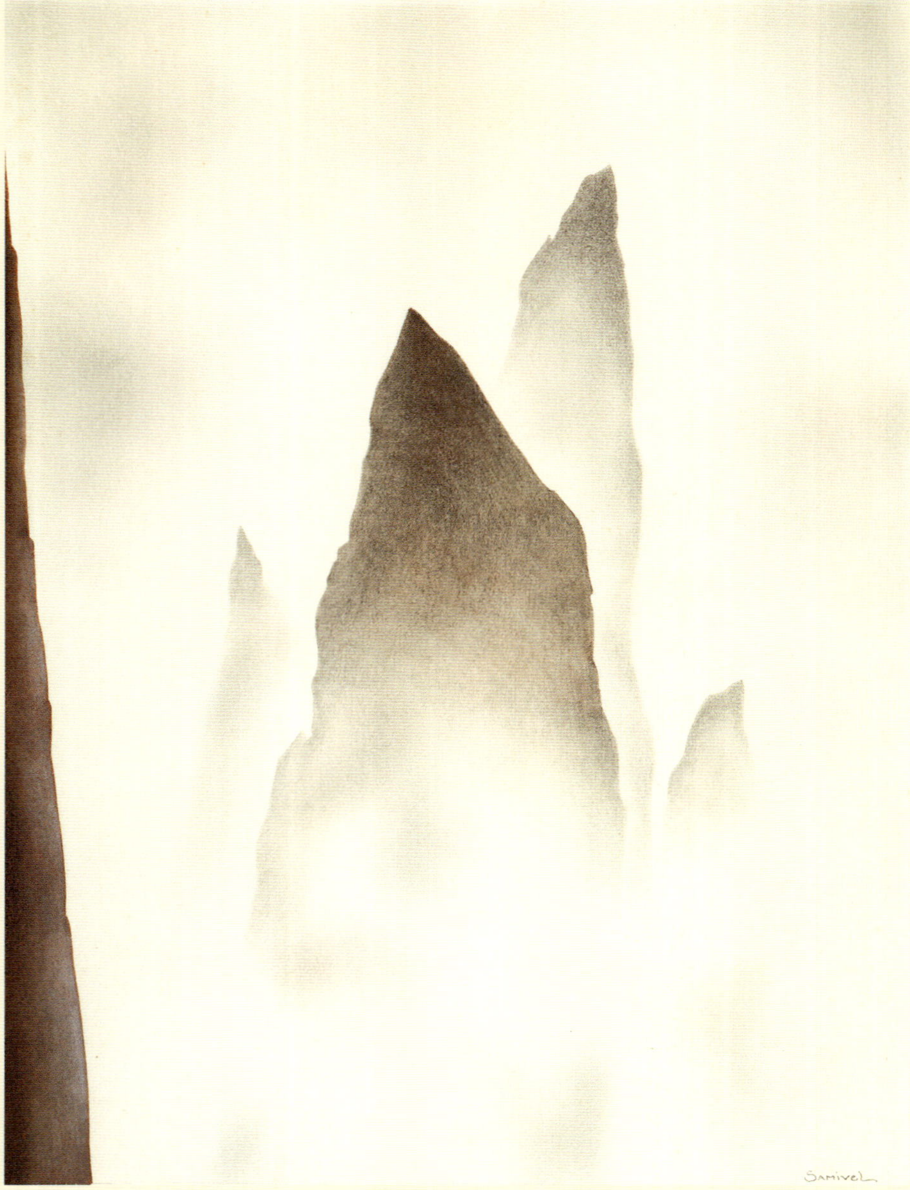
SAMIVEL

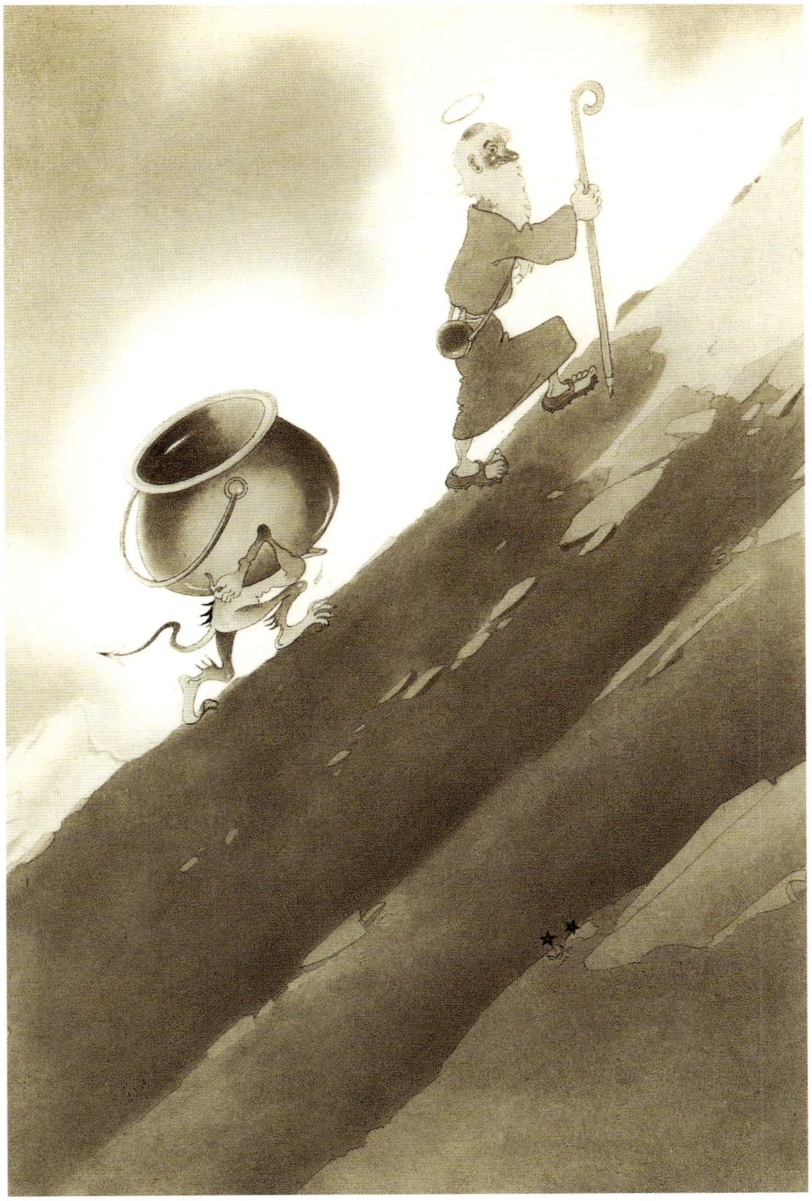

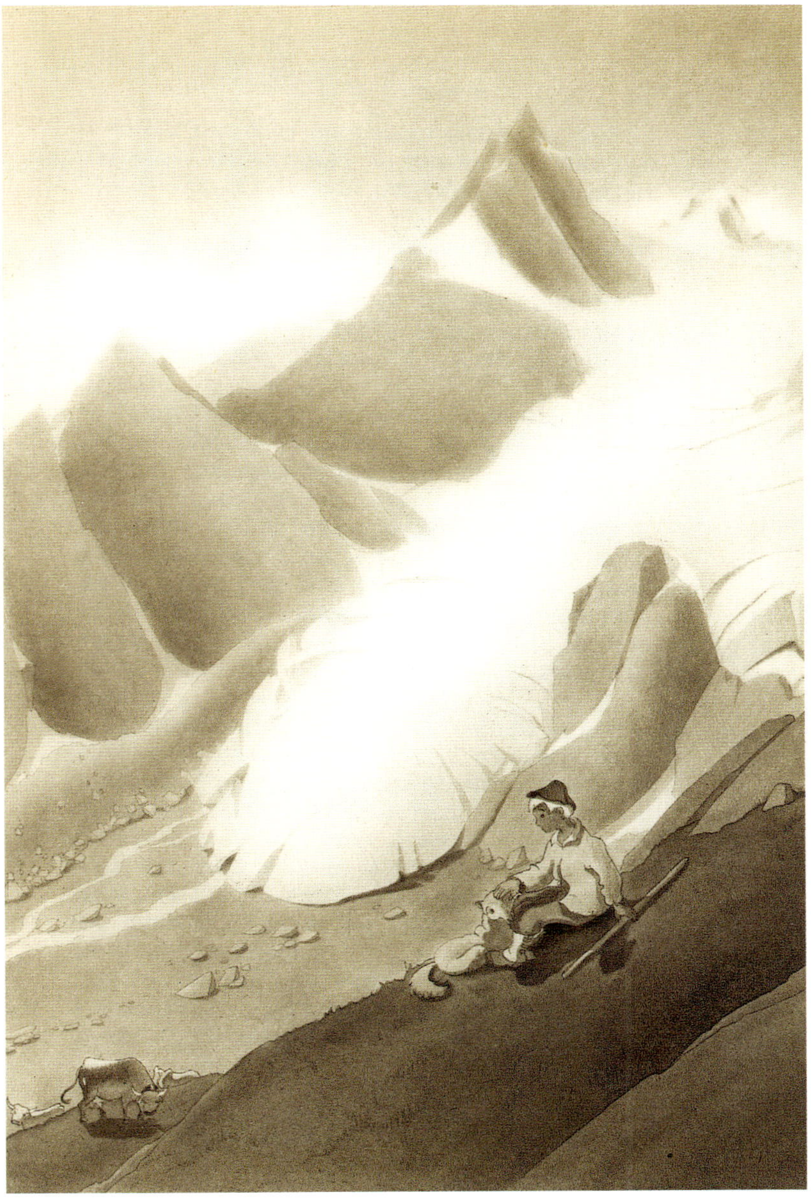

Contes à pic, 1951,
« Et voilà que Théodule monte droit comme une flèche... »,
« Alors Aymonod lui passait doucement la main sur le museau ».
Lavis.

Page de gauche
Aiguilles dans la brume, 1949.
Aquarelle.

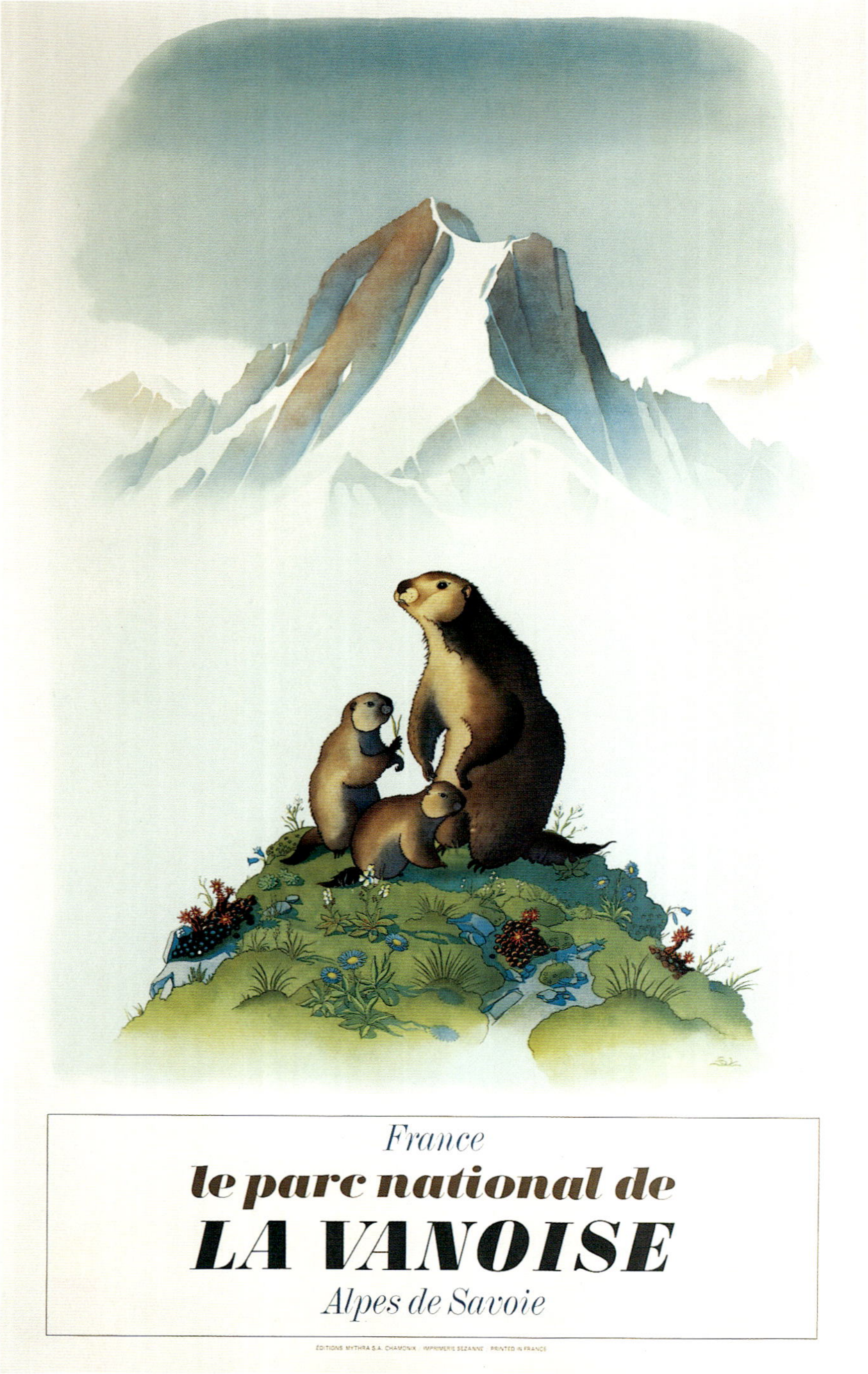

Affiche pour Le parc national de la Vanoise, 1970.
Aquarelle.

Page de droite
La Clarée, vallée de Névache, 1984.
Aquarelle.
Musée d'ethnographie de Genève.

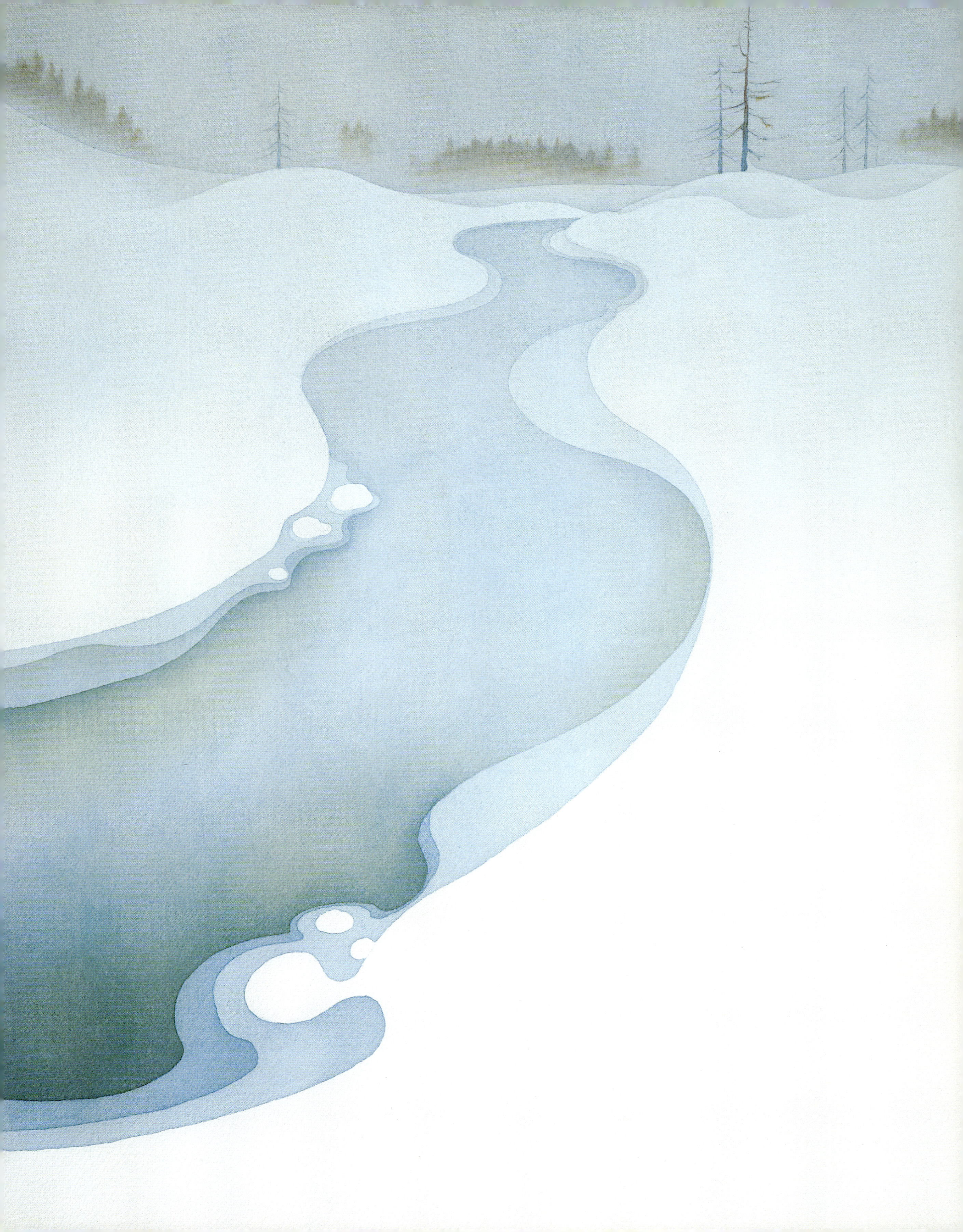

L'Aiguille Verte et les Drus, n. d.
Aquarelle.

de l'affiche qu'un peu plus tard, il a peinte pour le parc : une marmotte et ses marmottons sur un tertre fleuri de joubarbes roses et d'asters des Alpes violet-mauve à cœur orange ; avec, à l'arrière-plan (comme toujours), ces pics à la chinoise, surgis du néant gris-bleu d'un nuage de songe, et qui paraissent s'offrir tout en restant à jamais inaccessibles.

Je n'ai pas vraiment connu Samivel parce qu'il ne se laissait guère approcher. Il abhorrait la foule. Un homme de ce genre, qui déteste voir les humains se changer en moutons, ne saurait avoir un mauvais fond... Il a lui-même décrit sa propension à la solitude en parlant du désert et de la force des sentiments qu'il inspire *(L'Œil émerveillé)* :

« Il existe un avilissement physique, et à la longue mental, de l'individu noyé dans une foule, forcé d'en subir les contacts, une pollution de la promiscuité. [...] Mais les déserts ressuscitent les temps lointains où ce même homme surgissait à l'orée de perspectives vierges, ambassadeur d'une espèce rare et dépourvue, roi solitaire de nombreux royaumes à venir.

« Vertus majeures des étendues désertiques, l'espace et le silence ont d'ailleurs partie liée. Ils mettent le visiteur en état de grâce, et le monde que chacun porte en soi, avec un soleil secret et des astres satellites, cesse de tourner en vase clos pour s'élargir à d'autres dimensions, résonner à d'autres ondes, s'ouvrir à d'autres feux. »

Samivel est un initiateur en cela même qu'il incite le lecteur à parcourir son propre chemin solitaire ; sinon toujours complètement seul, du moins en maigre compagnie... C'est la démarche de l'explorateur, aussi bien que du savant, du poète, du musicien ou du peintre. Je me suis, depuis de nombreuses années, baladé si souvent seul que j'ai retrouvé cette veine philosophique et esthétique. Quiconque s'engage sans assistance dans la grande nature est vite confronté, de façon physique et métaphysique, à sa finitude, à sa faiblesse congénitale, à son irrémédiable petitesse. En même temps, il touche à la grandeur : alors, il se hisse par l'esprit vers la cime du monument « humanité ». Il tutoie les astres, il parle au soleil (du moins en a-t-il l'illusion !). Il accède à ces pics escarpés de la pensée qu'on appelle « poème », « création artistique » ou « philosophie »...

Je n'ai pas vraiment connu Samivel, mais je révère le peintre, à l'aquarelle d'une transparence d'eau de torrent sur de la glace. Mais je loue le dessinateur, à l'humour souvent proche de celui de Dubout. Mais j'apprécie le photographe, le cinéaste, l'explorateur, le conférencier qu'il a été. Bien entendu, l'écrivain – le romancier, le nouvelliste, le poète...

Il se fait connaître des éditeurs et du public par des dessins, des aquarelles, des illustrations de revues, de livres et d'albums consacrés à la montagne. Il sait de quoi il parle : c'est un pratiquant enthousiaste des sports alpins – le ski et l'alpinisme, qu'il aime mais dont il adore aussi se moquer. Il effectue nombre d'ascensions et réussit plusieurs « premières » dans le massif du Mont-Blanc.

Sa carrière d'imagier débute en 1928. Il collabore à des revues de montagne comme *La Vie alpine*. Il publie des recueils de dessins d'humour : *Sur les planches* (1931), *Sous l'œil des choucas* (1931), *Moins dix degrés* (1933), *Ces monts affreux* (1934), *Ces monts sublimes* (1935). Il offre un petit volume d'aquarelles (*Neiges*, 1937). En 1944, il se lance dans une œuvre majeure, *L'Opéra*

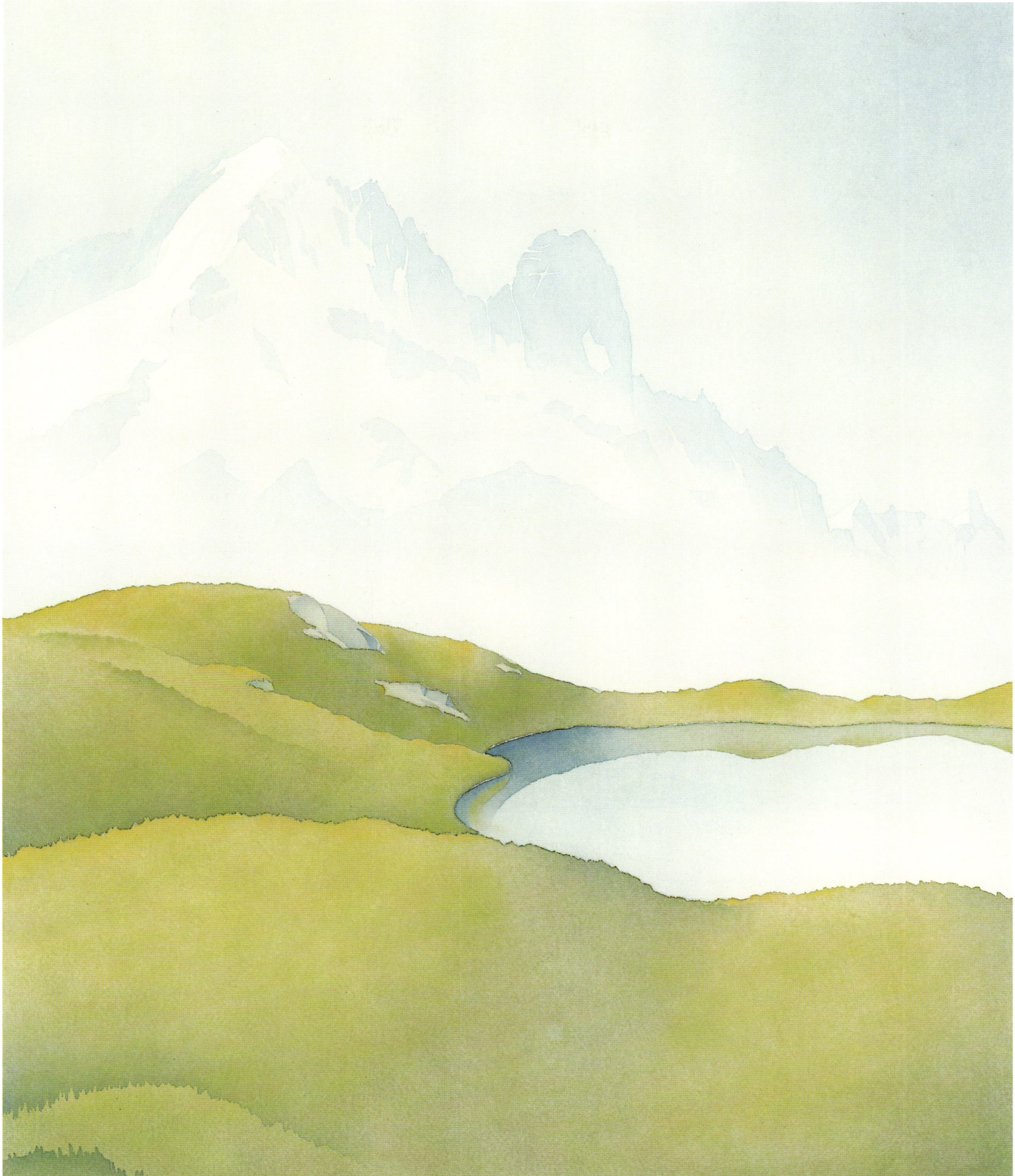
Samivel

Sans titre, 1990.
Aquarelle.

de pics, que préface Jean Giono. Il illustre de grands auteurs : François Villon (1945), Rabelais, La Fontaine, Jonathan Swift (*Les Voyages de Gulliver*, 1945), C. F. Ramuz, jusqu'à Alphonse Daudet (*Tartarin sur les Alpes*, 1991). Il rédige et rehausse de dessins des albums pour enfants : *Brun l'ours, Les Malheurs d'Ysengrin, Goupil, François de France, Trag le chamois*, etc. Sans oublier *Parade des diplodocus*, *Canard* ou *Les Blagueurs de Bagdad*.

Il réalise la série des *Dumollet (Monsieur Dumollet sur le Mont-Blanc*, 1946). Il propose une féerie théâtrale, *La Grande Nuit de Merlin*, et un « dessin inanimé » avec ses commentaires : *Bonshommes de neige*. Très vite, l'écrivain transparaît sous le fabricateur d'images. Le récit *L'Amateur d'abîmes* est édité en 1940. Après la Deuxième Guerre mondiale, Samivel collabore aux *Nouvelles littéraires*. Il y donne non seulement des articles, mais des nouvelles, et il illustre de dessins humoristiques la « une » de ce journal.

La passion de l'aventure le saisit. Il visite les entrailles de la terre pour illustrer les *Histoires au-dessous de tout* (1946) du spéléologue Norbert Casteret. Il accompagne Paul-Émile Victor dans la première expédition française au Groenland en 1948 et réalise trois films documentaires sur ce voyage (*Les Hommes du phoque*, *Printemps arctique*, ainsi que la *Chronique filmée de l'Expédition*. Le Grand Nord le subjugue. Il lui inspire quelques-unes de ses plus belles aquarelles, de ses plus purs récits, ainsi que des dessins pour un conte eskimo : *Ayorpok et Ayounghila*. Il enchaîne les itinéraires lointains ou proches, dont il rapporte des films et des livres où s'entremêlent la nature et l'Histoire. Par exemple, *Cimes et merveilles* (1952).

Samivel incarne un précurseur engagé de l'écologie. Avec Paul-Émile Victor et avec son ami du désert Théodore Monod, il se lance dans la protection des milieux sauvages et la défense de la faune et de la flore. Il consacre ses talents multiformes à montrer au grand public à quel point la nature est belle et rebelle, précieuse et merveilleuse. Il se bat. Il hait les saccageurs et les pollueurs, et il le dit. Il les voue aux gémonies. Cette croisade aboutit, entre autres, à la création du parc national de la Vanoise, le 6 juillet 1963. Pénible accouchement, superbe bébé...

L'Histoire le passionne tout autant. Samivel imagine un style d'évocation du passé dans lequel l'aventure des civilisations prend son sens à travers le destin des hommes, la grandeur des décors naturels et la magnificence des œuvres d'art. En 1954, il voyage en Égypte et en rapporte (film et livre) *Trésors de l'Égypte*. Puis viennent (nature ou Histoire, selon le voyage et l'inspiration) *Grand Paradis* (1958), *Le soleil se lève en Grèce* (1959), *L'Or de l'Islande* (1963), *Soleils en Provence* (1969), *Cimes et merveilles II* (1975), *Le Grand Oisans sauvage* (1978), *La Grande Ronde autour du Mont-Blanc* (1982), *Les Grands Passages des Alpes occidentales* (1983), *Monastères de montagne* (1986), etc.

Le Samivel peintre ou graphiste ne cesse de portraiturer l'univers réel et fantastique des hautes terres. Avec obstination. Avec délectation... Le prosateur marque sa prédilection pour les nouvelles : *Chapeaux pointus* (fables, 1945), *L'Île du piano à queue* (1948), *Contes à pic* (avec des dessins sublimes, tout simplement sublimes, 1951), *Contes des brillantes montagnes avant la nuit* (1980), *Il y aura de l'eau pour les cygnes* (1983), *La Dame du puits* (fablier pour adultes, 1991)... *Hommes, cimes et dieux* (1973) traite de la mythologie alpine : comment les géants ont-ils édifié ces châteaux forts de granit, de gneiss ou de calcaire à la dimension des continents ?

Deux œuvres majeures paraissent à onze ans de distance, l'une en 1967 : le roman *Le Fou d'Edenberg*, qui vaut à son auteur une sélection au prix Goncourt ; et l'autre en 1976 : l'essai *L'Œil émerveillé ou la Nature comme spectacle*, qui consacre l'un des plus subtils prosateurs de la nature qu'il m'ait été donné de lire.

Et j'en ai lu beaucoup !

J'ai mentionné, plus haut, que j'avais vu Samivel une seule fois. Je lui ai aussi parlé au téléphone. C'était en 1985, je rédigeais le livre *La Planète des baleines*, que je devais signer, un an plus tard, avec le commandant Cousteau. J'avais découvert, dans *L'Œil émerveillé*, un paragraphe de pur bonheur, dans lequel l'essayiste peignait sa rencontre avec une baleine dans l'Arctique, et que je voulais citer. Non seulement Samivel m'a autorisé à le faire, mais il m'a raconté l'aventure. Il m'a expliqué avec des tremblements dans la voix son ébahissement devant la taille prodigieuse du mammifère marin. J'ai souri et j'ai été attendri par son désir quasi enfantin (au téléphone, cela s'entend) de partager ce moment de grâce avec un interlocuteur attentif. Je ne résiste pas au plaisir de reproduire le texte même de *L'Œil émerveillé*, que son auteur a fini par me lire à l'autre bout du fil :

« En cette fin morose de la plus destructrice des époques, peu de gens, sauf les baleiniers – mais ceux-là ne songent qu'à tuer –, auront eu la chance de voir défiler à courte distance, dans la plénitude de ses forces et superbement disponible, l'un des plus grands animaux du monde. Et grâce à cette présence fabuleuse, le monde lui-même, suscitant un acteur à son échelle, se haussait à d'autres dimensions. Des siècles d'immobilité se déployaient brusquement, et le granit se mouvait, nageait, respirait ! Je revois à présent l'océan rebroussé par la proue de ce Nautilus de chair, la colline ruisselante de son corps, les arcs-boutants pacifiques... J'entends les sifflements de l'écume, le halètement vaste et régulier de la machine respiratoire. Je ressens une nouvelle fois, profondément, le choc d'un tel spectacle, l'impression de puissance, de souplesse, de confiance, qui naissait des évolutions de cet être parfaitement adapté à son propre milieu, né de la mer, modelé par elle, en exprimant si naturellement la vie frémissante et l'immensité, car l'Esprit des solitudes animait aussi la grande et innocente créature. Je sais que durant quelques secondes, au fond d'une crique perdue du Groenland sud, j'ai presque atteint les sources de la pure beauté, inséparable d'un sentiment plus large de fraternité cosmique ; que depuis cette rencontre rien n'a été tout à fait pareil, et que par la suite il m'a fallu dater secrètement les choses d'avant ou après cette baleine. »

Samivel est grand comme la baleine ; lointain comme l'Arctique ; haut comme la Vanoise ou le mont Blanc ; brillant comme la glace de printemps. Rond et doux par la fourrure, telle la marmotte. Noir de plumes comme le choucas. Gris pâle comme la brume qui monte dans la vallée qu'il va peindre... C'est un être de nature à la fois sauvage et pétri de civilisation universelle – un zeste de Dubout, un trait de Chu Teh, un paragraphe de Swift et des proportions variables de Jean-Jacques Rousseau, de Rodolphe Tœpffer, de Herman Melville ou de Théodore Monod...

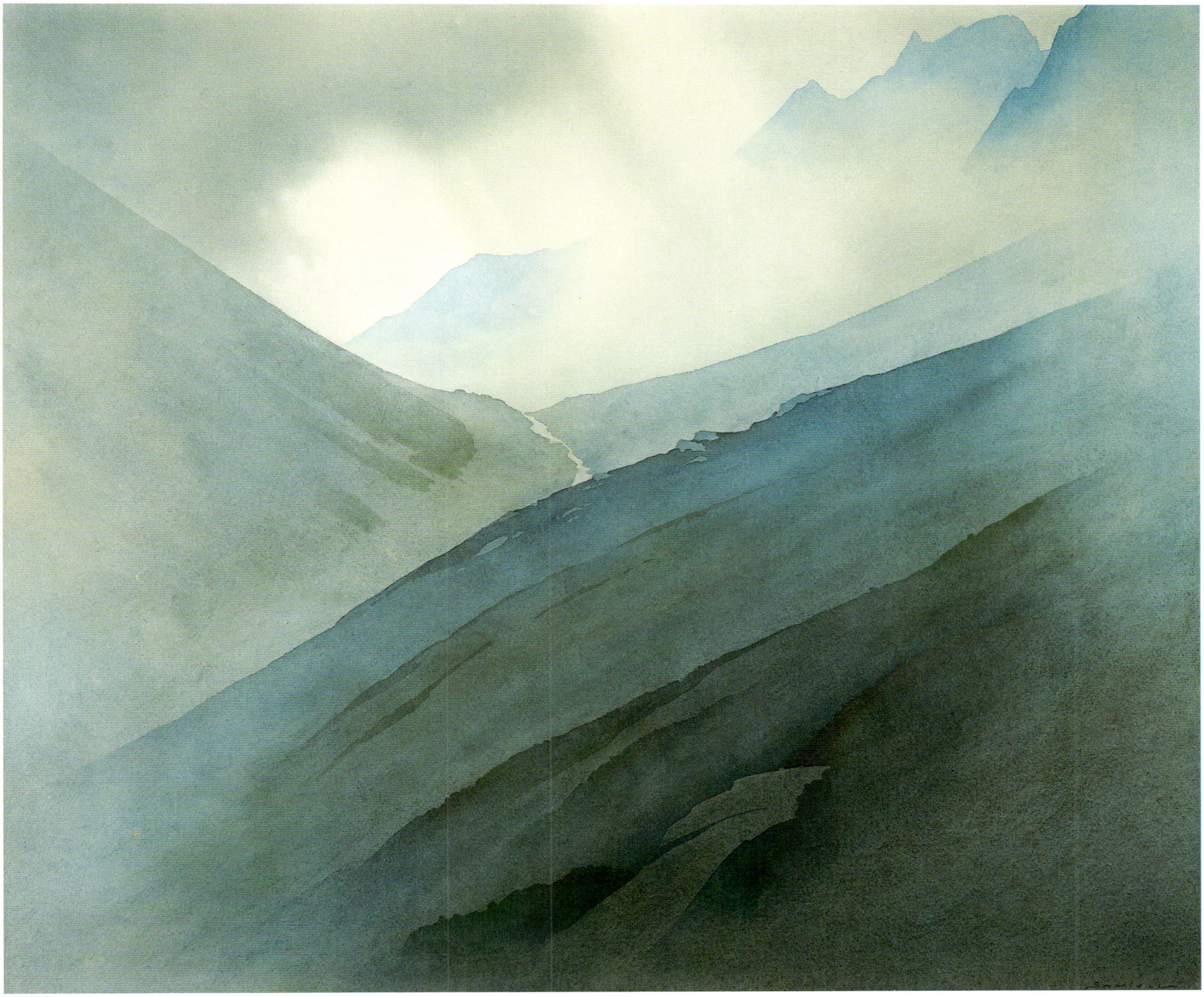

Le vallon de Sélé sous la pluie, Oisans, 1949.
Aquarelle.

Maquette de l'affiche
Chamonix, Mont-Blanc, 1972.
Aquarelle.

Page de droite
L'Aiguille du Jardin,
massif du Mont-Blanc, 1949.
Aquarelle.

Si je devais (l'exercice est absurde, raison pour laquelle il lui aurait plu) ne retenir que deux brefs passages de Samivel, je citerais une phrase – l'un des *Commandements du parc national de la Vanoise*, qu'il a rédigés, et que l'écologiste prendrait volontiers pour maxime :

« Il faut beaucoup de brins d'herbe pour tisser un homme. »

Et je montrerais un dessin, un lavis réalisé en 1944 pour *L'Opéra de pics*. Deux falaises verticales, gris sombre, ne sont séparées que par une étroite fissure au travers de laquelle on entraperçoit le ciel gris clair et l'esquisse d'un sommet blanc. Coincé entre les parois, un bloc de roche s'en détachera un jour. Mais quand ? La légende tient en deux mots : « Il attend. »

Nous attendons tous. Nous sommes des pierres promises au précipice.

C'est le dessin le plus simple, le plus angoissant et le plus métaphysique qu'il m'ait été donné de contempler. Une allégorie vertigineuse, érosive et minérale de la condition humaine !

Yves Paccalet

Philosophe et écrivain

Tincave (Savoie), 7 février 2007

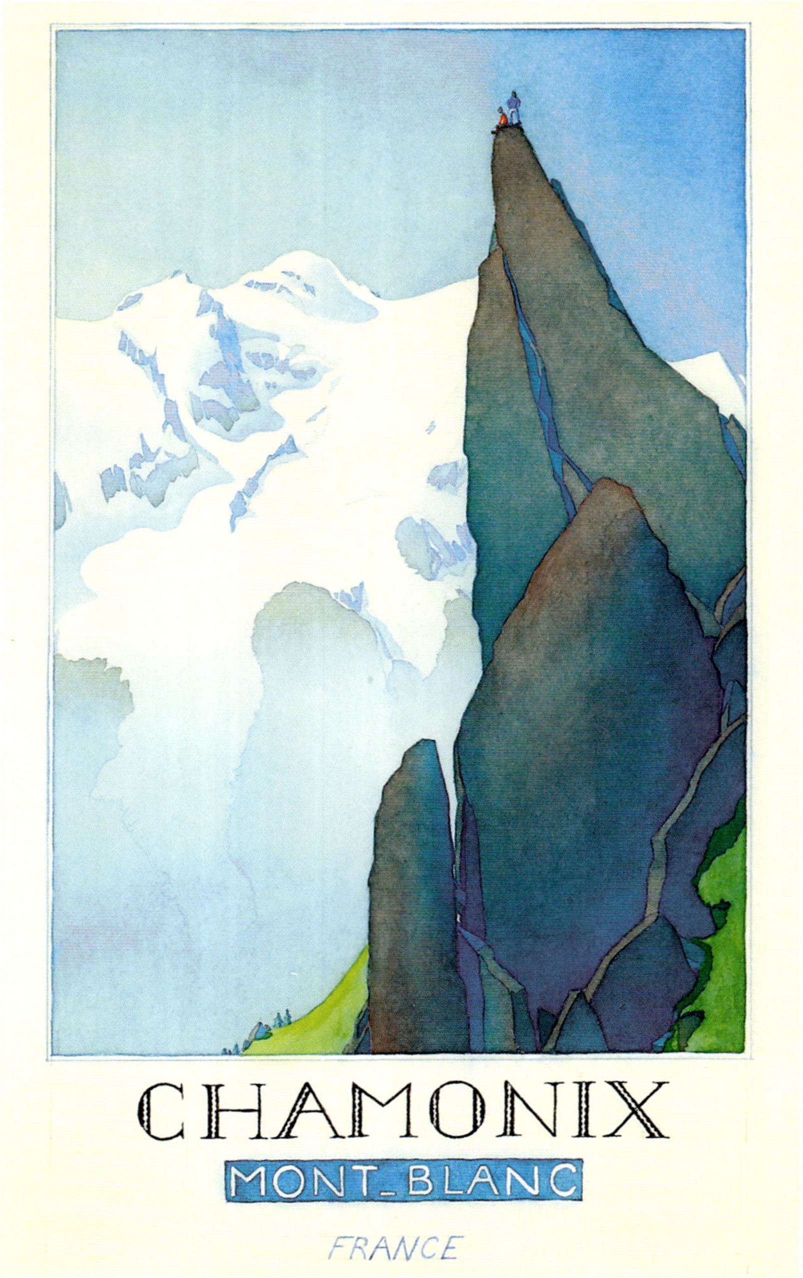

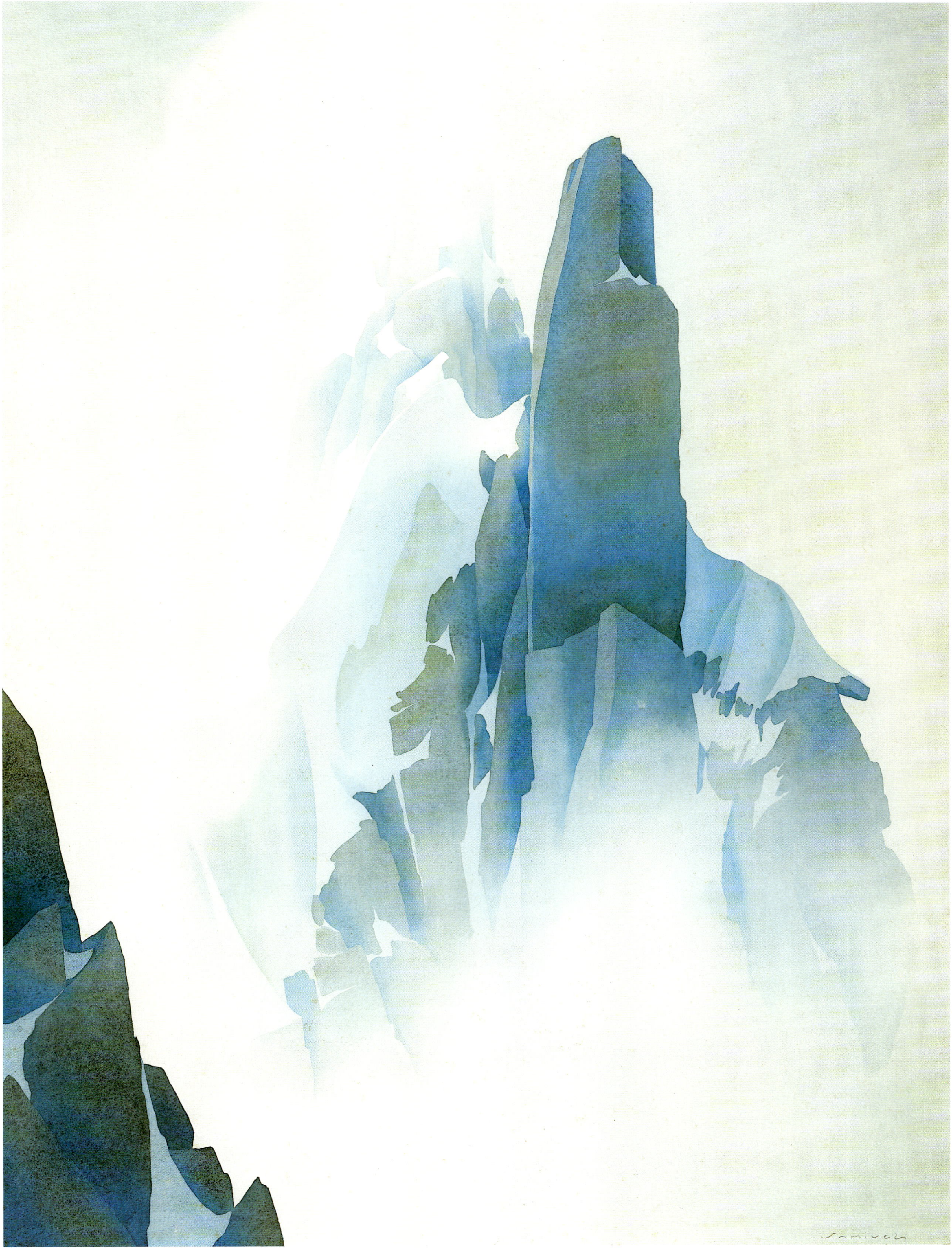
Samivel

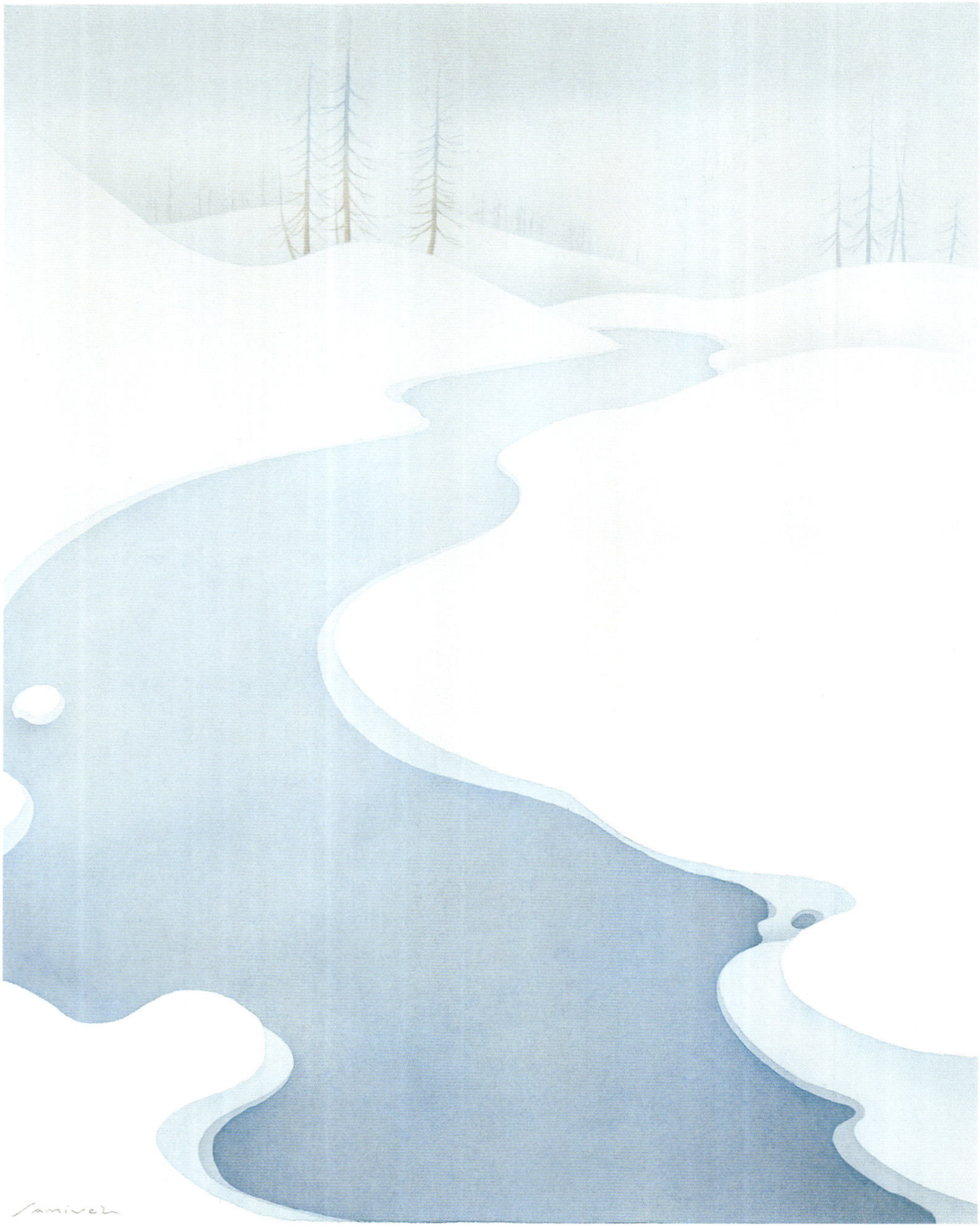

La Clarée, vallée de Névache, 1990.
Aquarelle.

Page de droite
Affiche Les Alpes de la Chartreuse, 1987.
Aquarelle.

Pages suivantes
Affiche Le Mont-Blanc depuis la Tarentaise, n. d.
Aquarelle.

Le col des Rouies, Oisans, n. d.
Aquarelle.

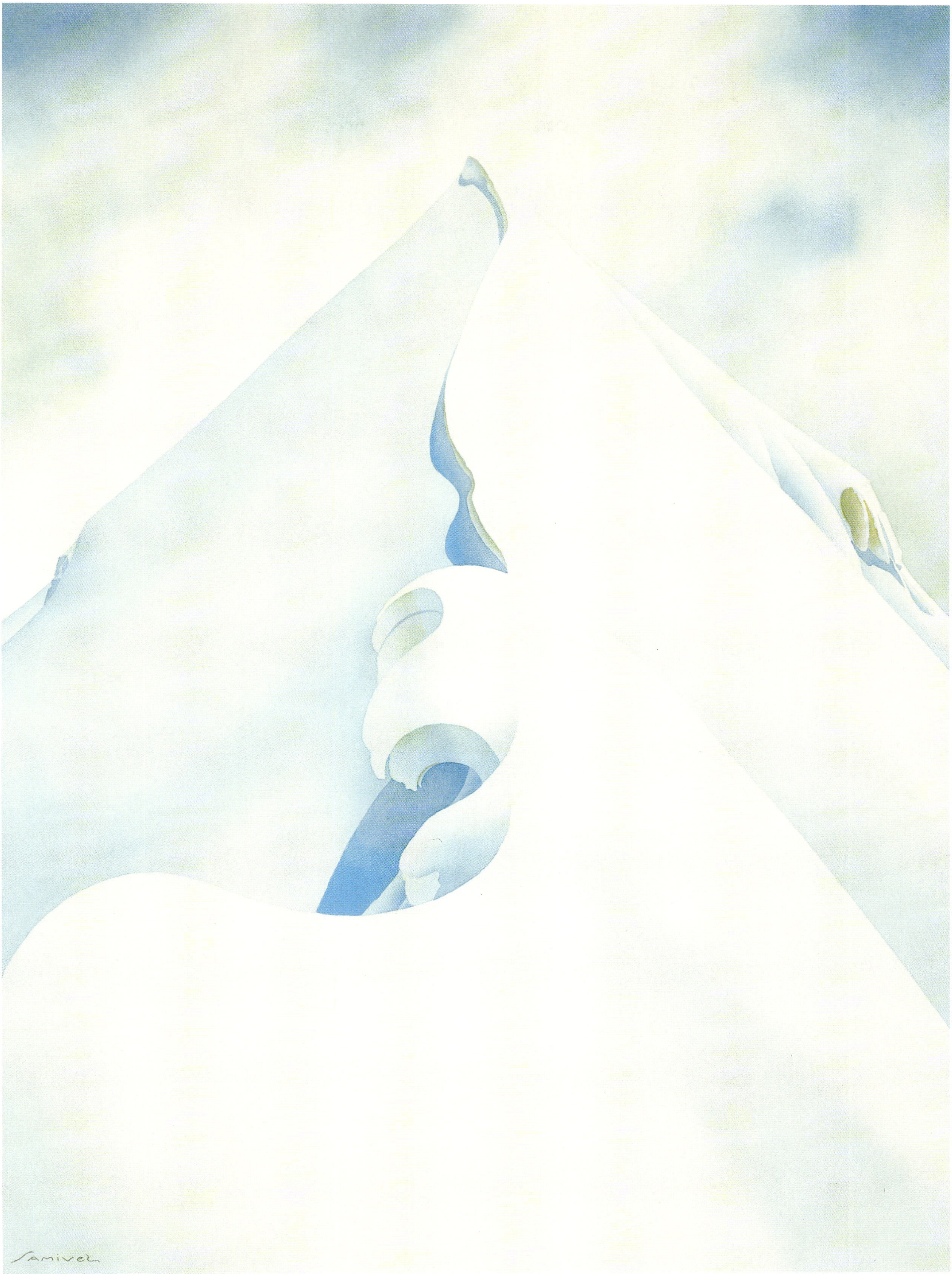
Samivel

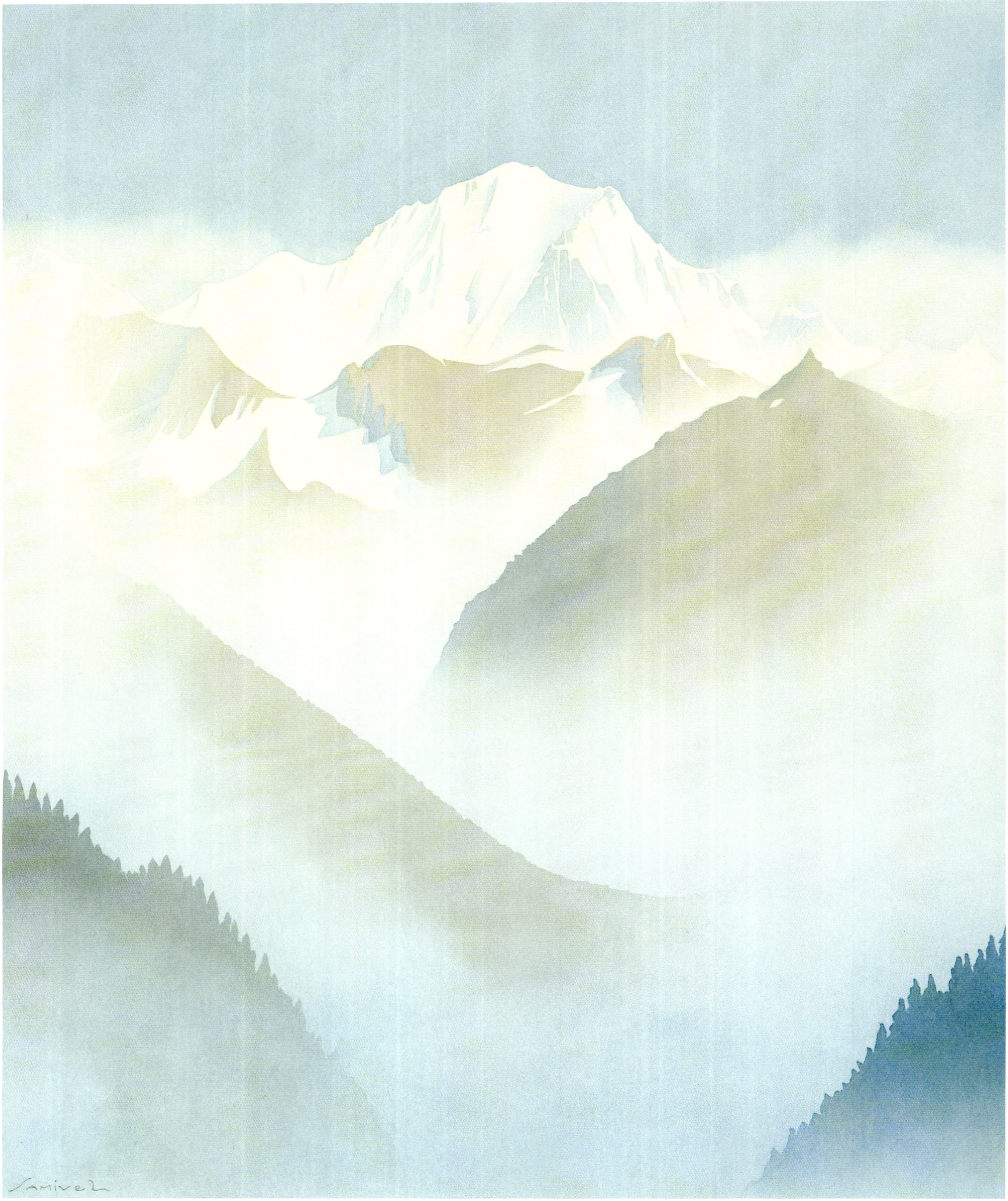
Samivel

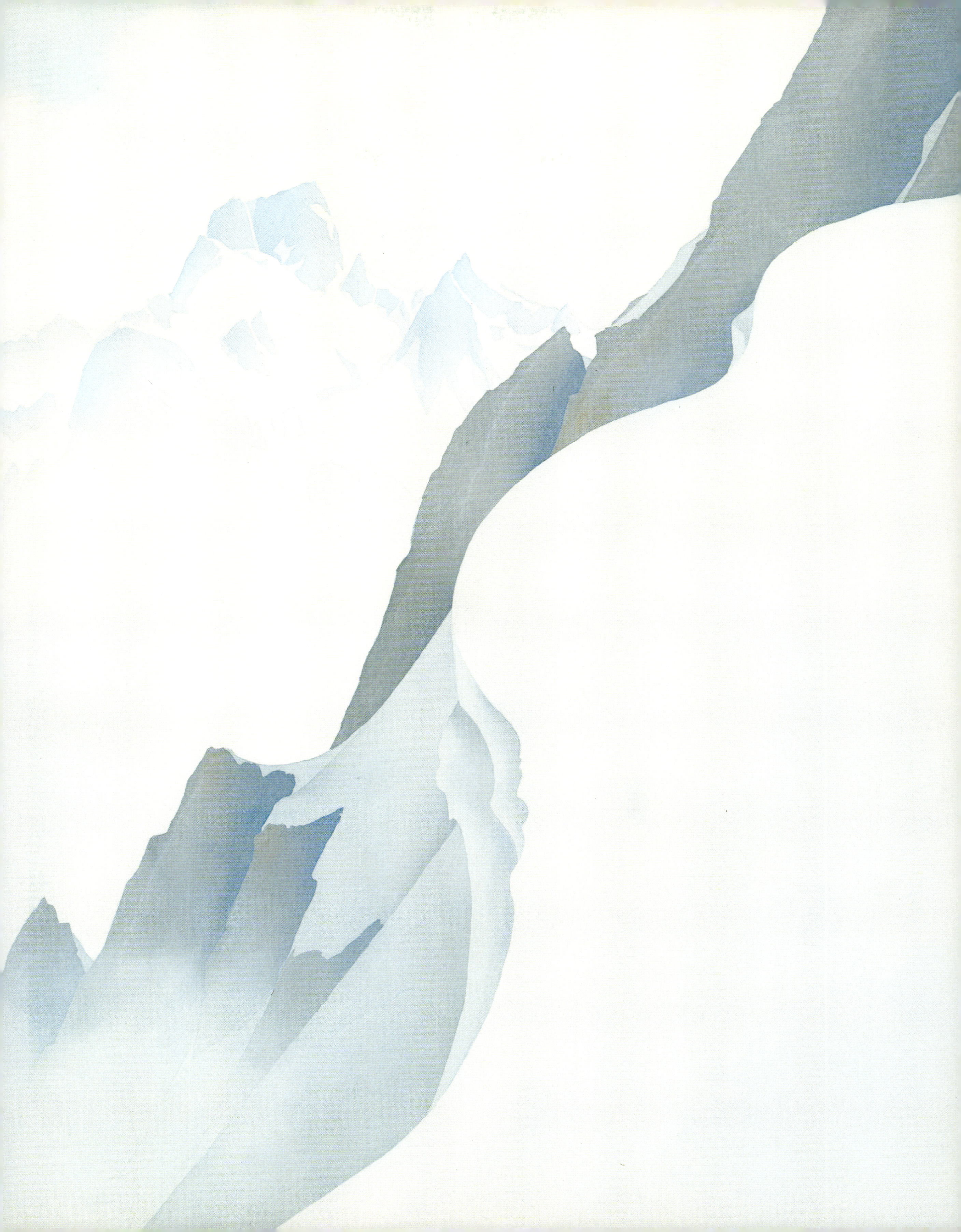

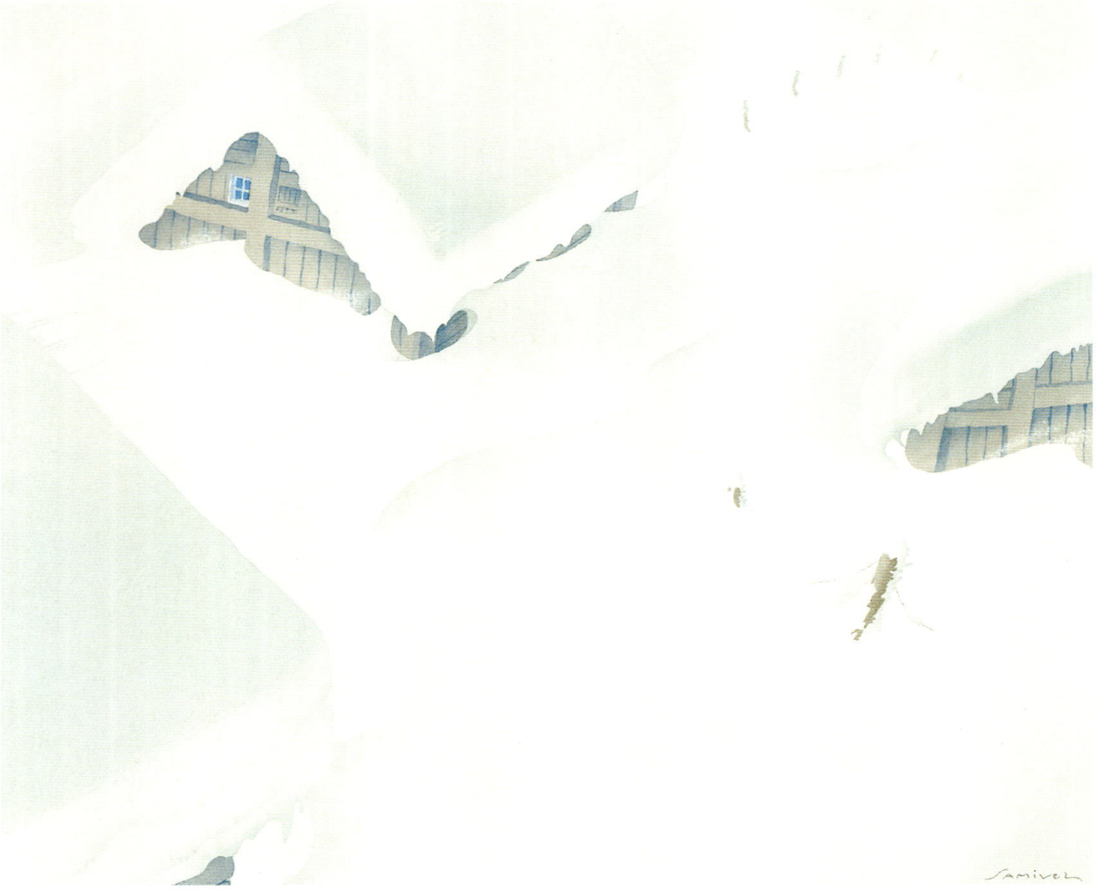

Sans titres, n. d.
Aquarelles.

Page de droite
Jura. Les blancs espaces, n. d.
Aquarelle pour une affiche.
Musée d'ethnographie de Genève.

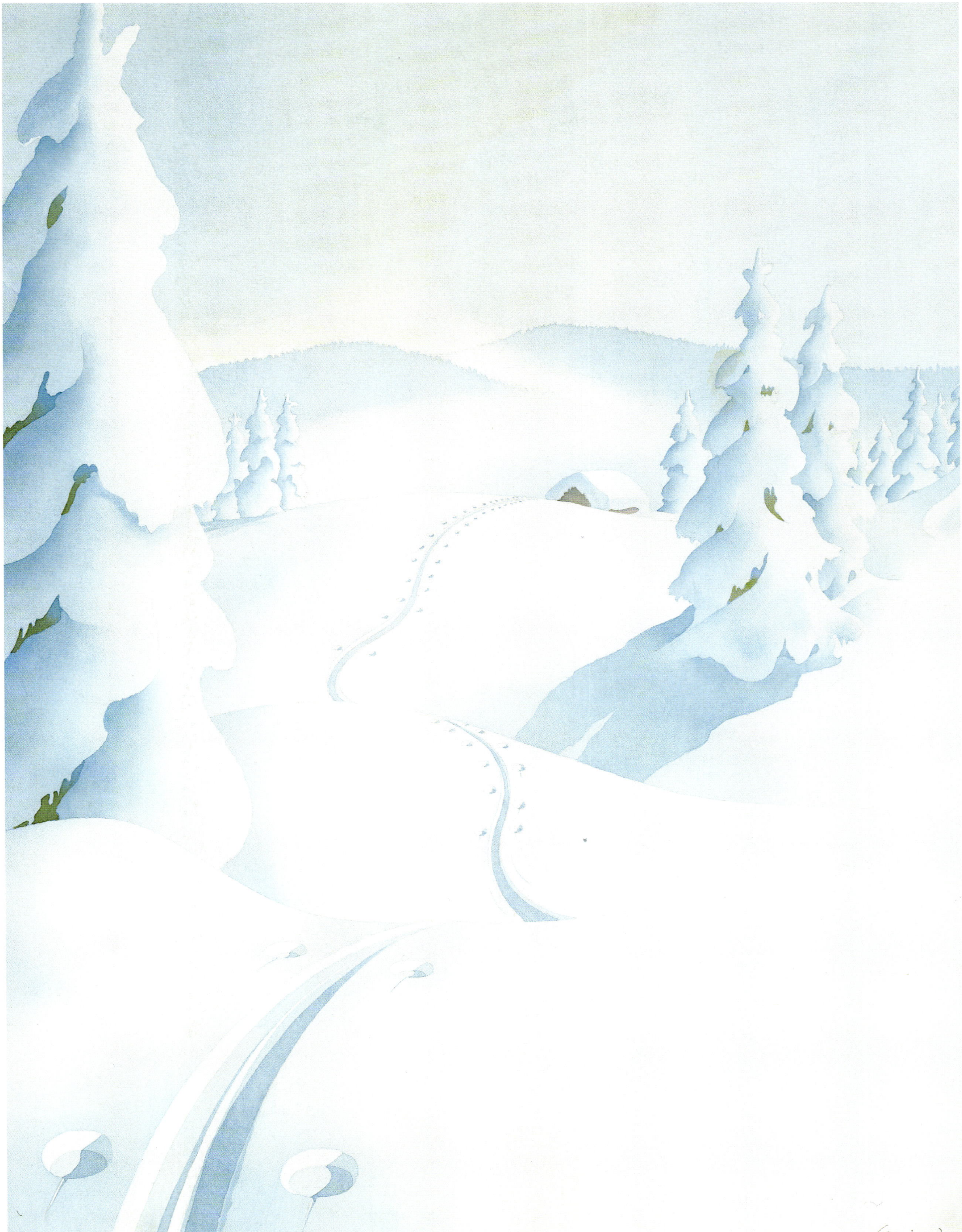
Samivel

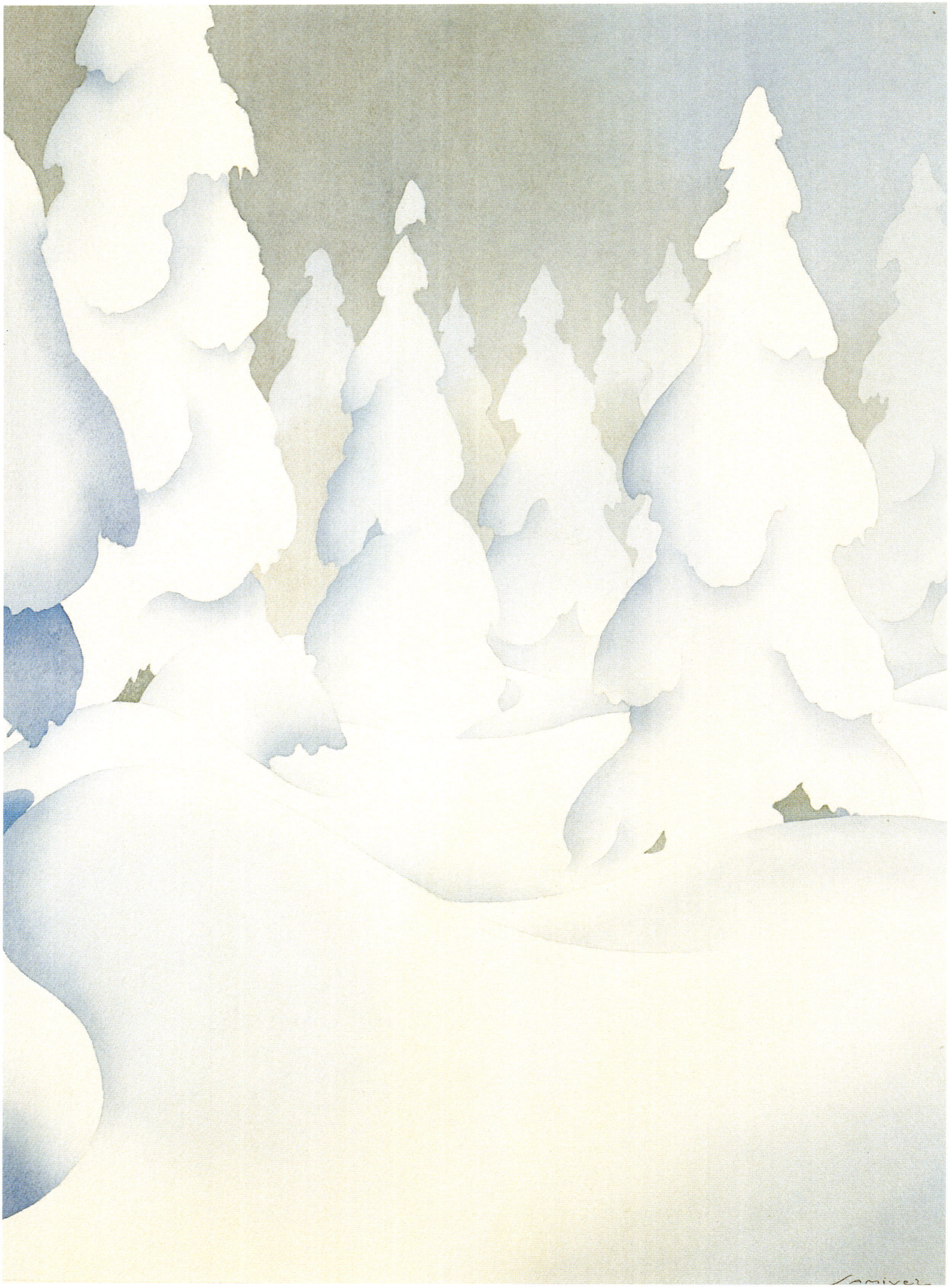
Samivel

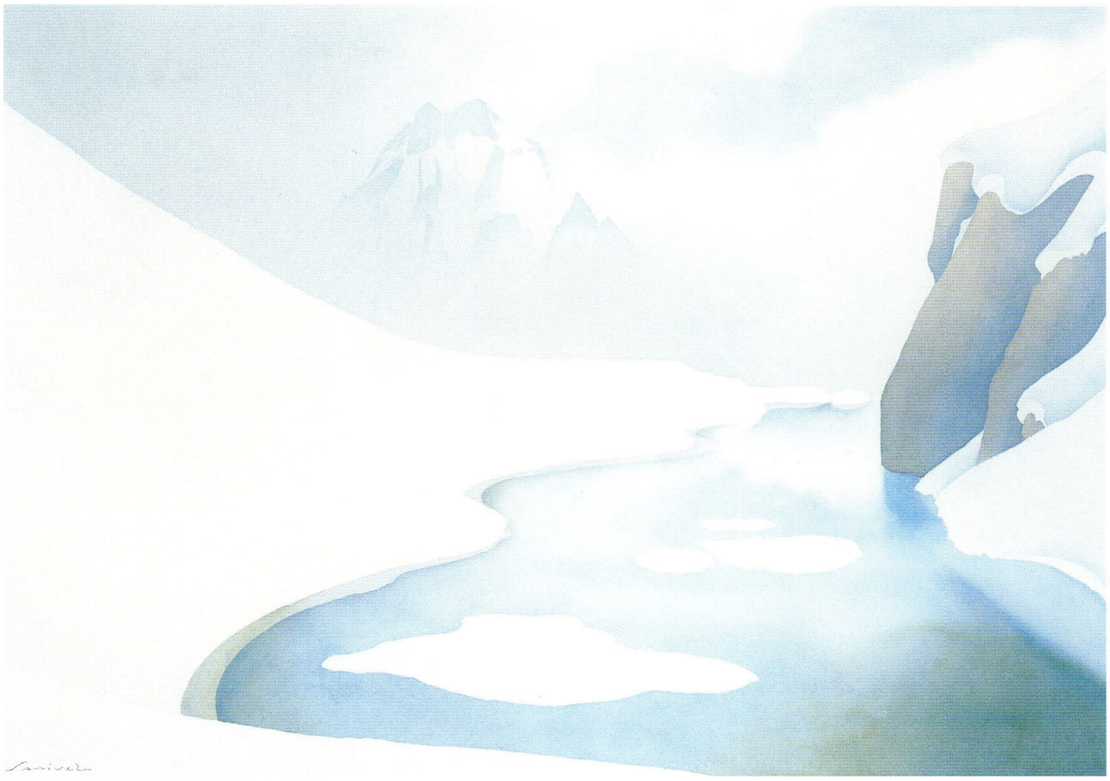

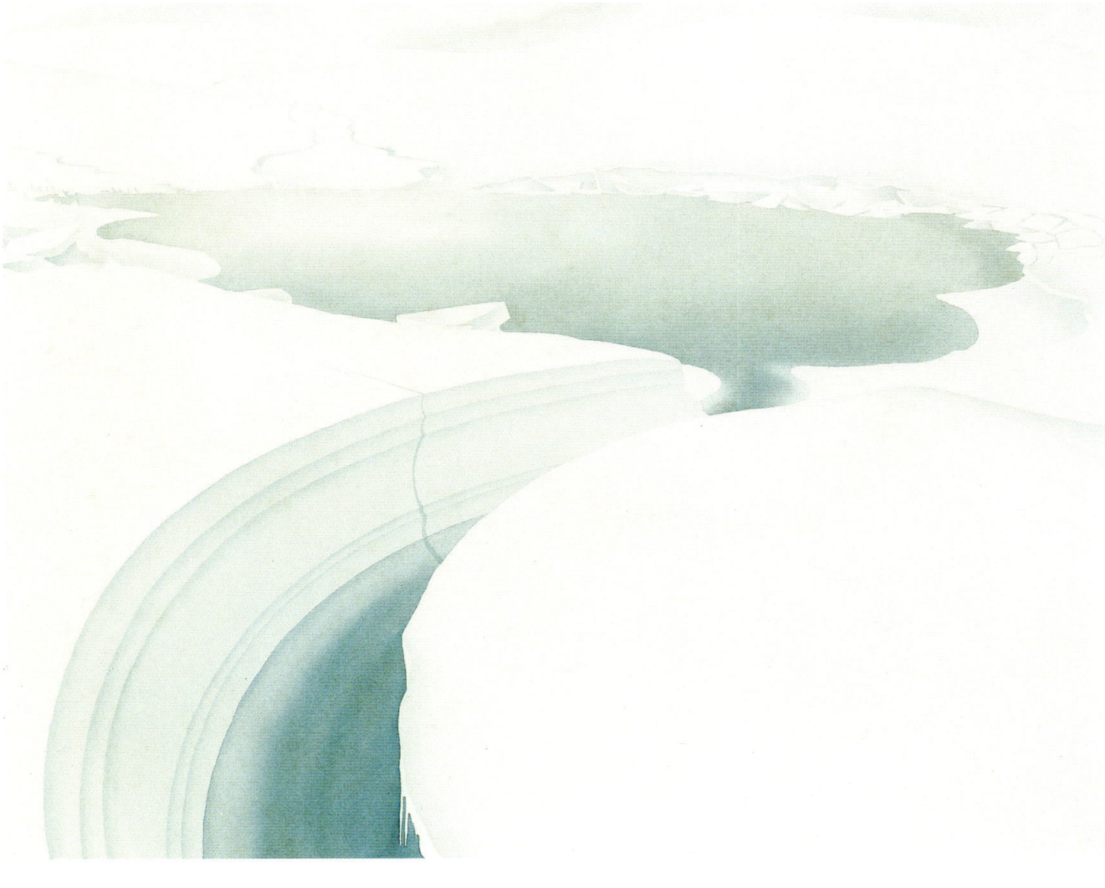

Plateau de Jandri en fin d'hiver, n. d.
Lac glacière, Groenland, n. d.

Page de gauche
Un temps de perle, forêt du Revard, n. d.
Aquarelles.

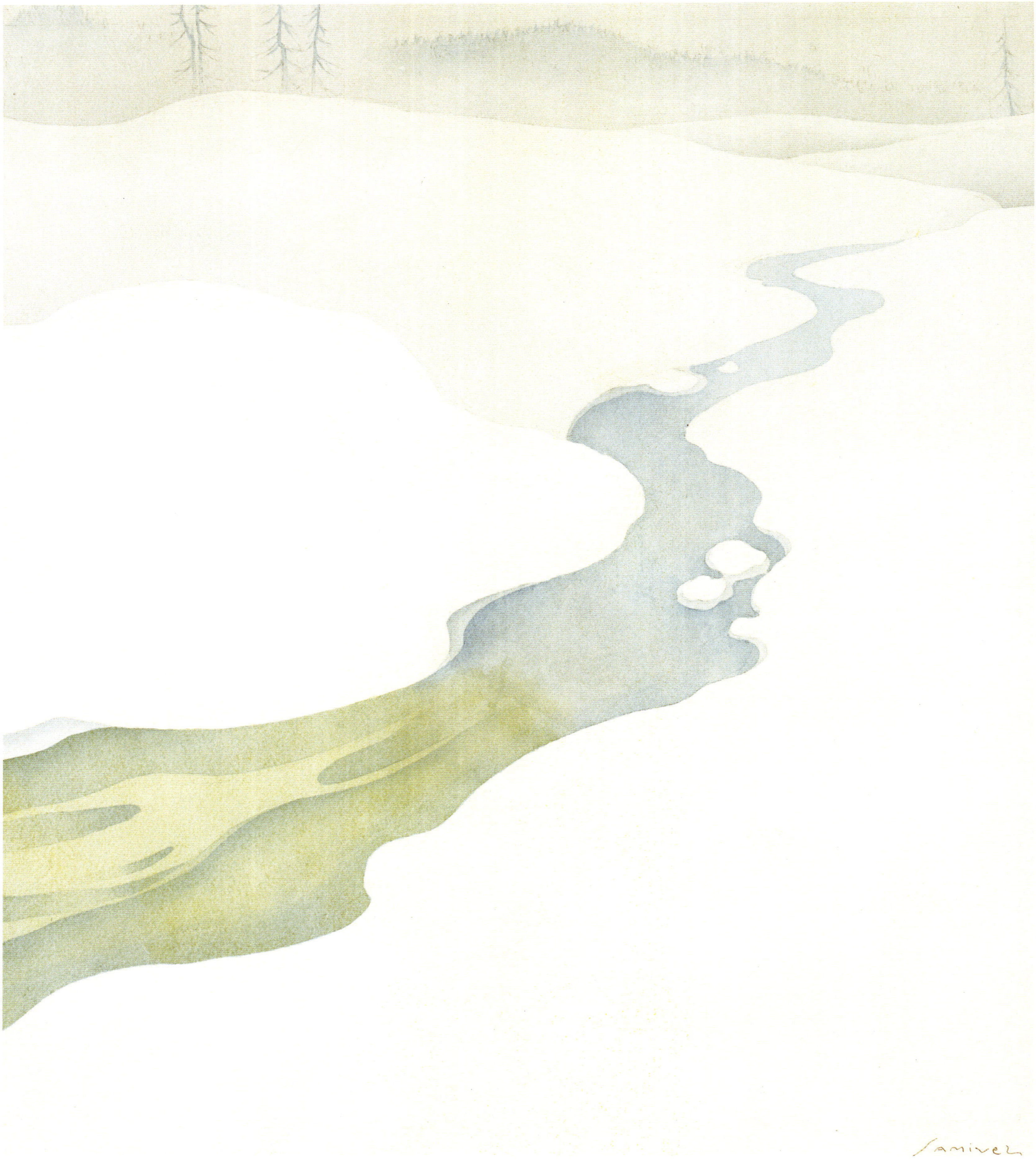

Sans titre, n. d.

Page de droite
Sans titre, n. d.
Aquarelles.

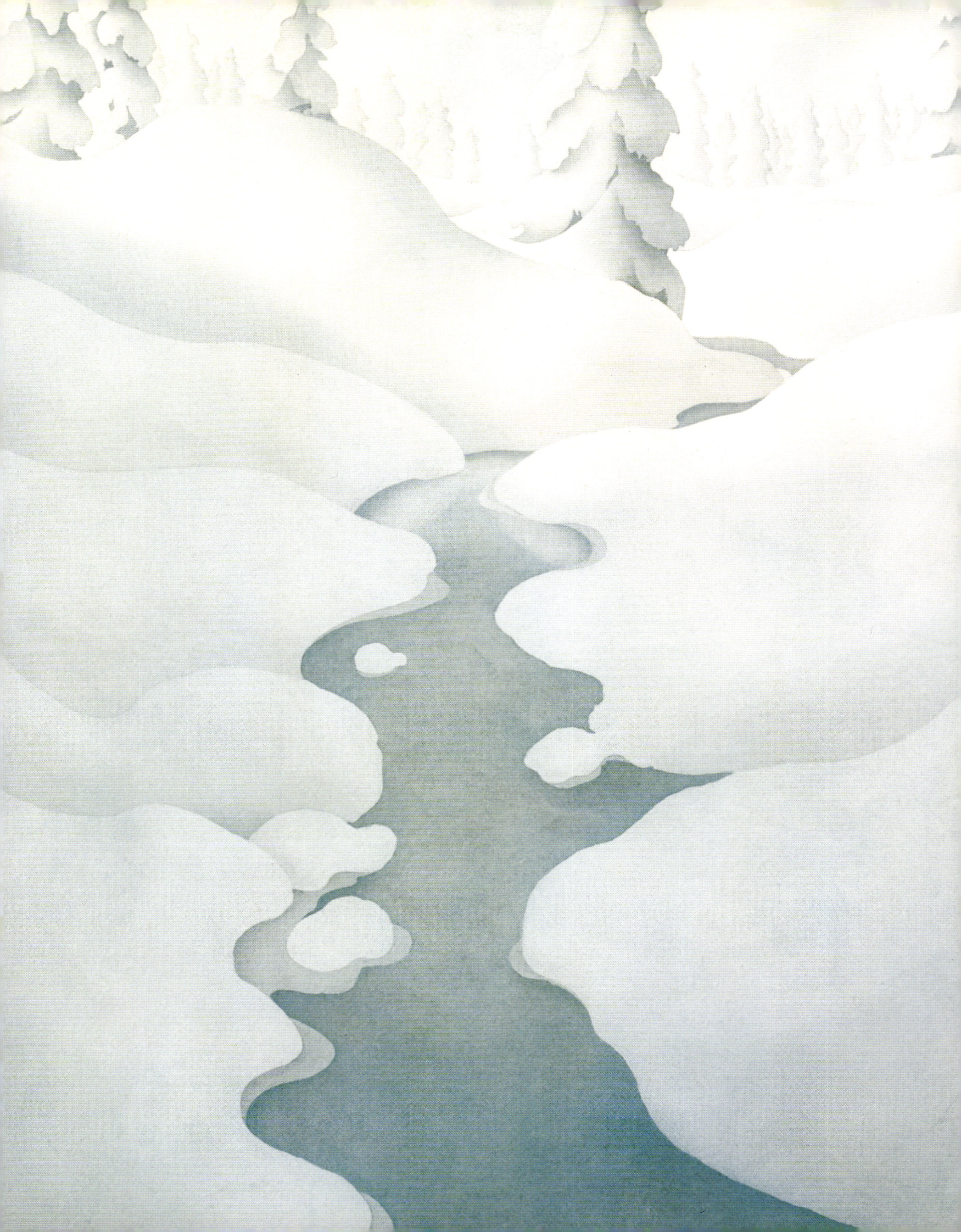

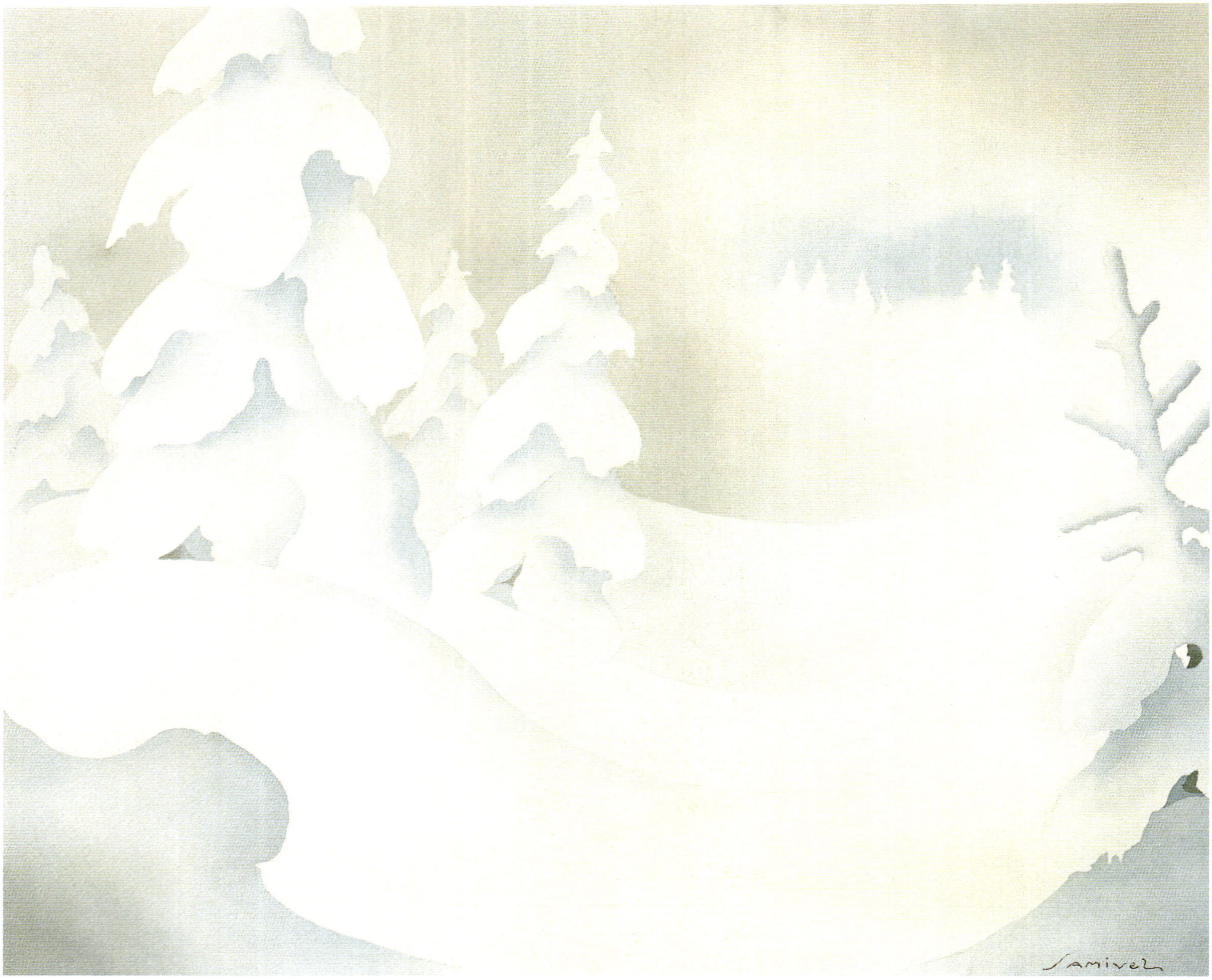

Sans titre, 1991,

Page de droite
Dômes de Miage, 1989.
Aquarelles.

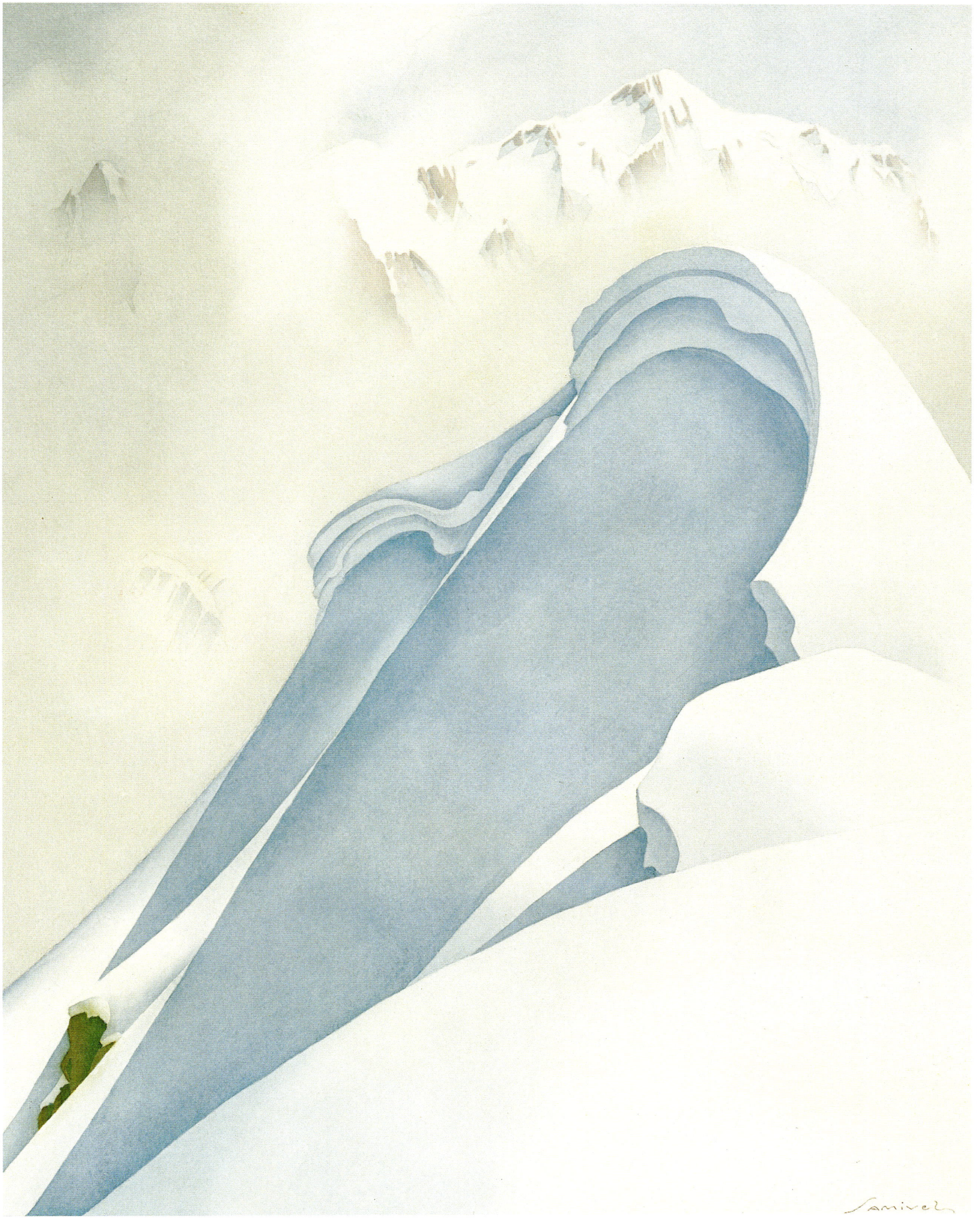
Samivel

Alain Bombard,
Histoire du naufragé volontaire, 1953,
« Les trésors de la mer ».
Dessin à l'encre de Chine.
Musée d'ethnographie de Genève.

Le perpétuel ébloui

Samivel était un homme courtois et élégant. Il a tout fait pour faciliter la tâche de ses exégètes. On peut en effet parfaitement diviser son travail en périodes, en styles, en genres, en thématiques, en techniques. Tout est clair. Il y a le Samivel du noir et blanc, celui de la couleur. Il y a le Samivel de la première période et celui de maturité. Il y a le Samivel dessinateur pour la jeunesse et celui pour un public plus universel. Il y a le Samivel au style comique et celui des grandes images plus réalistes. Même si au sein d'un même album il aimait à mêler couleur et noir et blanc, paysages réalistes et personnages rigolos, ou glisser des images plus rudes dans un récit jeunesse, ces oppositions demeurent clairement identifiables.

Quand il débute à la fin des années 1920, et comme le font alors tous les jeunes, ses premières publications sont des dessins d'humour, des « cartoons », dans la presse du temps, et notamment dans *La Vie alpine* (1928). Puis il illustre un numéro entier du *Crapouillot* (1932) et quelques autres, activité qu'il poursuivra même après la guerre. Il y est poussé par un maître de l'époque, Abel Faivre, animateur et bientôt président de la Société des dessinateurs humoristes. Cette période de la carrière du jeune Paul Gayet-Tancrède ne durera pas, comme celle de tant d'autres — tous les débutants avaient alors ce même destin : tenter de vivre de son dessin en plaçant un maximum de gags dans les multiples publications existantes, spécialisées ou non. Bien peu parvenaient à vivre de cet art ingrat si mal payé et si aléatoire. C'est pourquoi tant de dessinateurs de cet entre-deux-guerres divergeront vers l'illustration de livres, la bande dessinée ou d'autres formes d'expression graphique. Les premiers livres publiés de Samivel sont tout de même des recueils de dessins d'humour (*Sur les planches*, 1931 ; *Sous l'œil des choucas*, 1932 ; *Moins dix degrés*, 1933, *Neiges*, 1937). Rapidement, il s'apercevra lui-même que sa vraie vocation n'est ni le gag (même si l'humour est toujours présent tout au long de son œuvre) ni la chronique de l'actualité, qui l'intéresse assez peu. C'est donc plutôt vers l'illustration de livres pour la jeunesse qu'il va s'orienter, grâce à de premières commandes, mais aussi parce qu'il a choisi de rester dans sa région de prédilection et de ne pas s'installer à Paris, condition essentielle pour vivre du dessin de presse. Son travail sera visible dans ses albums illustrés, et l'est encore, car ils sont régulièrement réédités et n'ont pas pris une ride.

Trois thèmes pour une œuvre unique

Ce travail va s'organiser autour de trois thèmes qui représentent 90 % de ce qu'il a dessiné.

- La montagne, la neige et la glace : ce montagnard misanthrope, « savoyard d'adoption », n'aimait rien tant que les grandes solitudes immaculées, les paysages inviolés, les sommets inaccessibles, l'effort du minuscule David confronté

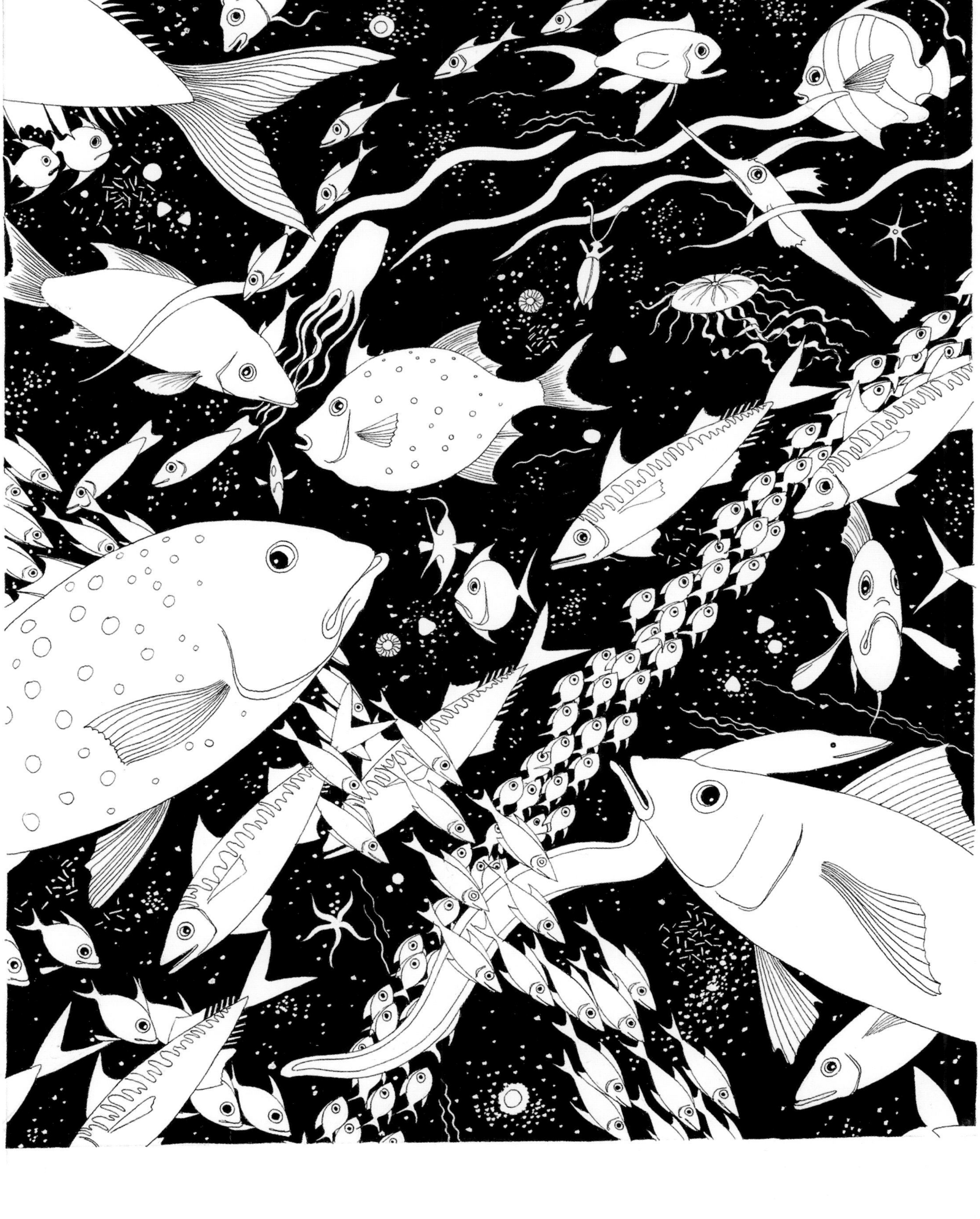

Les tresors de la Mer

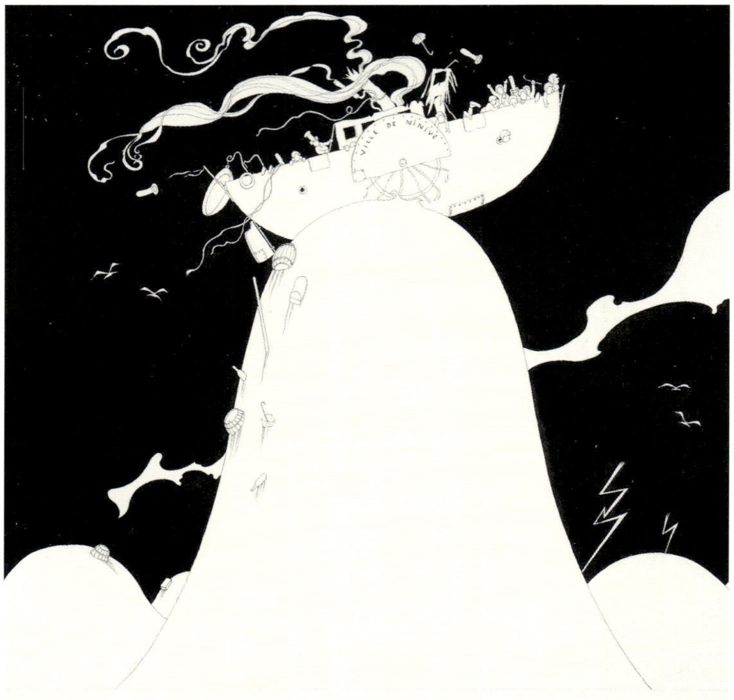

La Complainte de la baleine et de M. Jonas, 1944,
« La tempête ».
Dessin à l'encre de Chine.
Musée d'ethnographie de Genève.

au Goliath de pierre. Il les a dessinés sans lassitude sa vie durant et nul ne l'a fait aussi bien que lui. Quand il s'en échappait, les thèmes associés à cette montagne (neige, glace, ski) ne l'en éloignaient guère. Il fréquenta tous les grands alpinistes de son époque et des écrivains de la montagne (Herzog, Frison-Roche, Ramuz...)

– La mer et l'eau : ami aussi de Bachelard, avec qui il a échangé une correspondance régulière et qui plaçait cet élément au centre de sa philosophie, Samivel trouvait dans les étendues liquides la même solitude et la même immensité qu'en pleine nature, le même désert visuel dont il avait besoin pour prendre du recul vis-à-vis de la civilisation. Il avait là encore beaucoup d'amis chez les grands navigateurs (Flornoy ou Bombard dont il illustrera une version jeunesse de l'*Histoire du naufragé volontaire* en 1953). Ces deux thèmes se rejoignaient dans la thématique de la glace qui combinait les deux types d'étendues immaculées. Comme pour la montagne, il retrouve cet univers dans ses films (avec ou sans Paul-Émile Victor) et ses livres écrits. Il sera, outre un grand montagnard, un grand voyageur et sera connu du public grâce à ses conférences de « Connaissance du monde ».

- Le monde médiéval et la ruralité, seule manière pour lui de traiter l'univers des hommes plus avant, de glisser des éléments d'architecture (villages, châteaux) ou de la vie des humains dans une œuvre qui la plupart du temps les ignore. Pourtant, là encore, la campagne peut être étendue et déserte, les lacs gèlent, la montagne est proche et les châteaux s'escaladent comme autant de pics. Samivel utilise parfois un lettrage « médiéval », se déclare « imagier » à la façon du XIIe siècle (tout en étendant ce Moyen Âge jusqu'à François Villon dont il illustrera les œuvres en 1945). Là encore ses amitiés le mènent aux grands auteurs ruraux (Ramuz encore, Giono, Henri Bosco...).

Ces trois éléments thématiques lui permettent de traiter la nature, les végétaux, les animaux qui restent ses personnages favoris, même s'ils sont fortement humanisés. Les humains dans l'affaire sont des animaux un peu particuliers qui vivent avec les autres et ne se comportent pas très différemment. Cet écologiste avant la lettre (il rédigera plus tard les commandements du parc de la Vanoise) exprime sa position dans le titre d'un de ses ouvrages littéraires, *L'Œil émerveillé ou la Nature comme spectacle* (1976). Sans doute est-ce dû à la réverbération de la lumière solaire sur la glace, la mer ou la neige, mais Samivel est un perpétuel ébloui.

Samivel illustrateur

Paul Gayet-Tancrède a emprunté, on le sait, son pseudonyme à Samuel Weller, dit Samivel, personnage secondaire mais très positif du *Monsieur Pickwick* de Charles Dickens. Ce personnage avait déjà fourni ce pseudonyme à un autre dessinateur, Henry Steimer, au début du XXe siècle, peut-être Gayet-Tancrède l'ignorait-il. Autodidacte complet, il s'exprimera sa vie durant aussi bien par le dessin (il était pourtant

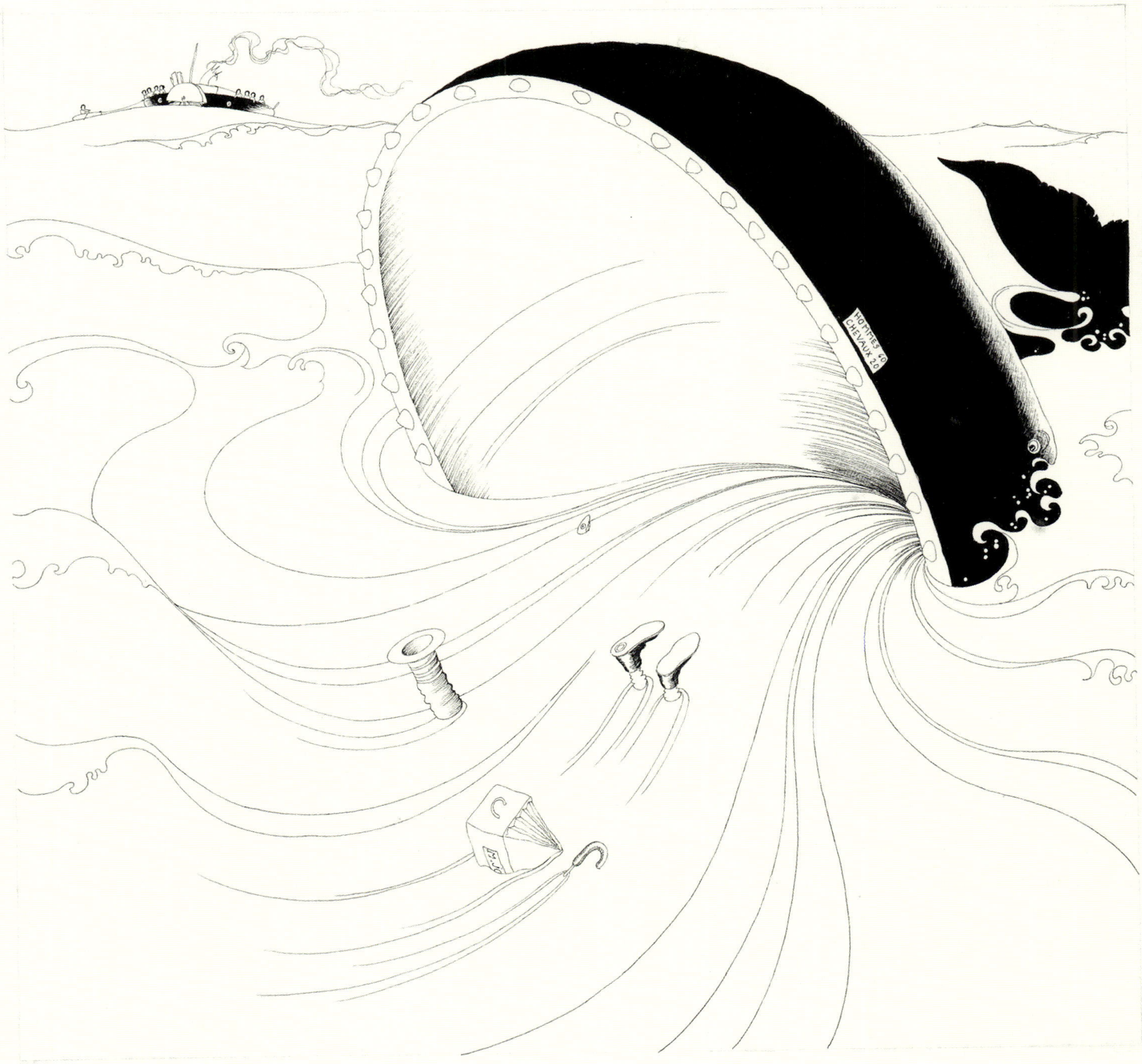

La Complainte de la baleine et de M. Jonas, 1944,
« Le prophète Jonas et le terrible Physetère ».
Dessin à l'encre de Chine.
Musée d'ethnographie de Genève.

Double page suivante
Page de garde, La Grande Nuit de Merlin, 1942,
« Le vol des Fées ».
Aquarelle.

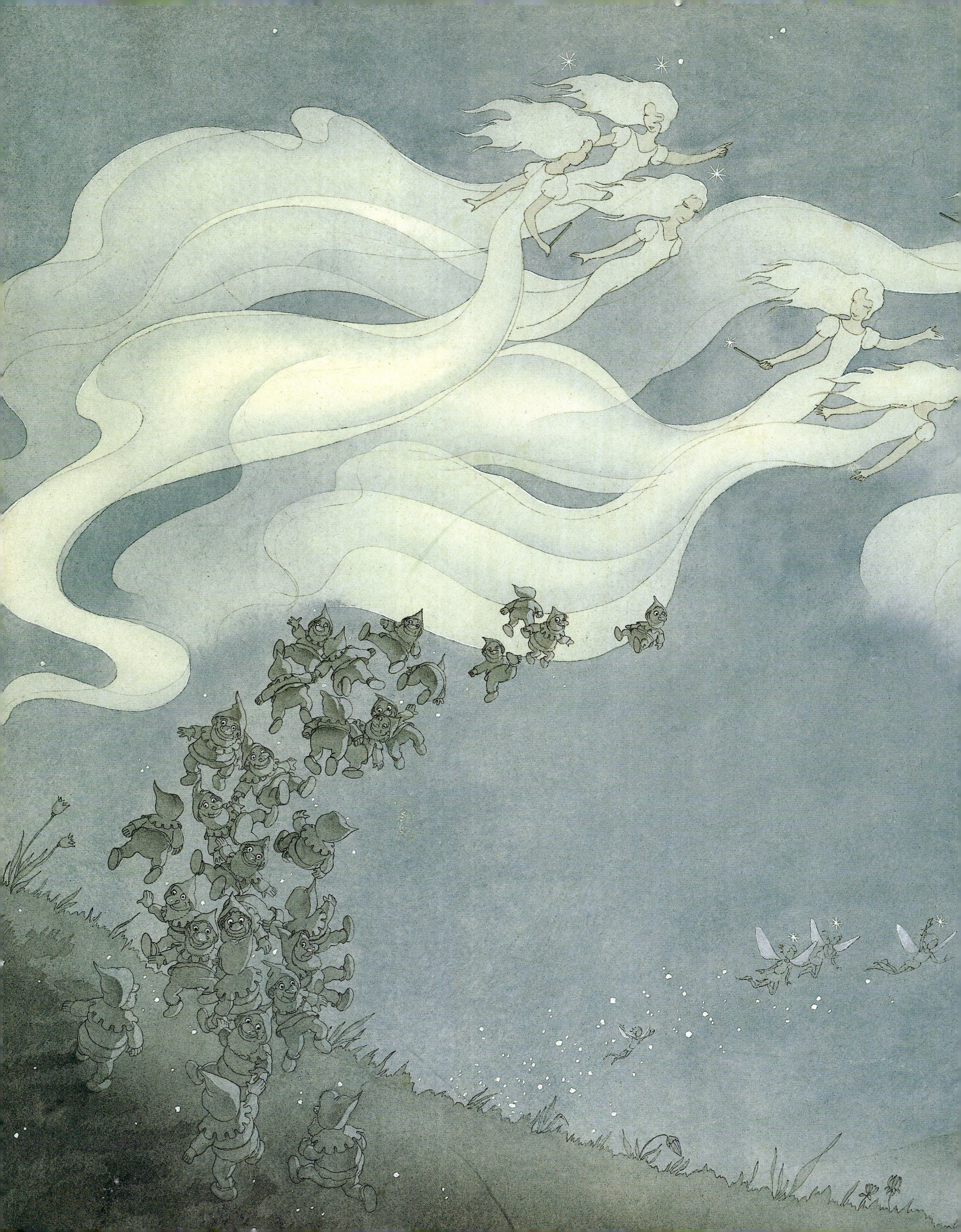

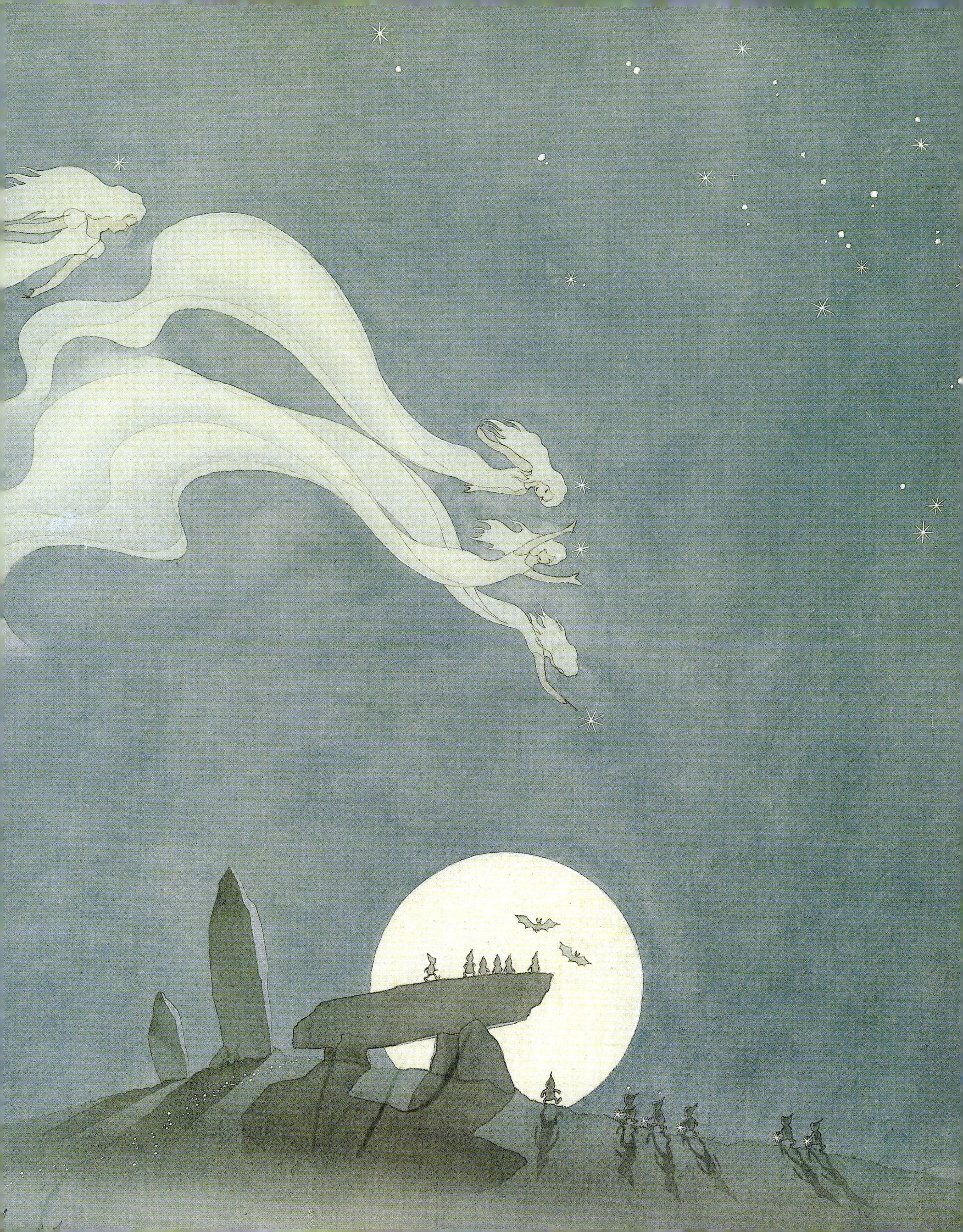

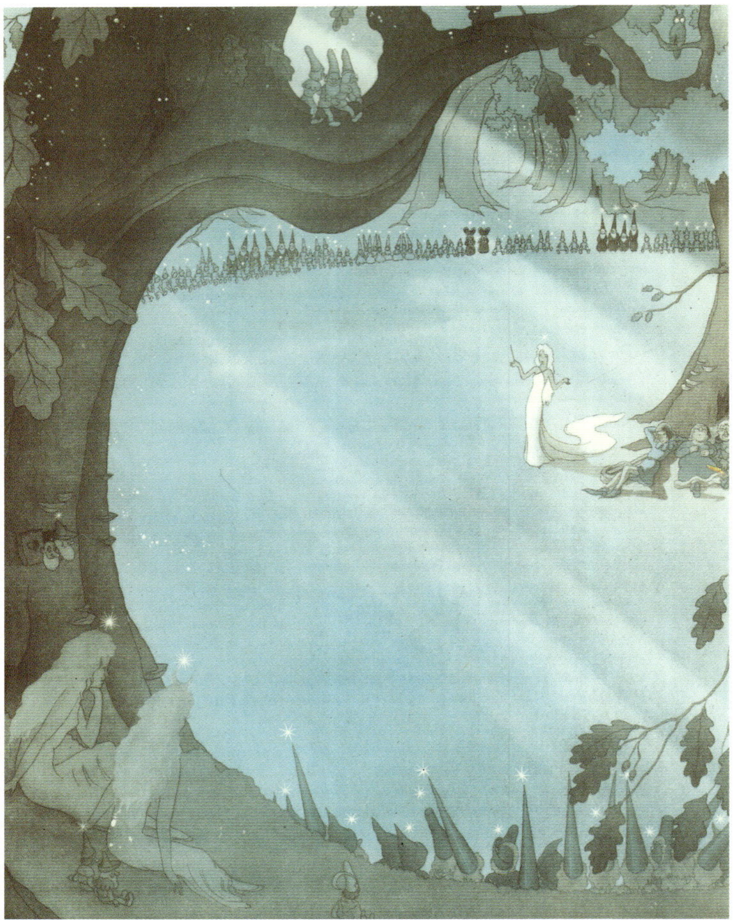

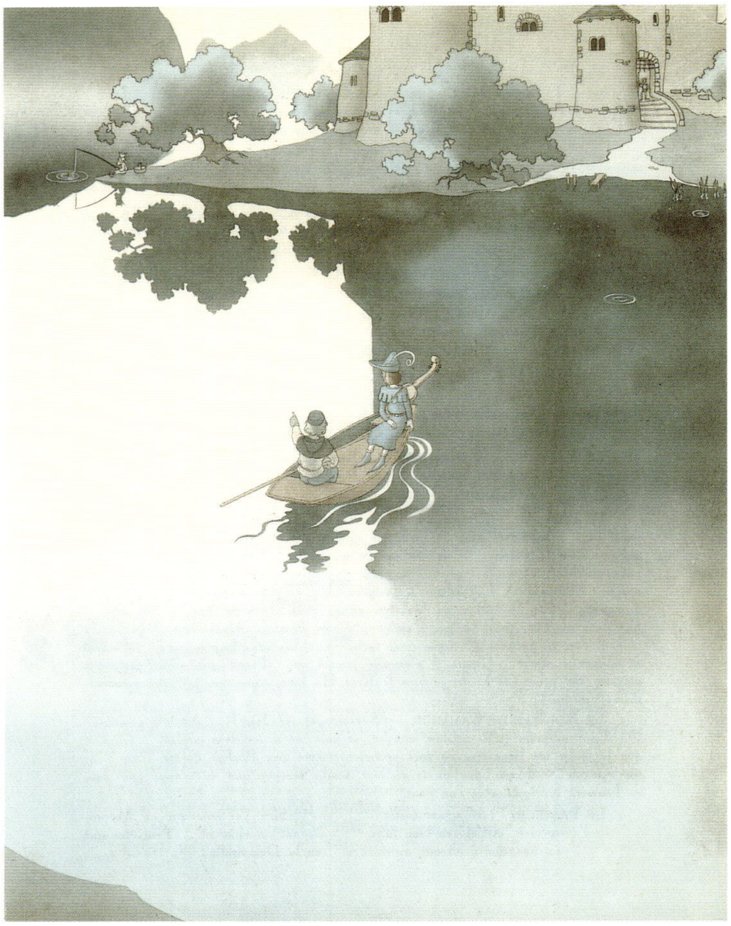

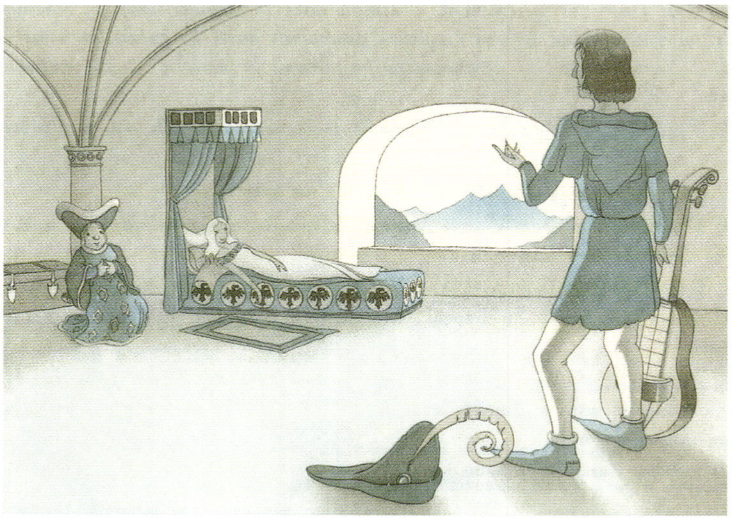

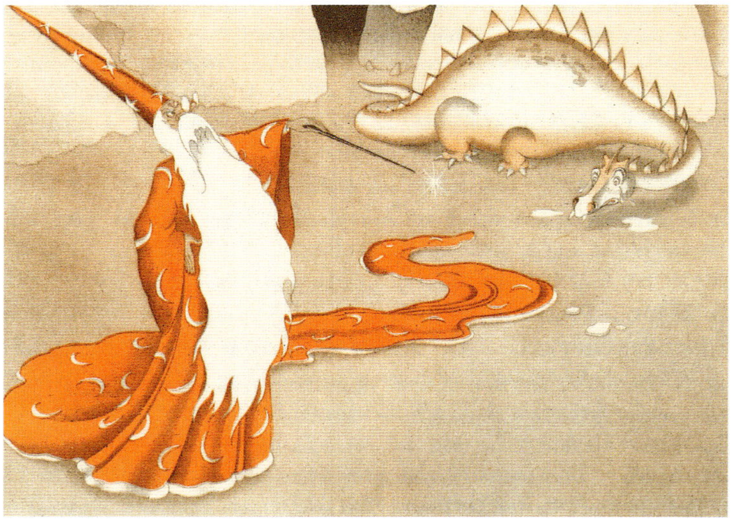

La Grande Nuit de Merlin, 1942,
en haut, à gauche : « Le conseil tenu par les fées » ;
en haut, à droite : « Le lac aux signes » ;
en bas, à gauche : « Le ménestrel au château » ;
en bas, à droite : « Merlin et le dragon ».
Aquarelles.

La Grande Nuit de Merlin, 1942,
« Le vieux soldat et l'épouvantable goule ».
Aquarelle.

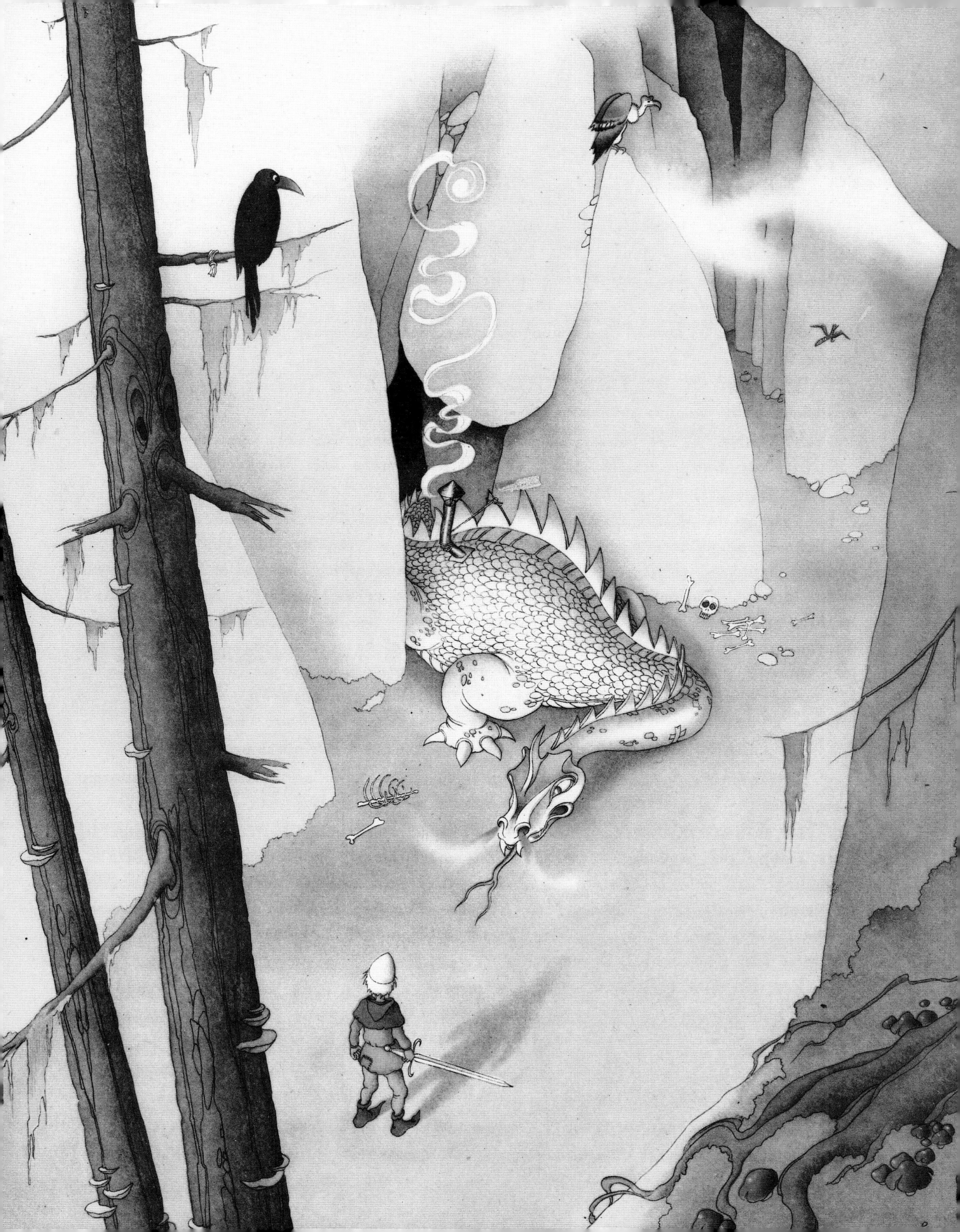

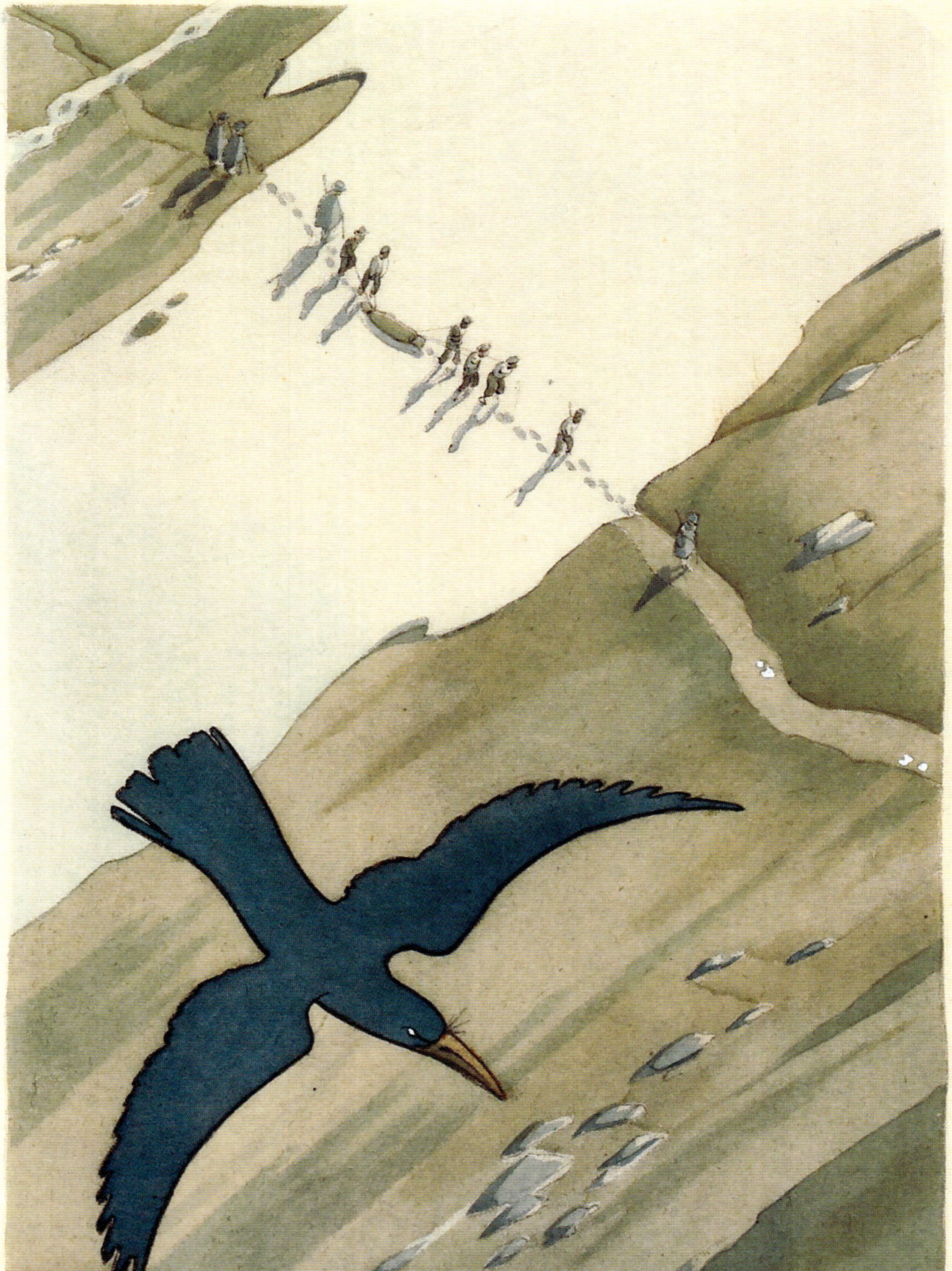

Samivel

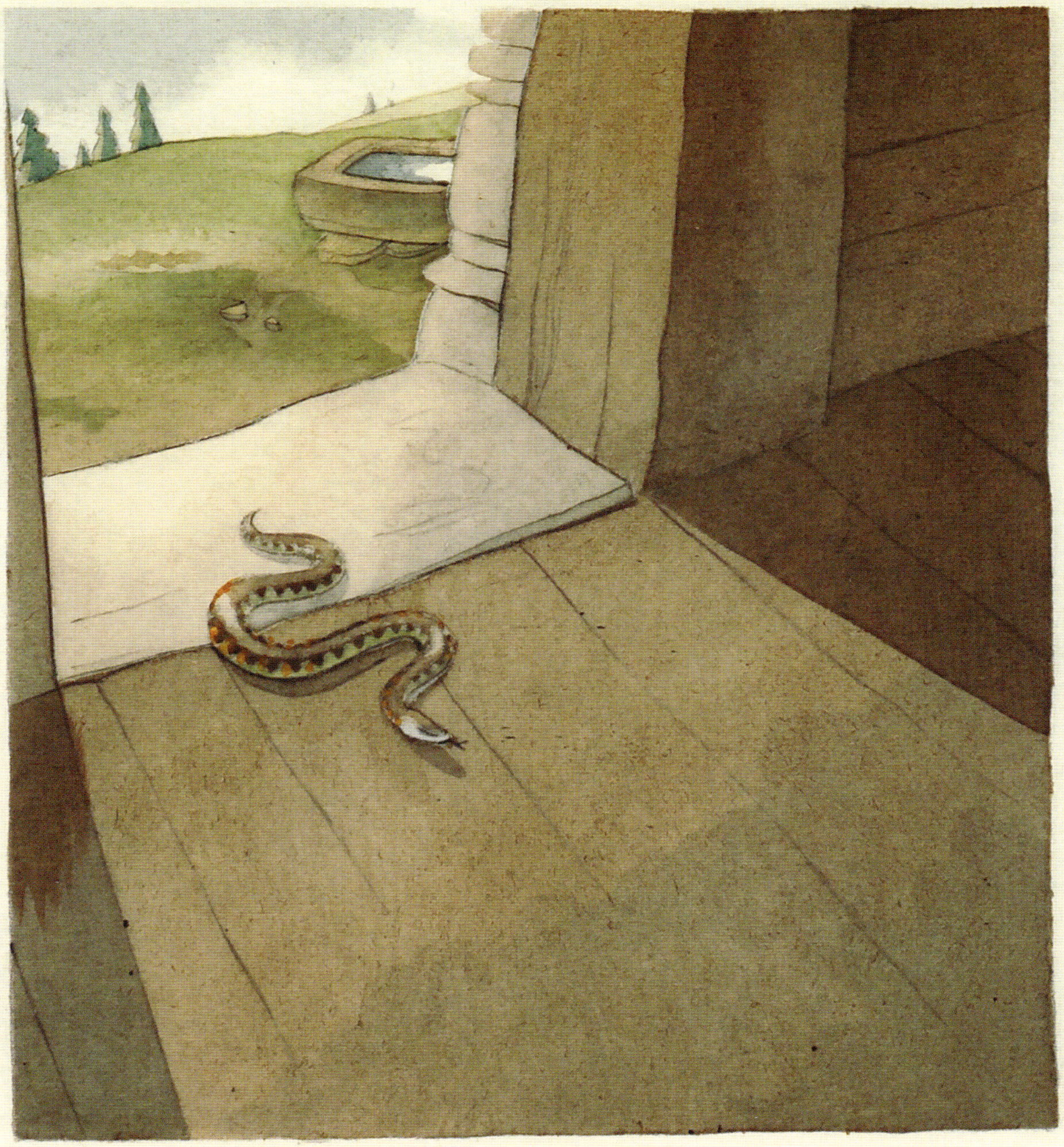

Pierre Van der Meulen, Les Dynastes, 1942,
« La vipère ».

Page de gauche
« Le retour du cadavre »,
Aquarelles.
Musée d'ethnographie de Genève.

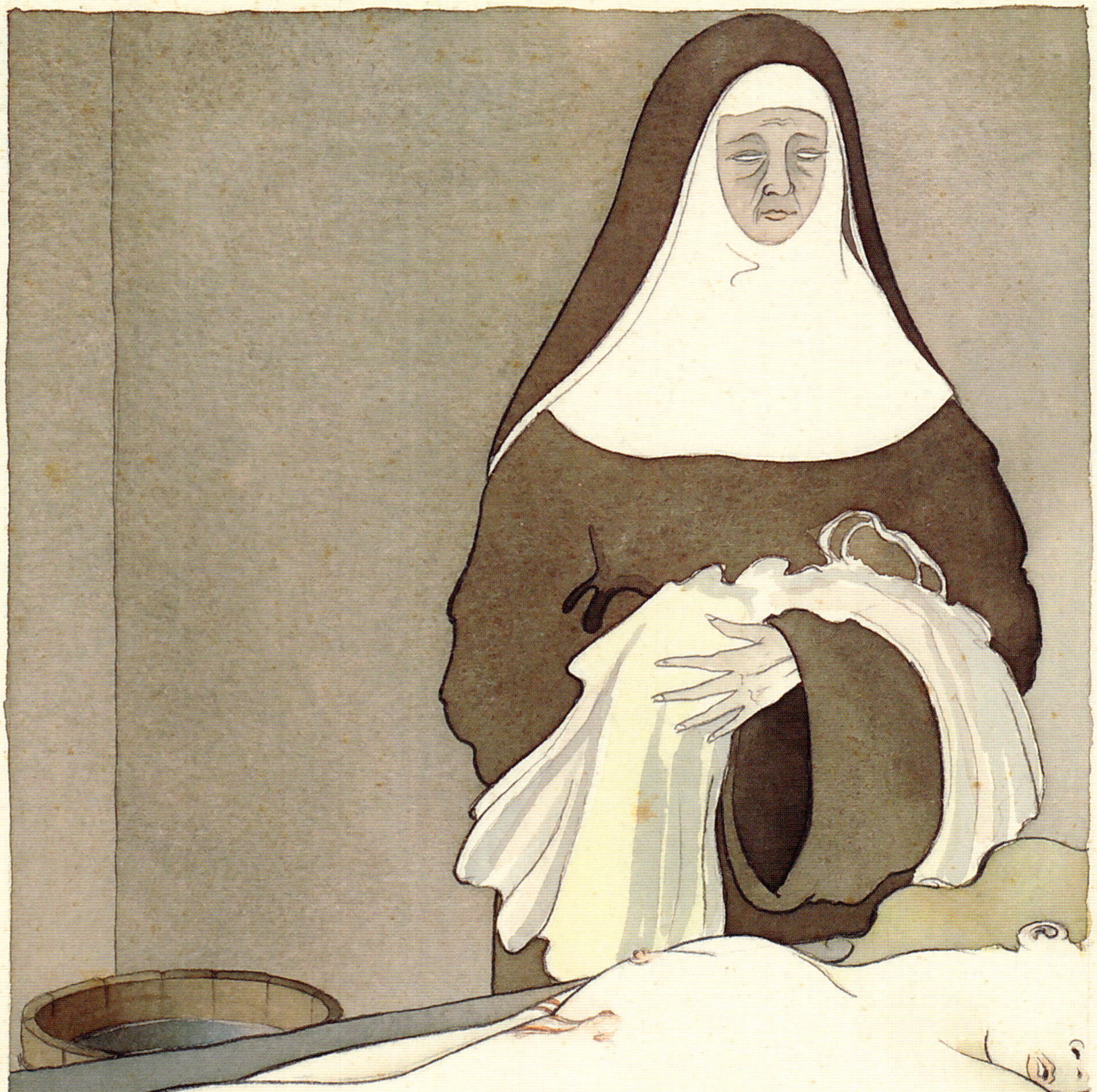

"Les Dynastes"

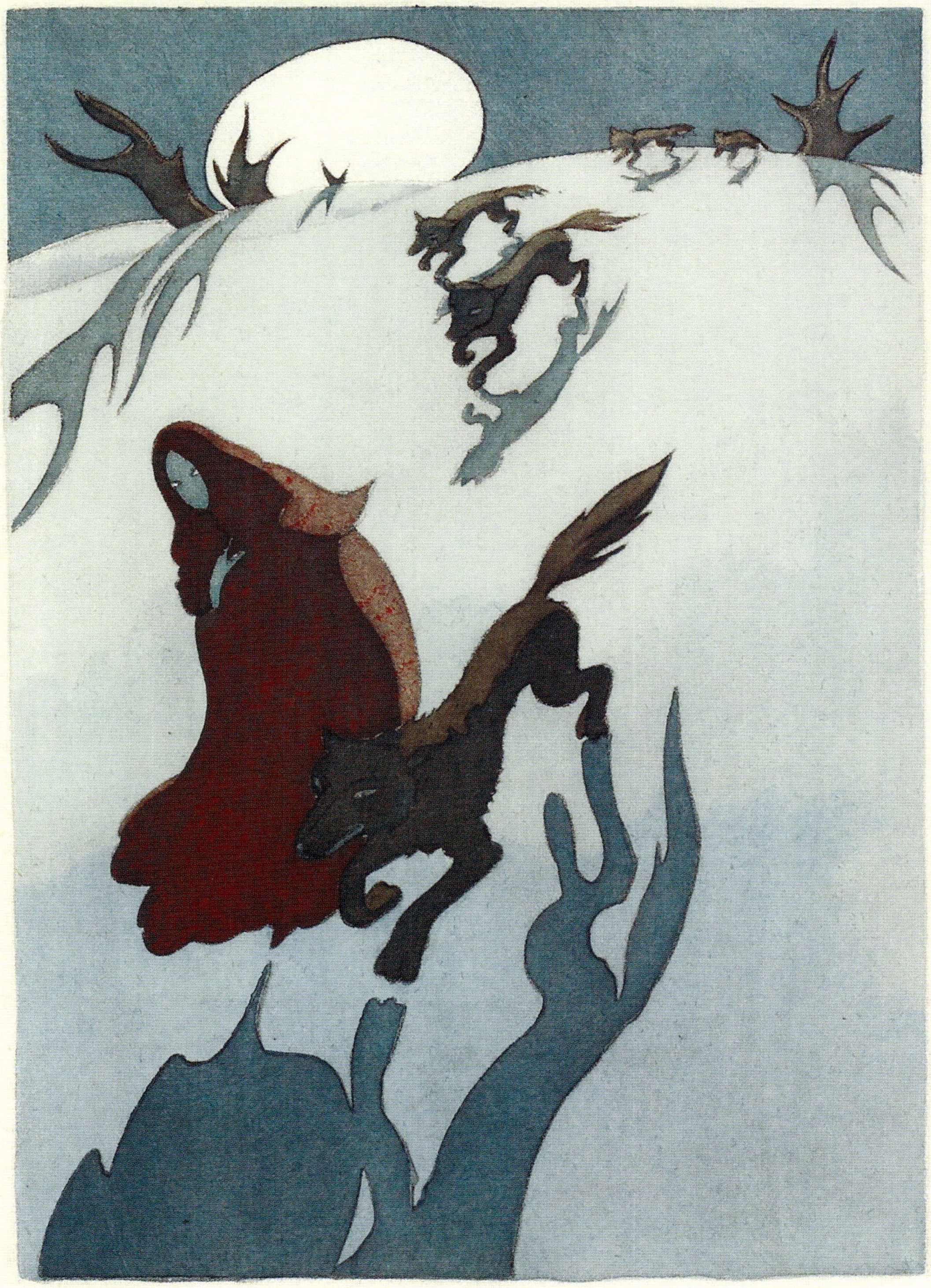

Pierre Van der Meulen, Les Dynastes, 1942,
« La sorcière et les loups ».
Page de gauche
« La toilette de la morte »,
Aquarelles.
Musée d'ethnographie de Genève.

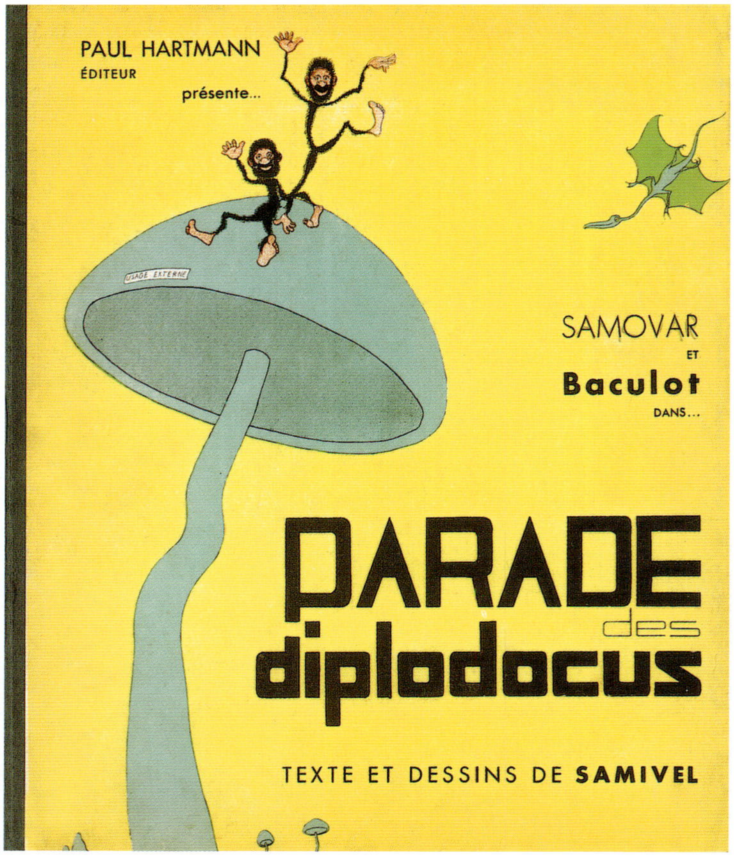

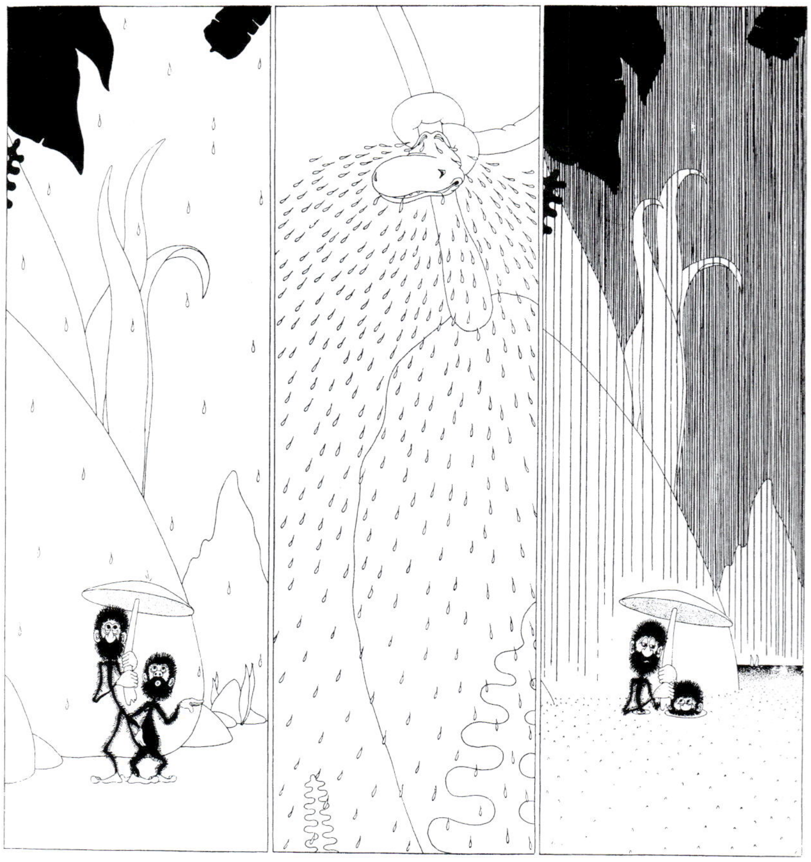

COUVERTURE DU LIVRE PARADE DES DIPLODOCUS, 1933.
AQUARELLE.

À droite : « ... PROFONDE MÉLANCOLIE DU DIPLODOCUS... ».
DESSINS À L'ENCRE DE CHINE.

PAGE DE DROITE
« ... RENCONTRE DU DIPLODOCUS ET DU TRICÉRATOPS... ».
DESSIN À L'ENCRE DE CHINE.

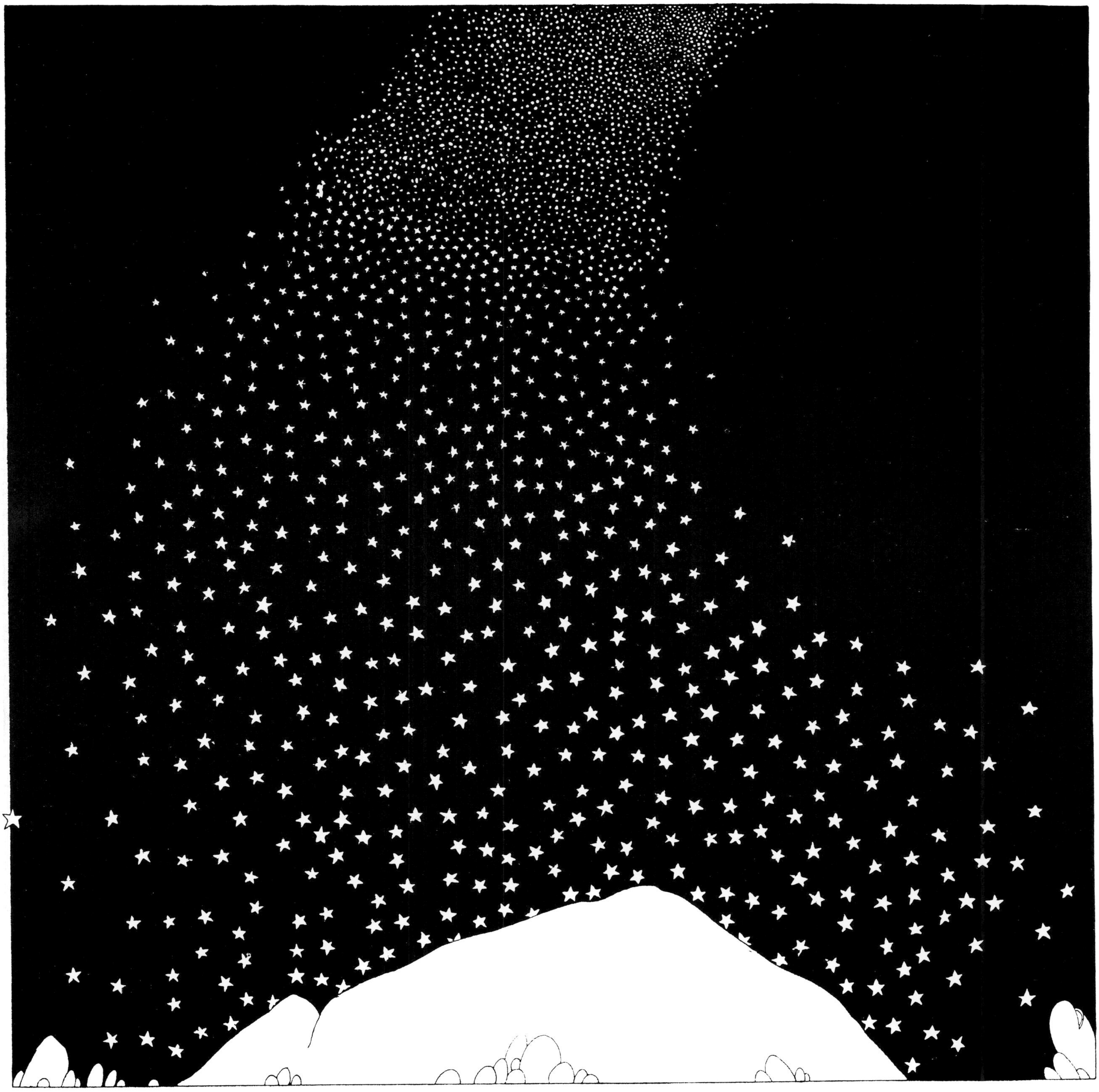

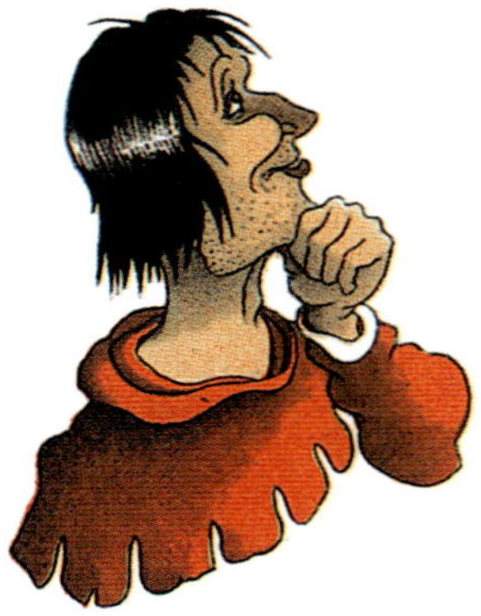

Brun l'ours, 1937,
« Colin Pipett ».
Aquarelle.

dernier à l'école dans cette matière) que par l'écriture, la photo ou le film. Le dessin va l'occuper majoritairement, en parallèle à l'écriture car les adaptations sur lesquelles il a travaillé au départ ne lui plaisent pas et il fera les suivantes lui-même. Il posera son crayon un temps, après guerre, où l'écriture et l'image sur pellicule prendront le pas sur le dessin. Sans pour autant l'abandonner, Samivel devait réduire sa production d'albums et aquarelles, très pris par ses conférences et la réalisation de ses films. Il devait cependant et jusqu'à sa mort poursuivre son activité graphique (aquarelles, cartes postales, affiches), au gré des demandes qui lui étaient expressément faites et qui lui semblaient dignes d'intérêt. Il a, ainsi, toute sa vie, refusé d'illustrer des publicités, même si, à ses débuts, il a accepté d'en réaliser quelques-unes, comme en 1943 pour les Entrepôts frigorifiques lyonnais. Il dira que l'écriture était pour lui le meilleur moyen d'expression mais, s'il est un formidable conteur, un styliste classique et un remarquable jongleur de mots, ce talent n'est pas comparable à la virtuosité qu'il exprime avec un pinceau ou un crayon à la main.

Son œuvre s'organise très simplement. Il a tenté de créer des personnages dès sa période « dessin d'humour », où ils apparaissent dans *Sous l'œil des choucas* avant de vivre le temps de deux albums (*Parade des diplodocus*, 1933 ; *Les Blagueurs de Bagdad*, 1935) : ce sont Samovar et Baculot, qu'il finit par traiter en ombres chinoises, figurines presque simiesques. Ensuite son travail s'est organisé au gré des commandes, deux volumes de Rabelais (sur des textes de Madeleine H. Giraud), *Gargantua* (1934) et *Pantagruel* (1935), avant son *Villon* ; les deux grands auteurs de son cher Moyen Âge. Puis trois volumes tirés d'un autre grand classique médiéval, le *Roman de Renart* : *Goupil* (1936), *Brun l'ours* (1937) et *Les Malheurs d'Ysengrin* (1939). La littérature jeunesse lui offrira d'autres occasions de traiter ce Moyen Âge, d'abord dans deux petits albums du Père Castor en 1942 : *Le Joueur de flûte de Hamelin* et *Merlin Merlot*, puis dans sa pièce *La Grande Nuit de Merlin* (1942). On peut y ajouter deux volumes de fables : *Les Fables de La Fontaine* (1944) et *Train de fables* (1946). La montagne va fournir d'autre sujets d'albums, à commencer par le diptyque *Ces monts affreux* (1934) et *Ces monts sublimes* (1935), anthologies de textes sur le sujet, prétexte à montrer ses meilleures images. Suivront quelques volumes isolés (pour adultes ou jeunesse) qui lui permettent de ne jamais lâcher son sujet favori. Souvent il en fait lui-même les textes : *Canard* (1938, qui malgré son titre fait du ski), *L'Amateur d'abîmes* (1940), *Chansons de montagne* (1941), *L'Opéra de pics* (1944, suite de belles images plus qu'illustrations), *Bonshommes de neige* (1948, bande dessinée avec texte sous image dans la tradition ancienne), *Contes à pic* (1951) ; parfois il illustre des auteurs spécialisés : *La Légende du ski* (Guy de Larigaudie, 1940), *Histoires au-dessous de tout* (Norbert Casteret, 1946) ou *Trag le chamois* (Micheline Morin, 1947).

Pour la mer, après une *Complainte de la baleine et de monsieur Jonas* (1944), il adapte *Les Voyages de Gulliver* de Swift (1945) et combine eau et glace dans *Ayorpok et Ayounghila* (1950), avant d'illustrer Bombard en 1953. Il illustrera aussi sur le tard *Tartarin sur les Alpes* de Daudet. Son *Île bleue* ne sera jamais achevée ni publiée, sinon quelques pages dans *Samivel des rêves* en 1986. Il ne s'est échappé qu'une fois de ses trois thèmes pour illustrer un roman de Pierre Van der Meulen, *Les Dynastes* (1942). Son *François de France* (1940) se balade un peu d'un univers à

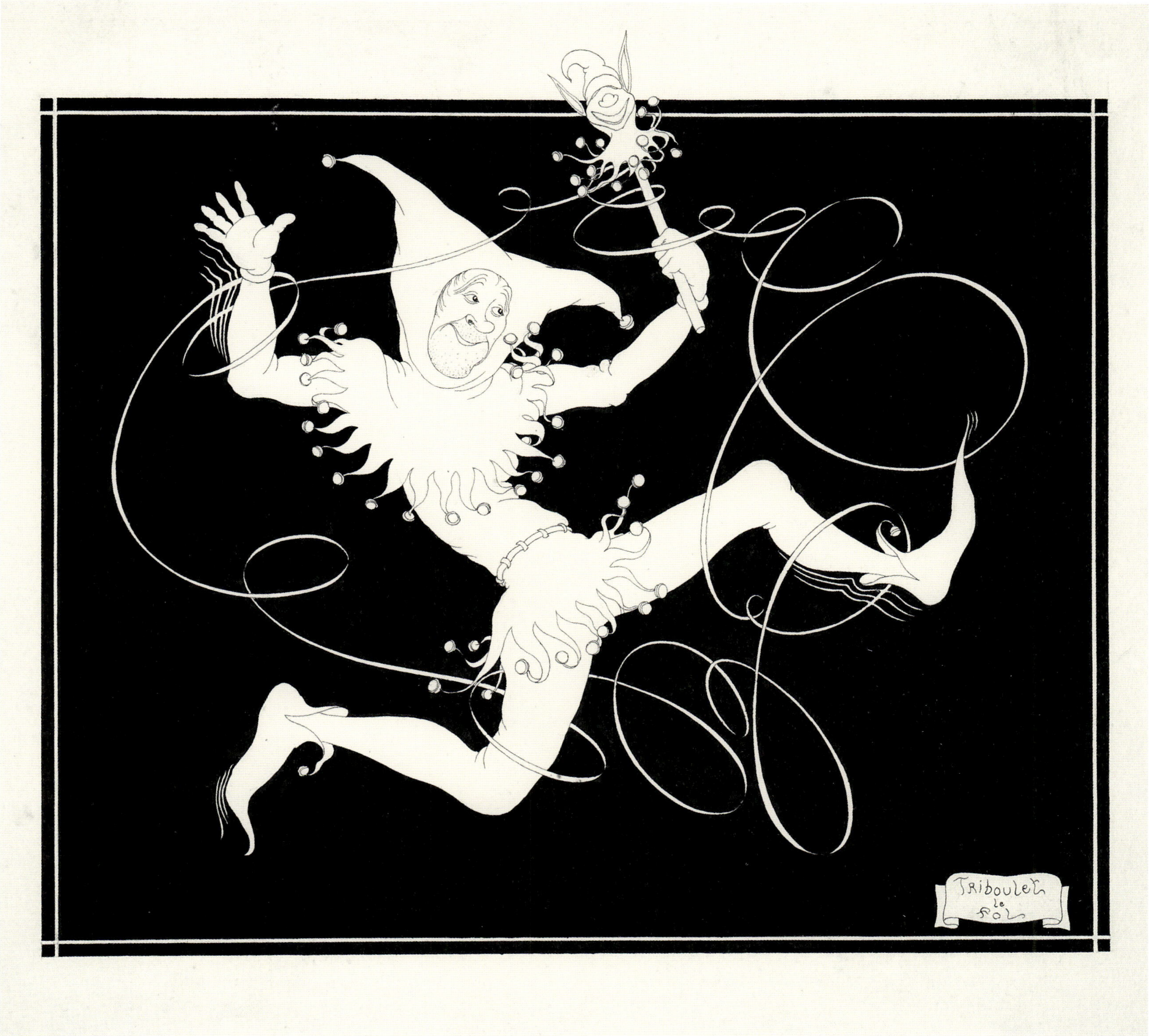

Pantagruel, 1935,
« Triboulet le fol ».
Dessin à l'encre de Chine.
Musée d'ethnographie de Genève.

Ci-contre
Brun l'ours, 1937,
« Gros Robin ».
Aquarelle.

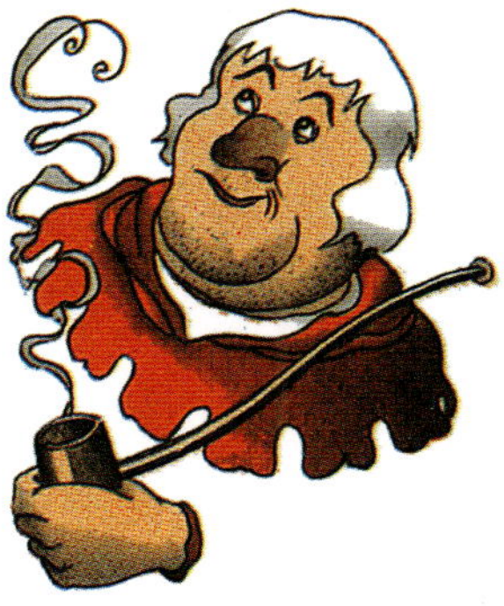

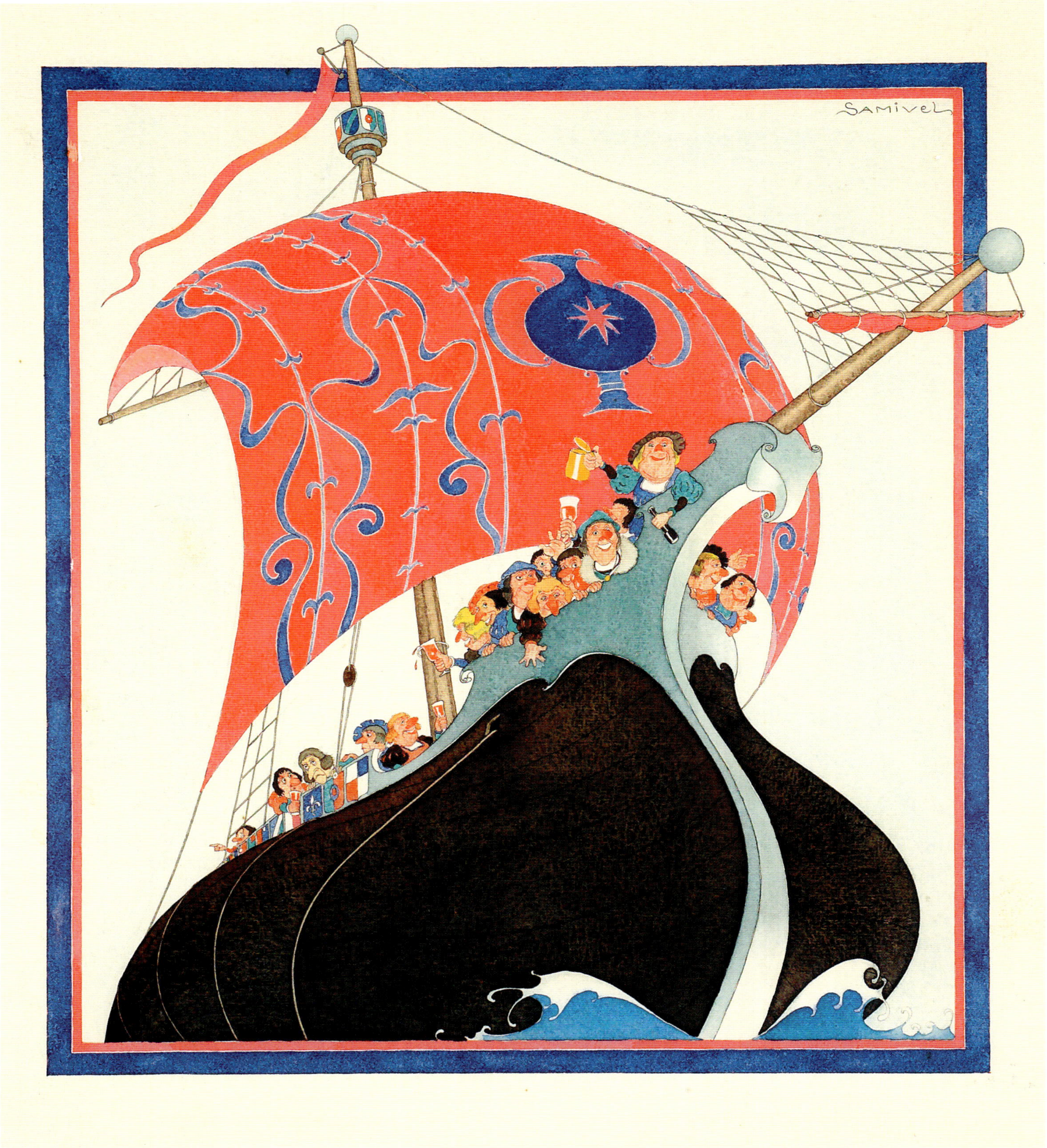

Pantagruel, 1935,
« La nave Pantagruel ».
Aquarelle.

Page de droite
« Bataille contre les Géants ».
Dessin à l'encre de Chine.
Musée d'ethnographie de Genève.

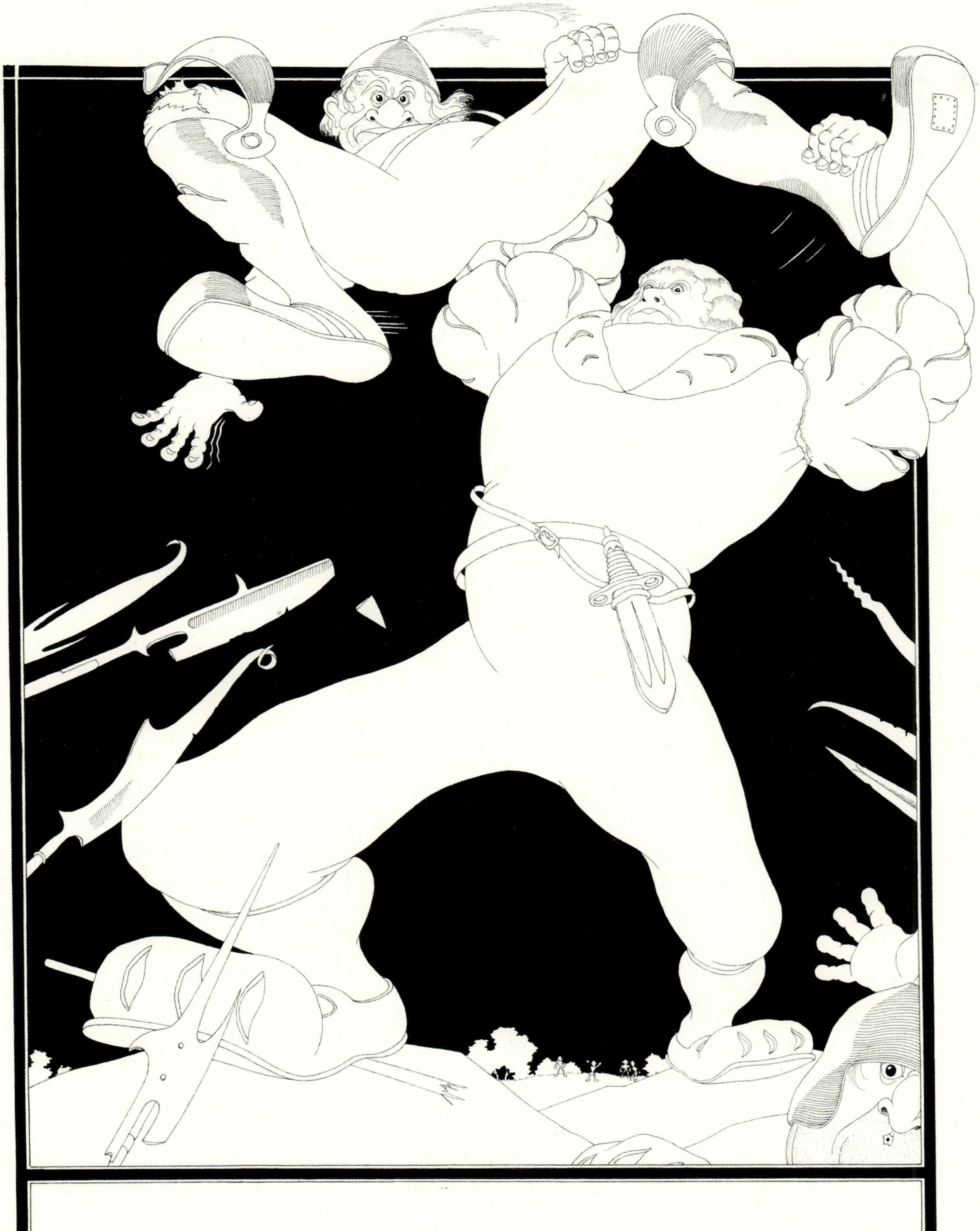

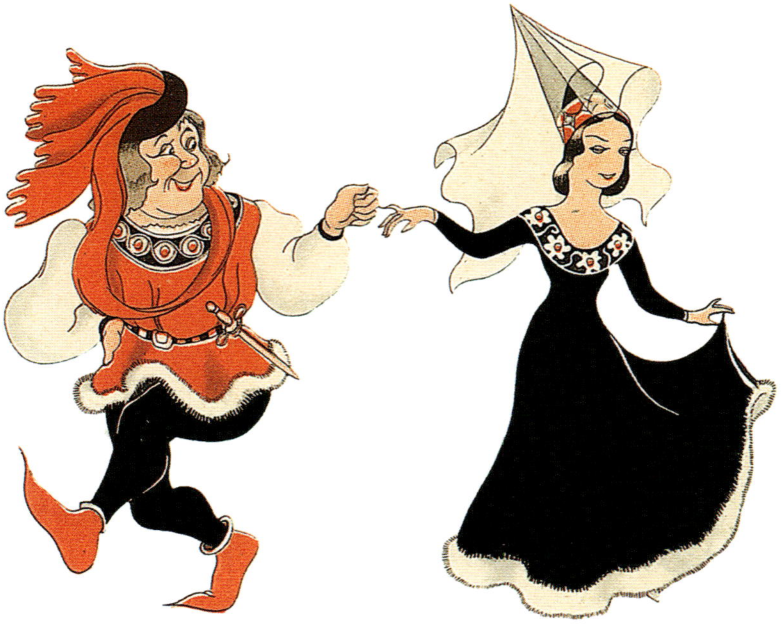

Brun l'ours, 1937,
« Le sire de Fouchtrabrossarbourg ».
Aquarelle.

l'autre, mais ce n'est pas là son meilleur livre et lui-même ne l'aimait pas. Samivel revint au personnage avec son Monsieur Dumollet, « cousin de Monsieur Prudhomme et oncle de Monsieur Perrichon » (donc hommage aux précurseurs mais surtout à Tœpffer dont il a hérité le sens narratif et le goût pour ce type d'album clos). Dumollet vivra trois épisodes, l'un en mer (*Bon voyage, monsieur Dumollet !*, 1942), un en montagne (*Monsieur Dumollet sur le Mont-Blanc*, 1946) et exceptionnellement un en ville, dans la capitale abhorrée, *Monsieur Dumollet à Paris* (1948).

L'univers de Samivel

On n'arrête pas de grimper dans l'œuvre de Samivel. Quand ce n'est pas un bloc de rocher dans un sommet dont la verticalité peut terrifier, c'est un bloc de glace, ou encore un donjon que défendent ses habitants, ou une échelle que d'autres peuvent faire basculer en arrière, ou bien le mât d'un navire, une cascade ou un arbre. Si cette œuvre fourmille d'images très en hauteur, à l'étroitesse caractéristique, il n'en existe aucune en largeur, à l'exception de *Ayorpok et Ayounghila*, notamment dans sa magnifique page centrale. Lui qui a si souvent pris le grand large, il le dessine pleine page, plus haute que large. Même sa baleine, animal horizontal s'il en est, il la représente coupée en deux pour ne pas avoir à la dessiner sur une double page. En montagne, il distingue la « zone des télescopes » de la « zone des choucas », soit le bas (où la montagne s'observe au travers d'une lentille en levant la tête) et le haut (d'où les choucas survolent les pics en ignorant les minuscules humains). Les uns et les autres ne voient pas la même montagne. Samivel, lui, se sent clairement du clan des choucas. Ses perspectives le montrent.

L'univers de Samivel est propre : la montagne est immaculée, la mer étale, la glace intacte, la neige vierge, la campagne préservée, le village médiéval non souillé. Quand il veut montrer l'« empreinte » de l'être humain sur tout cela, il le fait discrètement, mais malgré tout cela choque : traces de pas dans la neige, glace fendillée, navire traçant sur la vague, équipement posé sur le roc. Montrer ce qu'il abomine, le viol de la nature qu'il respecte au-delà de tout, ne l'intéresse pas. Sa dénonciation est par défaut, elle n'est jamais explicite. Son monde est idéal, il est un monde de rêve, « un paradis d'innocence » dit Jean Onimus. Un monde tel qu'il le désire et le pense, pas tel qu'il est. Un monde qui n'est pas adulte, comme celui de Germaine Bouret pour l'enfance jamais confrontée au réel. C'est aussi pour cela que ces images hors du temps fascinent tant les publics successifs qui les ont lues. « J'appartiens à cette classe de gens qui distinguent mal les divisions classiques du temps : passé, présent, avenir ». Hors du temps, le temps du conte, ces images ne vieillissent pas, elles appartiennent au fantasme collectif. Silence, aridité, solitude, paix authentique, horizon sans frontière, Samivel rejette la « pollution de la promiscuité », et cherche l'« harmonie avec le cosmos » pour trouver l'« âme du monde » qui s'épanche dans les formes qu'il crée. Il est de la génération des vrais amoureux de la nature, où de grands illustrateurs ont brillé avant lui (Audubon), ou en même temps que lui (Robert Hainard), mais eux font dans le réalisme et non dans l'humour, ni ne racontent d'histoires. Les animaux de Samivel aussi vivent loin de la civilisation humaine (zone des choucas), sur les hauteurs,

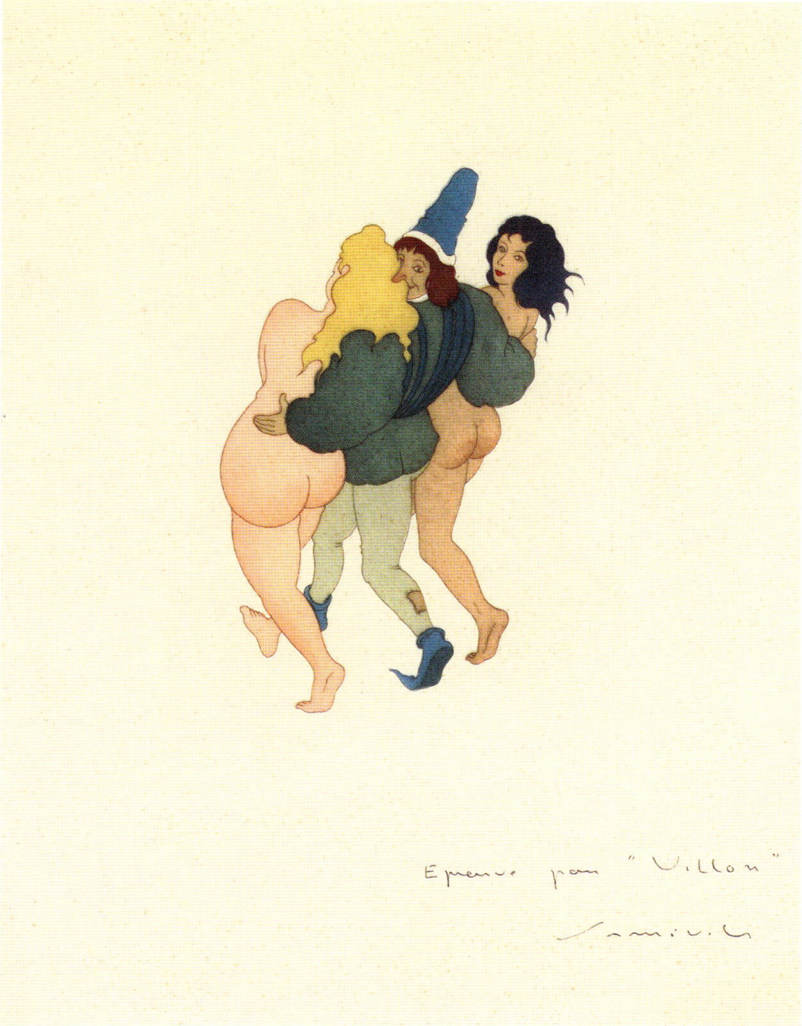

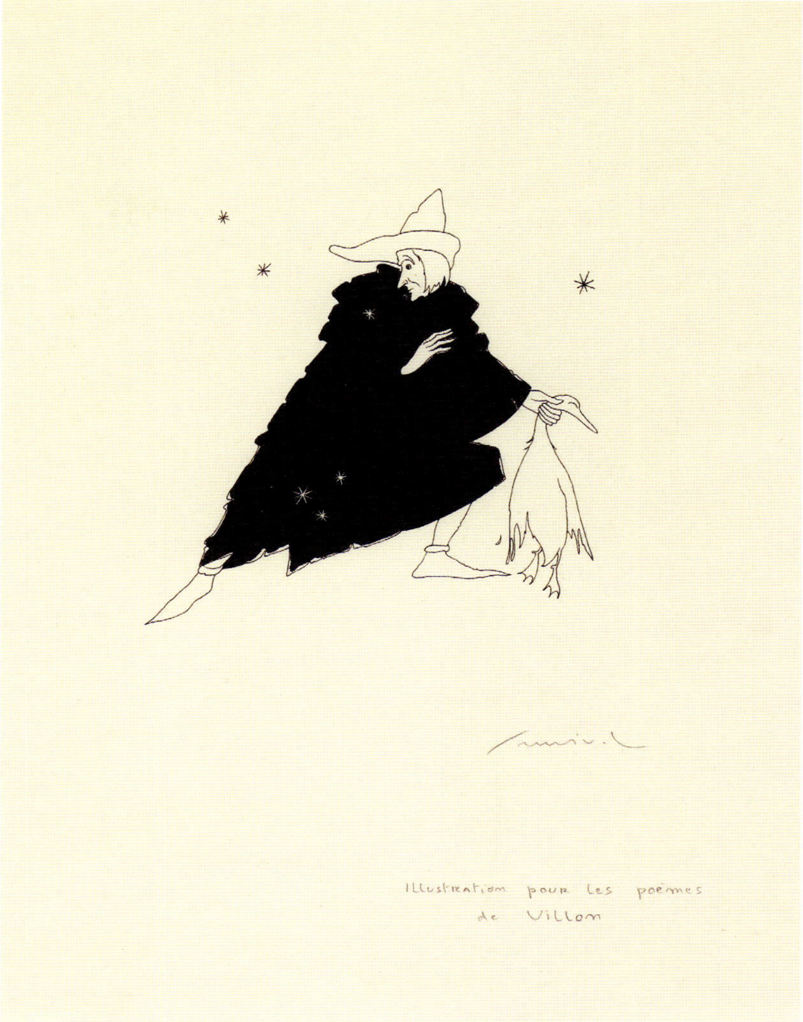

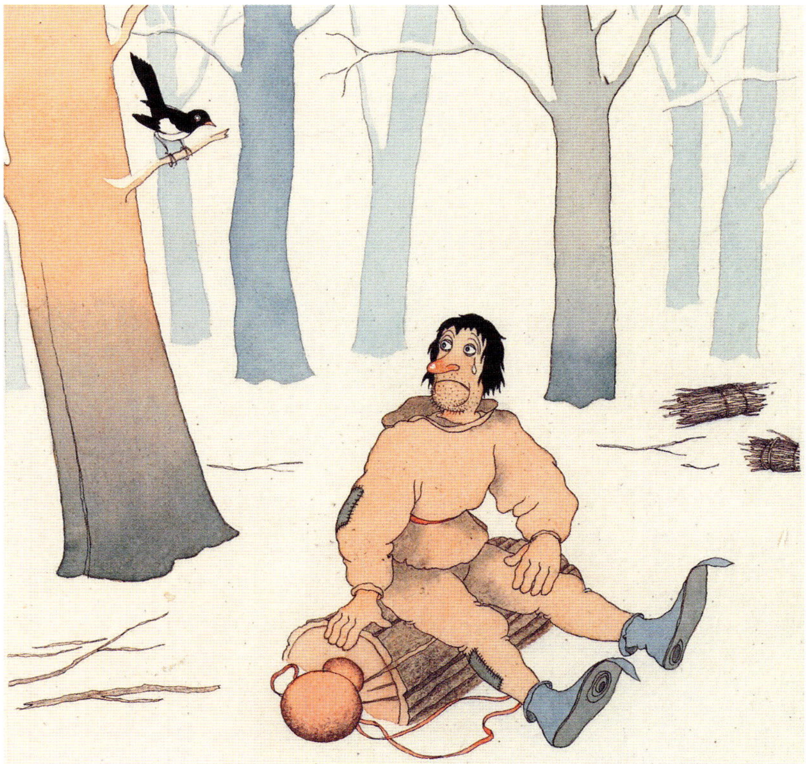

Villon, l'œuvre poétique, 1945,
En haut à gauche : « Les étudiants »,
En haut à droite : « Le larron de canards ».
Aquarelle et dessin à l'encre de Chine.

En bas à droite : Merlin, Merlot, 1942,
« Jeannot Blanchet ».
Aquarelle.

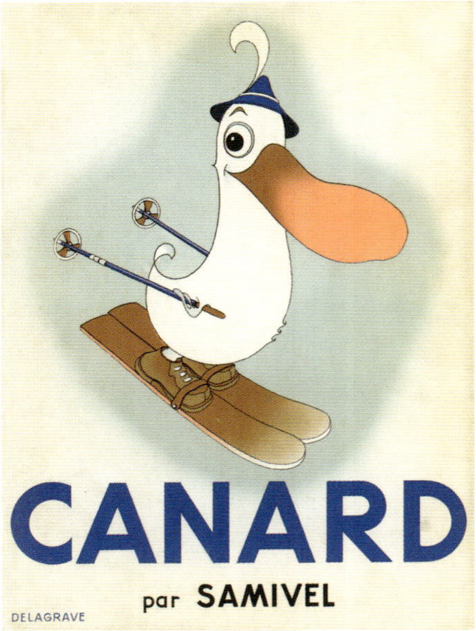

Couverture du livre Canard,
ou le Songe d'un jour de neige, 1938.
Aquarelle.

Page de droite
Canard, ou le Songe d'un jour de neige, 1938.
Dessin à l'encre de Chine.

en mer, dans les glaces hostiles ou en plein ciel. Quand ils s'approchent du monde humain (village, ferme, château, navire), leurs ennuis commencent (ours, renard, loup, oiseaux, baleine). Ah ! La baleine, comme il aime ce monstre massif, solitaire, sauvage, dissimulée loin dans les profondeurs... Outre un livre entier (*La Complainte de la baleine et de M. Jonas*), il en dessine dans *Ayorpok et Ayounghila*, *Pantagruel*, *Bon voyage, monsieur Dumollet !*...

La technique d'un autodidacte

De tout cela on déduira naturellement que la monochromie s'impose. Elle existe évidemment dans ses dessins noir & blanc, donc noirs, où cette couleur s'étale avec souplesse en masses d'égale ampleur vis-à-vis du vide blanc, au point qu'on ne sait jamais s'il a noirci sa page blanche ou le contraire. Très tôt cet équilibre noir / blanc est devenu caractéristique de ses dessins. C'est étonnant car très peu de dessinateurs l'utilisent ainsi dans les années 1930. En bande dessinée, Hergé vient de l'inventer à la fin des années 1920 mais il n'a guère de postérité immédiate. En illustration, les meilleurs de l'époque (Lorioux, Pécoud, Jobbé-Duval...) privilégient l'innovation dans le trait ou la forme à celle du noir. Samivel est donc totalement à contrepied des tendances. Il faut dire que la thématique de la neige ou de la glace le conduit naturellement à trouver un complément à la blancheur absolue.

Mais la monochromie n'est pas seulement sur ses albums sans autre couleur que le noir (*Bonshommes de neige,* les petites illustrations des Rabelais, des contes du Père Castor, du *Naufragé volontaire* et de *La Complainte de la baleine*...). Lui qui n'emploie presque jamais de gris (à l'exception notable des *Contes à pic* au lavis et de quelques dessins du *Villon*, du *Gulliver* et de *Sous l'œil des choucas*), en raison des difficultés économiques du secteur de l'imprimerie après guerre, il devient de fait le spécialiste des albums dont chaque page monochrome est d'une couleur différente et saura en tirer parti. Les *Dumollet*, les Renart, *Ayorpok et Ayounghila*, *L'Opéra de pics*, les *Fables de La Fontaine*, *La Grande Nuit de Merlin* notamment, sont ainsi reproduits. La couleur totale, il l'utilise uniquement pour les Rabelais, les Père Castor, *Les Dynastes*, et dans ses petits travaux. Il s'y révèle d'une subtilité incroyable, en parfaite intelligence avec les imprimeurs. Ses monochromies sont parfois virtuoses, surtout dans les illustrations de montagne. Quand on a fini de lire un livre de Samivel, on respire plus fort, comme si notre regard avait rempli nos poumons ; c'est un art oxygène.

Génie des ombres, il maîtrise le diaphane et l'imperceptible. Il a la nostalgie de l'illustration du début de siècle, que les imprimeurs de son temps ne savent plus traduire sur le papier ; du temps de Job et de ses scènes sous le texte qui ne l'écrasaient pas et n'étaient pas écrasées par lui. Mais, malgré la complexité de son art, il reste un dessinateur d'une extrême simplicité, à tous les niveaux. Son trait n'est pas sophistiqué comme Jobbé-Duval ou Pécoud, il n'a pas la tortuosité de Lorioux, ses formes sont arrondies et d'une rare lisibilité.

Surtout, ses grandes compositions pleine page forment des tableaux qui lui ont permis d'être considéré parfois comme un artiste plasticien par les tenants des « beaux-arts » et d'échapper ainsi à la déconsidération convenue des artistes de l'art populaire que sont les illustrateurs. Ses cadrages audacieux, ses perspectives japonaises, ses angles de vue, son culot consistant à utiliser

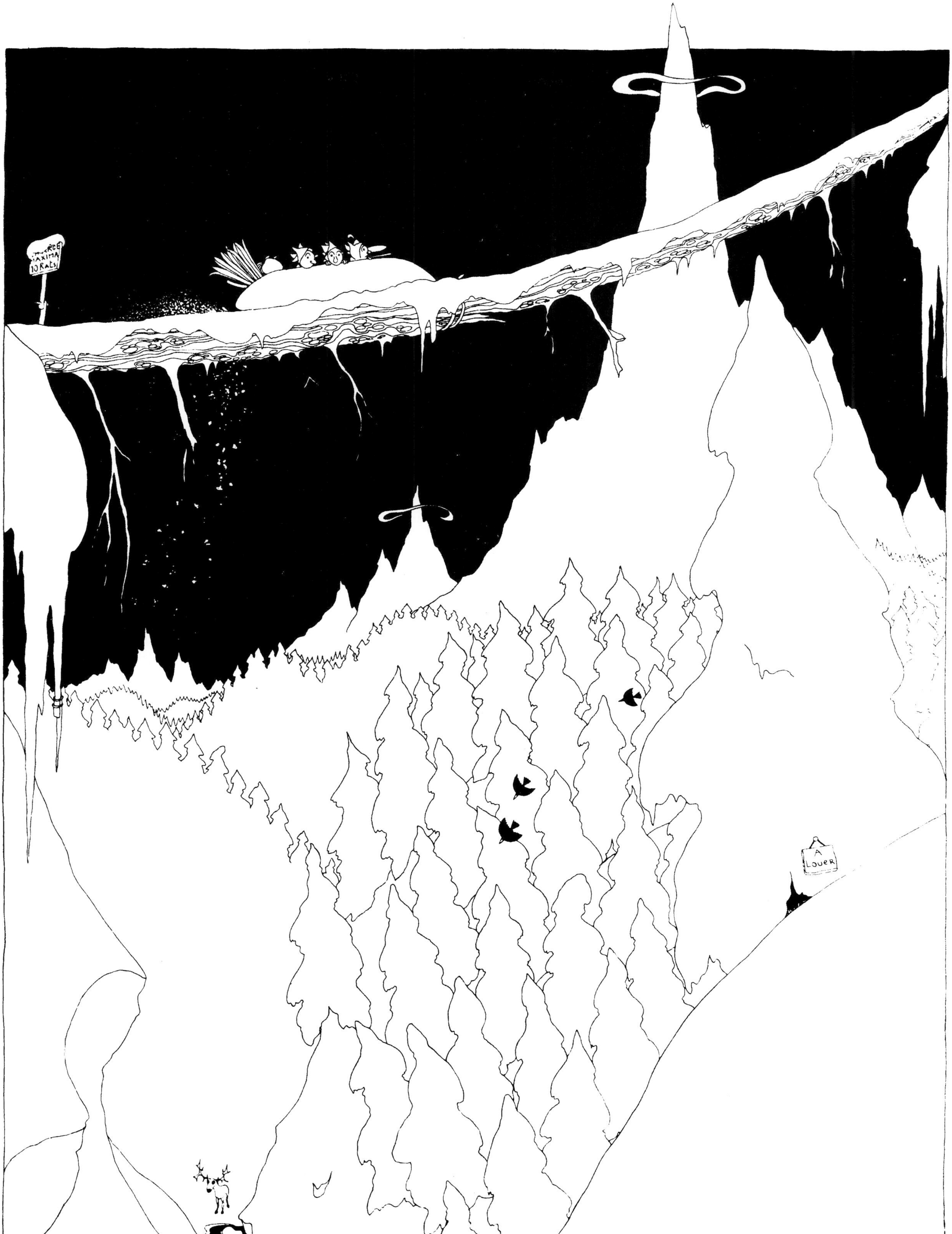
10 Rats
A Louer

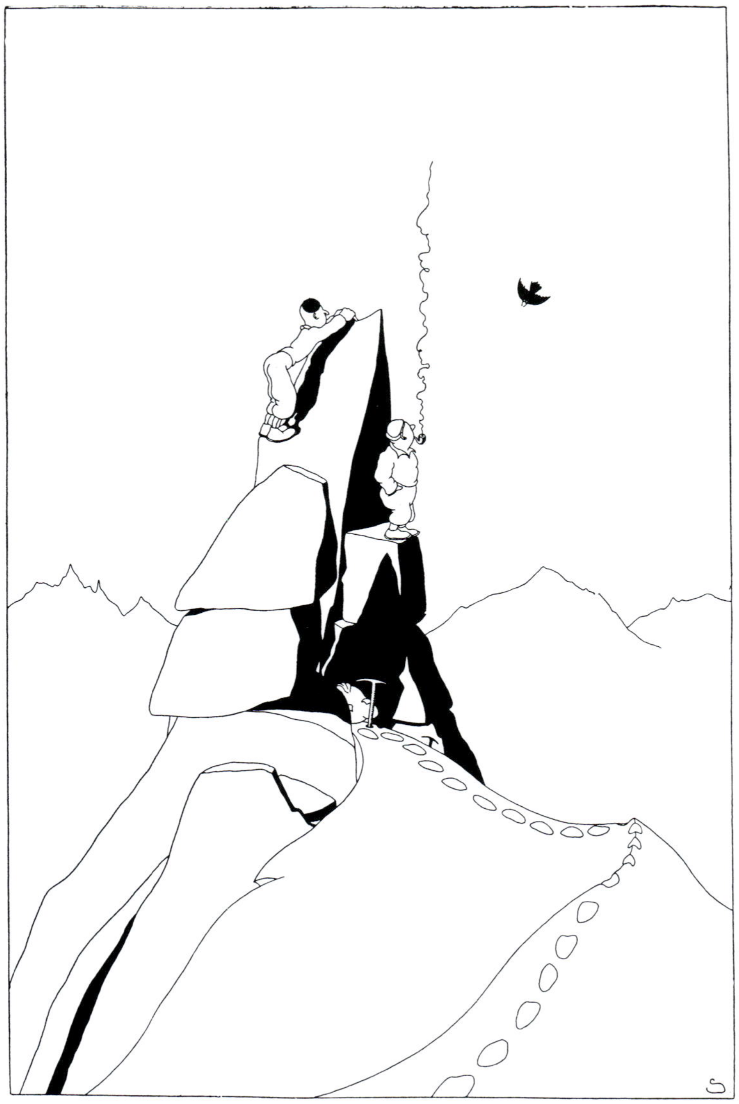

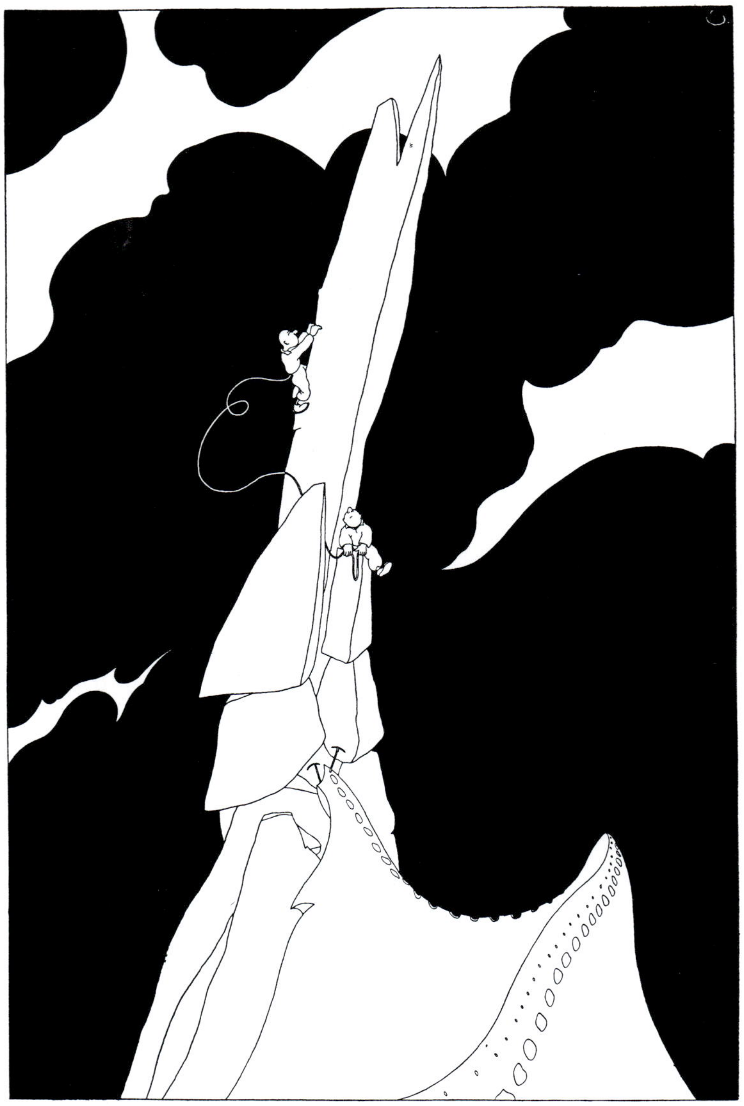

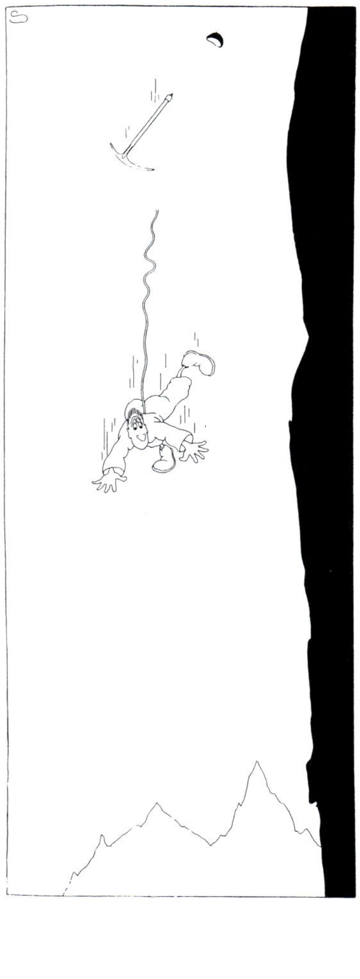

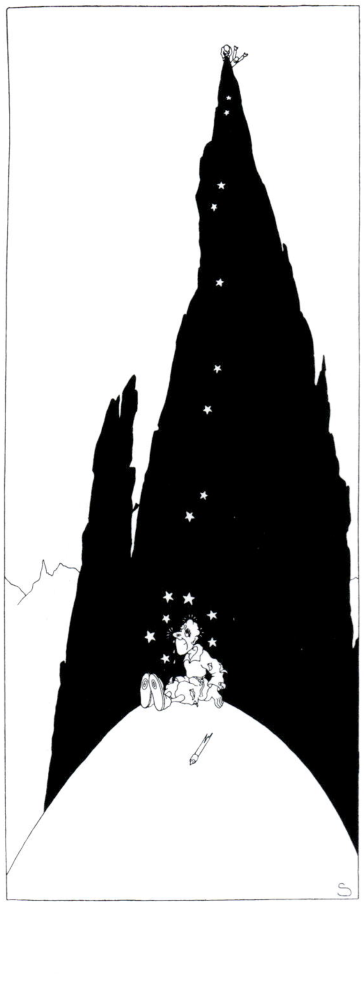

Sous l'œil des choucas, 1932.
En haut, à gauche : « Leur première : Comment ils la font... » ;
en haut, à droite : « ... et comment ils la racontent » ;
en bas : Chute : « Pourvu que ça dure !... » (à gauche) ;
Arrivée : « Hé ! Hé !... C'est tout de même la première descente par la face sud ! » (à droite).
Dessins à l'encre de Chine.

Page de droite
Sous l'œil des choucas, 1932. « Sans guide »,
Samovar : « Et après ? Et après ?... Qu'est-ce qu'il faut que je fasse ? »
Baculot : « Sais pas..., la page du guide est déchirée... »
Dessin à l'encre de Chine.

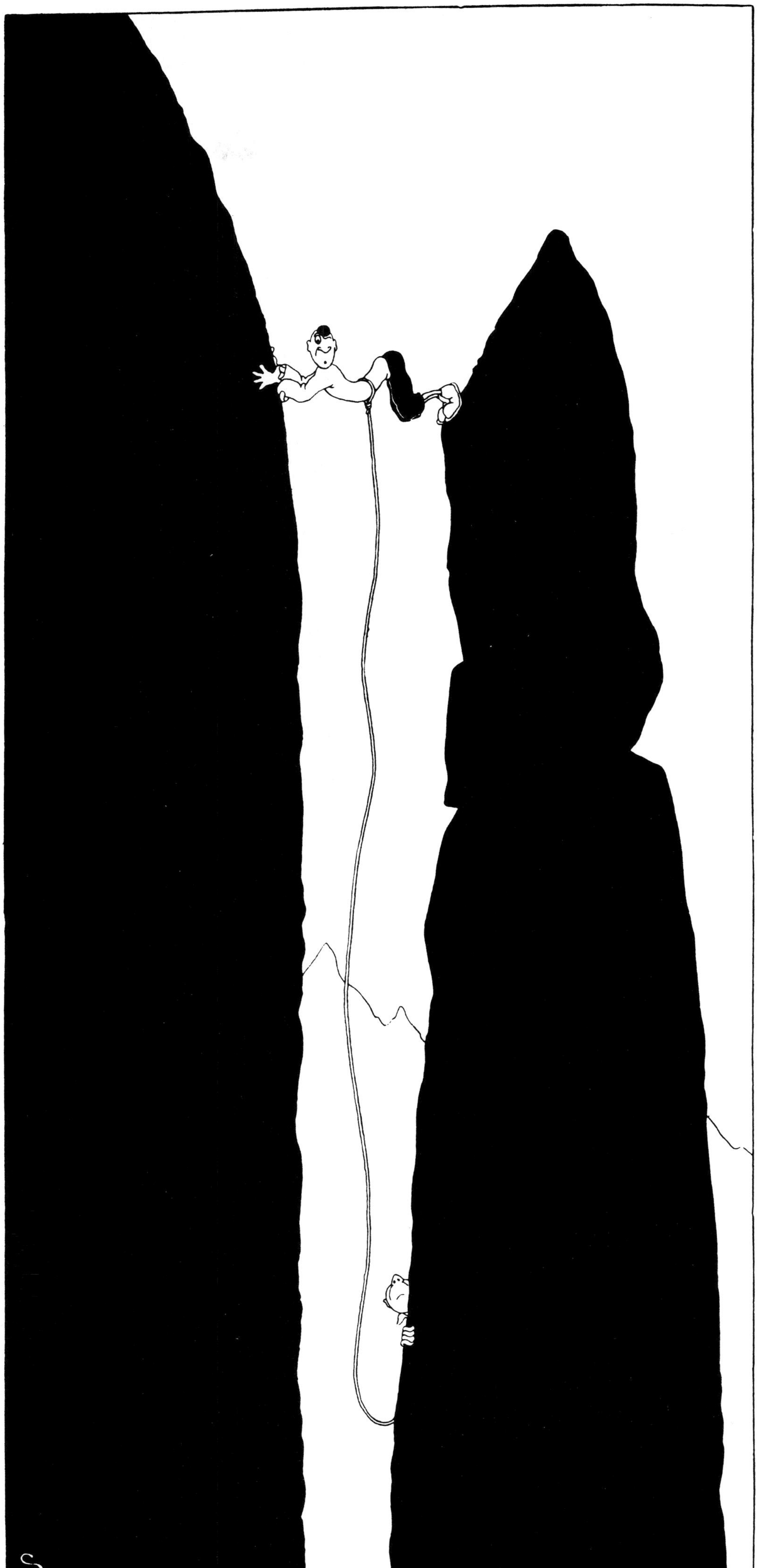

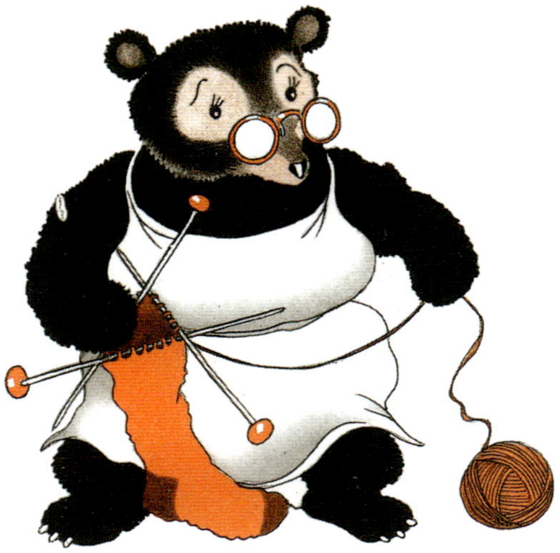

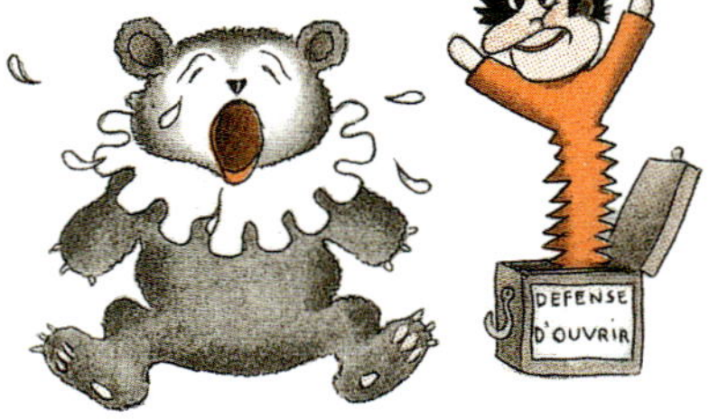

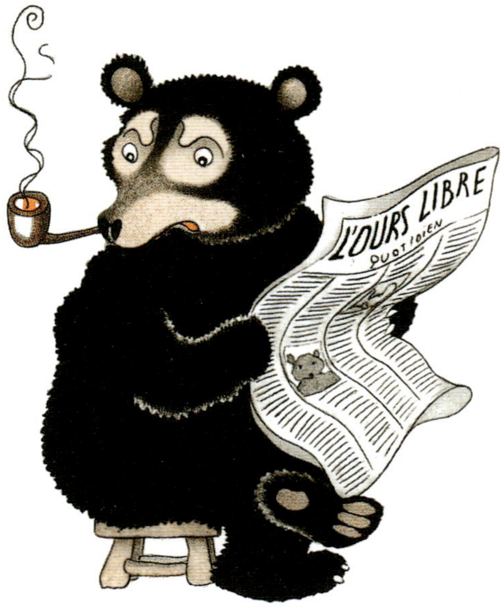

les trois quarts d'une image avec un simple fond de couleur pour figurer la glace, l'océan ou la neige, tout témoigne d'un grand créateur. Souvent comparé à Dubout, ce qui l'énervait car son confrère avait débuté avant lui dans le genre, il avait renoncé tôt à dessiner des foules, image de marque de Dubout que, par ailleurs, il admirait beaucoup (« Un as »).

Samivel joue sur vide et plein, sombre et clair, hauteur et largeur, grandes compositions et petits cabochons, réalisme et style comique. Il ne se prend pas au sérieux : la mention en faux latin « Samivel scribouillavit » figure sur la plupart de ses albums. « Je demeure un graphiste, un imagier, un illustrateur, d'ailleurs perpétuellement oscillant entre les deux pôles du lyrisme et de l'humour. »

L'humour

Car ce qui le différencie c'est l'humour permanent de ses images, même les plus belles plastiquement. L'humour des mots est relayé constamment par celui des personnages caricaturaux, par de véritables gags qui se glissent dans ses livres, manifestant quand même sa nostalgie du dessin de presse – mais aussi ses pancartes, ses gags en coin, ses fausses affiches. Samivel est un roi du détail. Il apporte beaucoup de soin à de petites choses que les lecteurs ignorent souvent en lisant trop vite. Regardons par exemple ce chat superbe dans le coin de l'image de la page 39 de *Brun l'ours*. Ses arbres sont parfois humanisés, comme chez Disney, Pellos ou Calvo. C'est pourquoi Disney l'avait repéré, venu « faire ses courses » en France à la recherche de nouveaux talents. Démarché, Samivel avait décliné l'offre, comme Calvo ou Germaine Bouret (seul

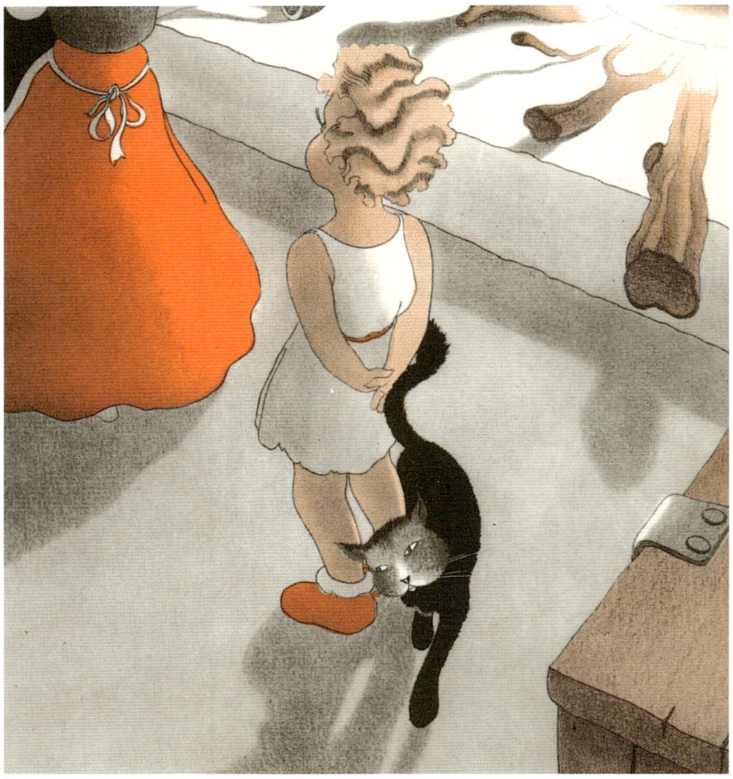

Brun l'ours, 1937.
Aquarelles.

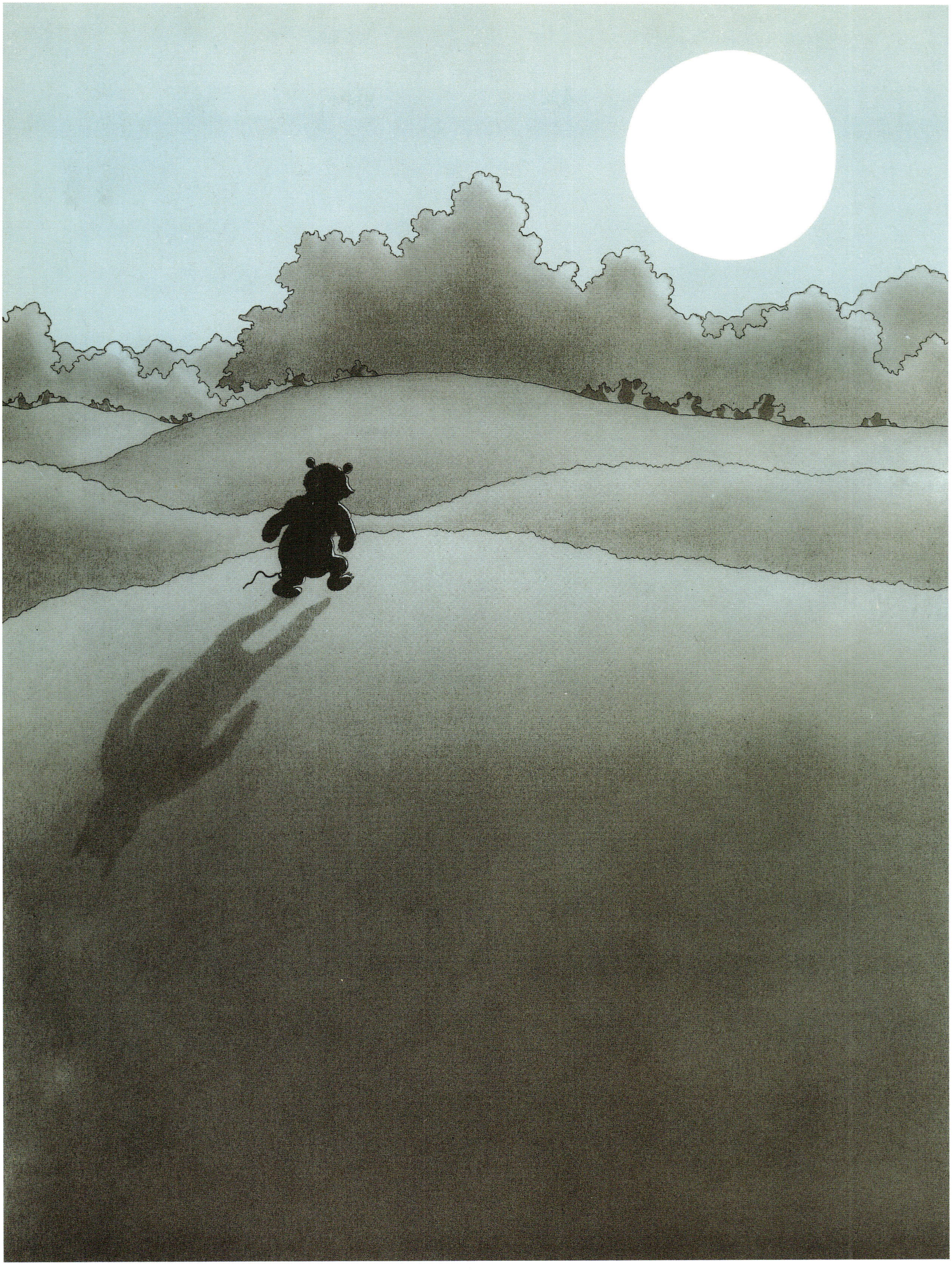

À gauche
Sur les planches, 1931.
« Le champion et le petit chien ».
À droite
« Complet ! », 1980.
Aquarelle.
Lithographies couleur.
Musée d'ethnographie de Genève.

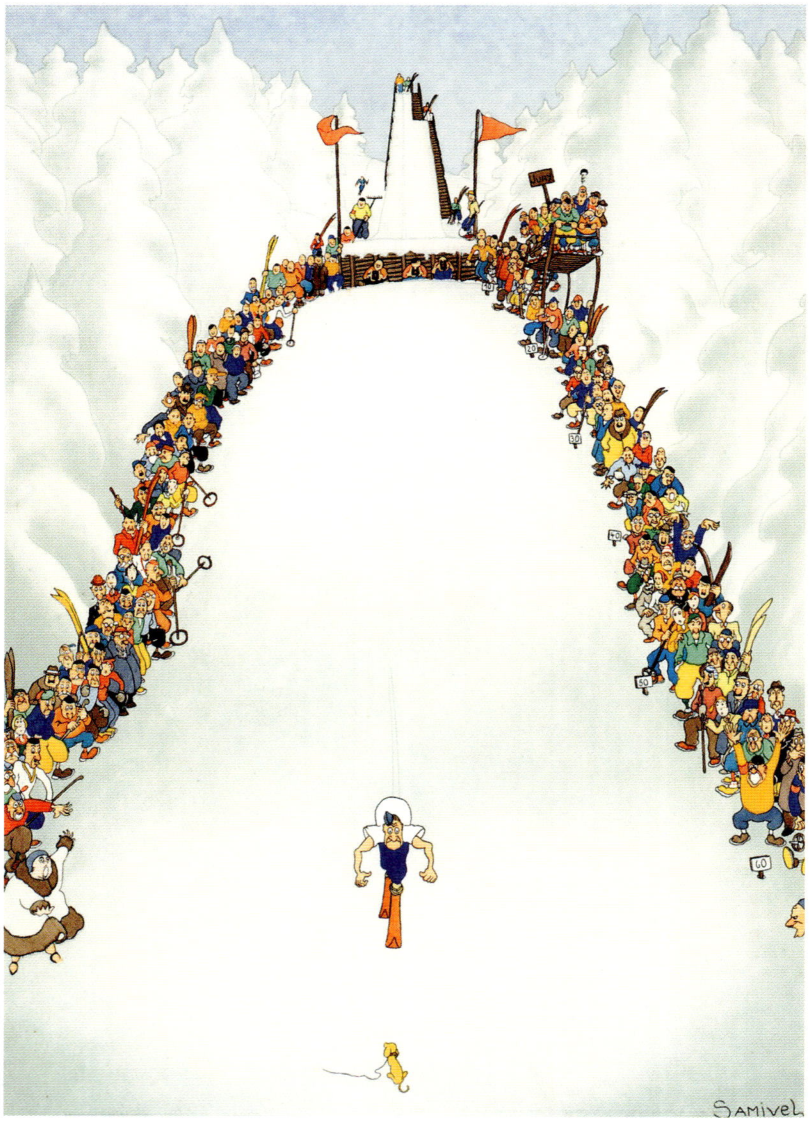

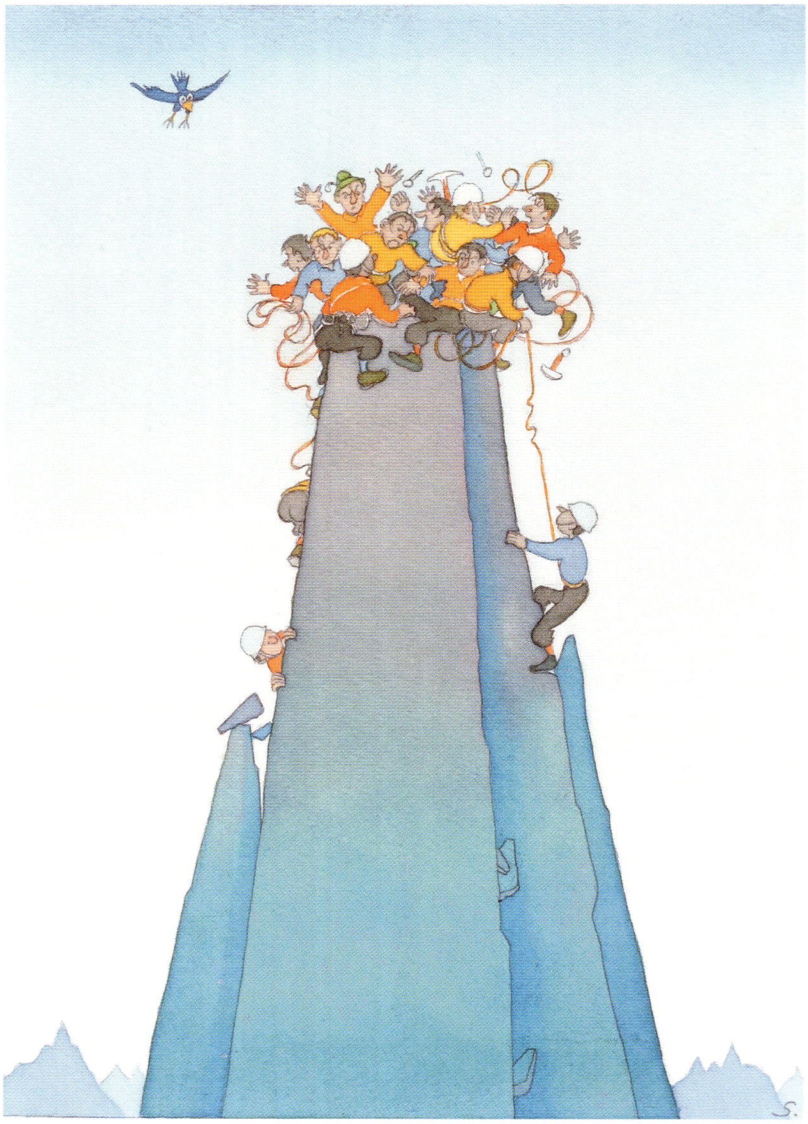

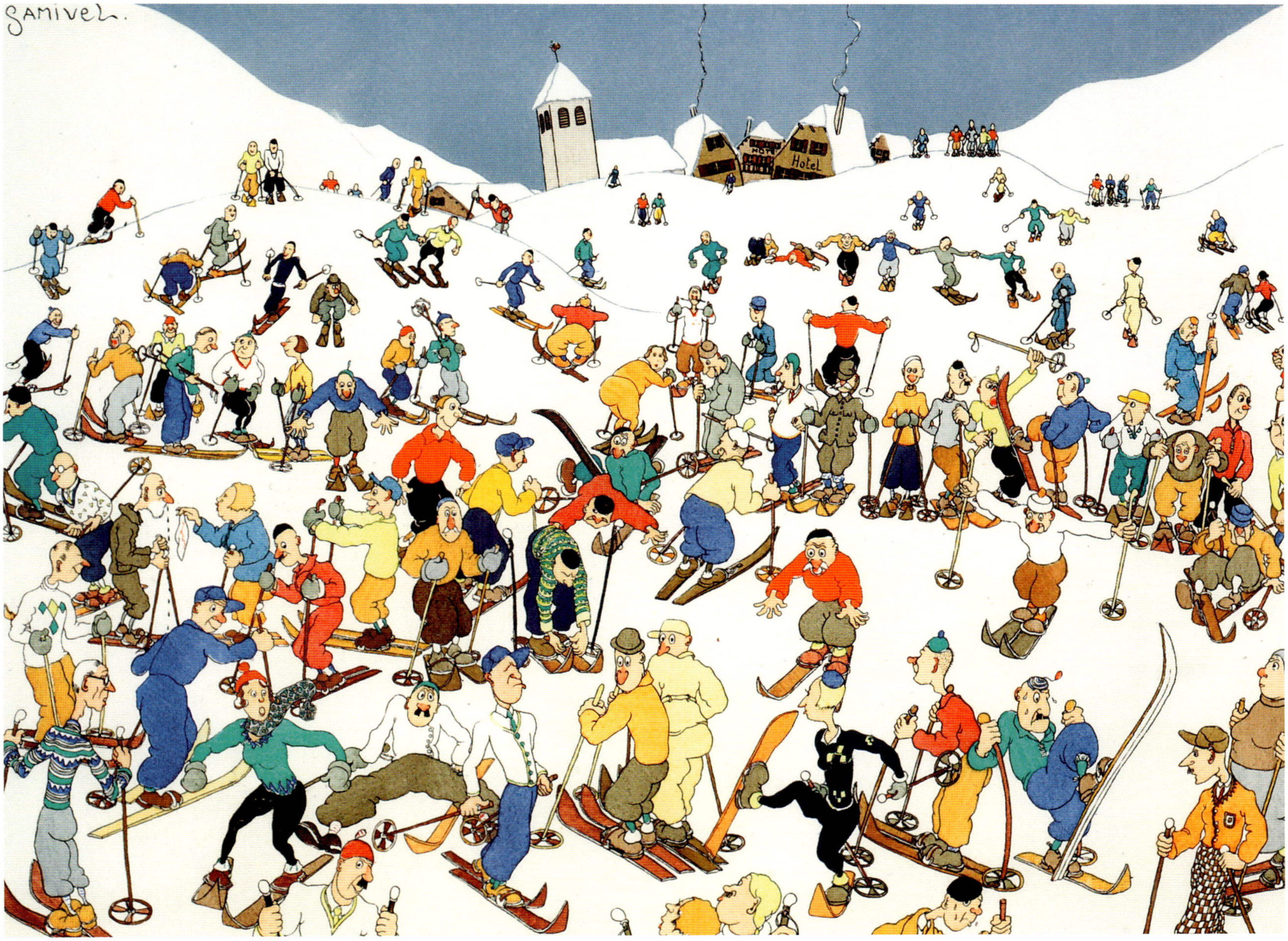

Sur les planches, 1931.
« Sur le skidrome »
Lithographie couleur.

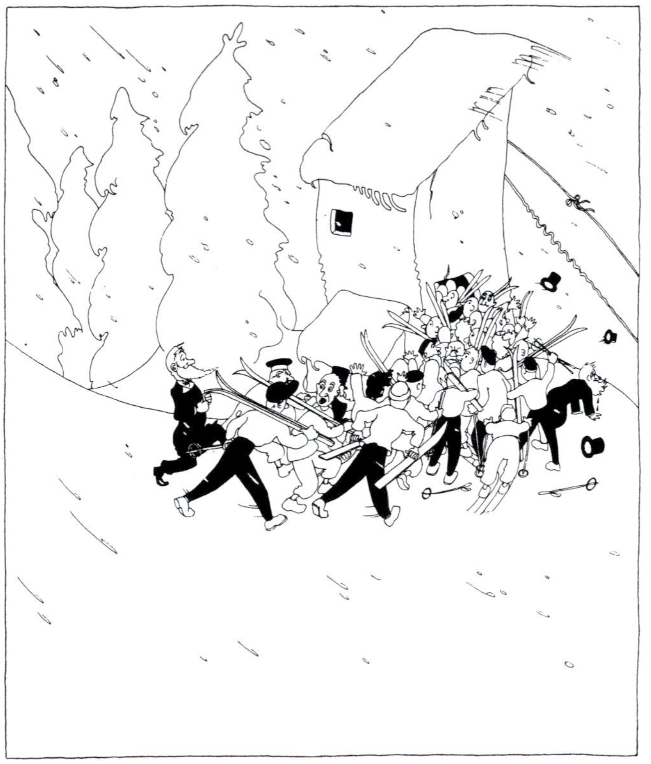

Bonhommes de neige, 1948.
« ... Retraite stratégique vers le "tellaipheric"... »
Dessin à l'encre de Chine.

Lorioux devait accepter, à condition de rester en France). Son humour est un humour gentil, jamais agressif, même si son ironie est très critique. Il est au-dessus de ce qu'il rejette, la violence et la cruauté ne sont pas pour lui, pas plus que la revanche. De rares scènes médiévales (des pendus chez *Villon* ou dans *L'Œil des choucas*) ou dans *Les Dynastes*, font exception. Il modifiera la fin de son *Ysengrin* parce que la mort du « pauvre loup » faisait pleurer un de ses fils.

Il avait fréquenté à ses débuts les coteries d'amuseurs. Membre de la Société des dessinateurs humoristes, il exposa dans de nombreux salons spécialisés. Les humoristes, « ces gens qui sont tellement sérieux qu'il leur est un problème de prendre au sérieux ce qui paraît sérieux aux autres », étaient ses frères comme les montagnes étaient « ses sœurs ».

Ses textes témoignent de son goût pour les jeux sur la langue, les calembours. « Prenez garde aux calembours, c'est par la chausse-trape des calembours que le divin se glisse insidieusement dans la langue. » Mais là encore, pas de saillie brutale, pas de mots couperets, juste la malice d'un enfant qui a choisi de conter des histoires à d'autres enfants « de huit à quatre-vingts ans » (formule qui lui sera « empruntée » par la suite).

Sources et pérennité

Techniquement, c'est un maître de l'aquarelle, mais il a aussi utilisé le crayon de couleur, et même le crayon pur pour certains dessins d'humour (*Moins dix degrés*). Il a tout inventé ou retrouvé lui-même. Cela n'exclut pas de bonnes lectures. Il n'en a jamais manqué. Sans le dessin japonais, il n'aurait pas dessiné ainsi la mer, la montagne, les fleurs ni certains personnages caricaturaux. Ses lectures enfantines le conduisirent vers les grands de l'illustration et de la bande dessinée. Il en hérita le noir et blanc esquissé par Caran d'Ache ou Iribe, voire Heath Robinson, la simplicité du trait de Rabier ou Christophe, plus sûrement de Cecil Aldin (l'illustrateur de *Pickwick*), le sens féerique de Boutet de Montvel, le goût animalier de Grandville ou Rabier, la fantaisie de Robida, le sens du village de Hansi, la narration de Tœpffer, etc. Plus tard il découvrit aussi Marcel Jeanjean, les autres illustrateurs du Père Castor, et Jean Bruller, Edy-Legrand... Mais lui-même a influencé tellement de suiveurs que la liste serait très longue. Calvo lui doit quelque chose, comme ceux de l'école graphique d'après guerre autour de Trubert et Beuville. Le graphisme de ses personnages animaliers se retrouvent facilement dans Calvo ou Eugène Gire. Jean-Louis Pesch, dont les *Sylvain et Sylvette* lui ont sans doute emprunté dans l'esprit et les personnages, raconte dans *Papiers nickelés* qu'il sautait sur ses genoux enfant, car Samivel était ami de ses parents.

Blaise Cendrars, interrogé sur *La Prose du Transsibérien et de la petite Jehanne de France,* expliquait que savoir s'il avait pris ce train n'avait aucune importance, l'essentiel étant qu'il l'ait fait prendre à ses lecteurs. Son ami Samivel illustre à merveille cette formule. Grâce à lui, avec lui, en lisant ses albums et les relisant, nous partons au sommet du mont Blanc, sur des îles majestueuses, sur les océans paisibles, voire dans le passé médiéval. Dans cette dernière phrase, le mot important est « grâce ». Il résume son œuvre.

Yves Frémion

directeur de *Papiers nickelés*

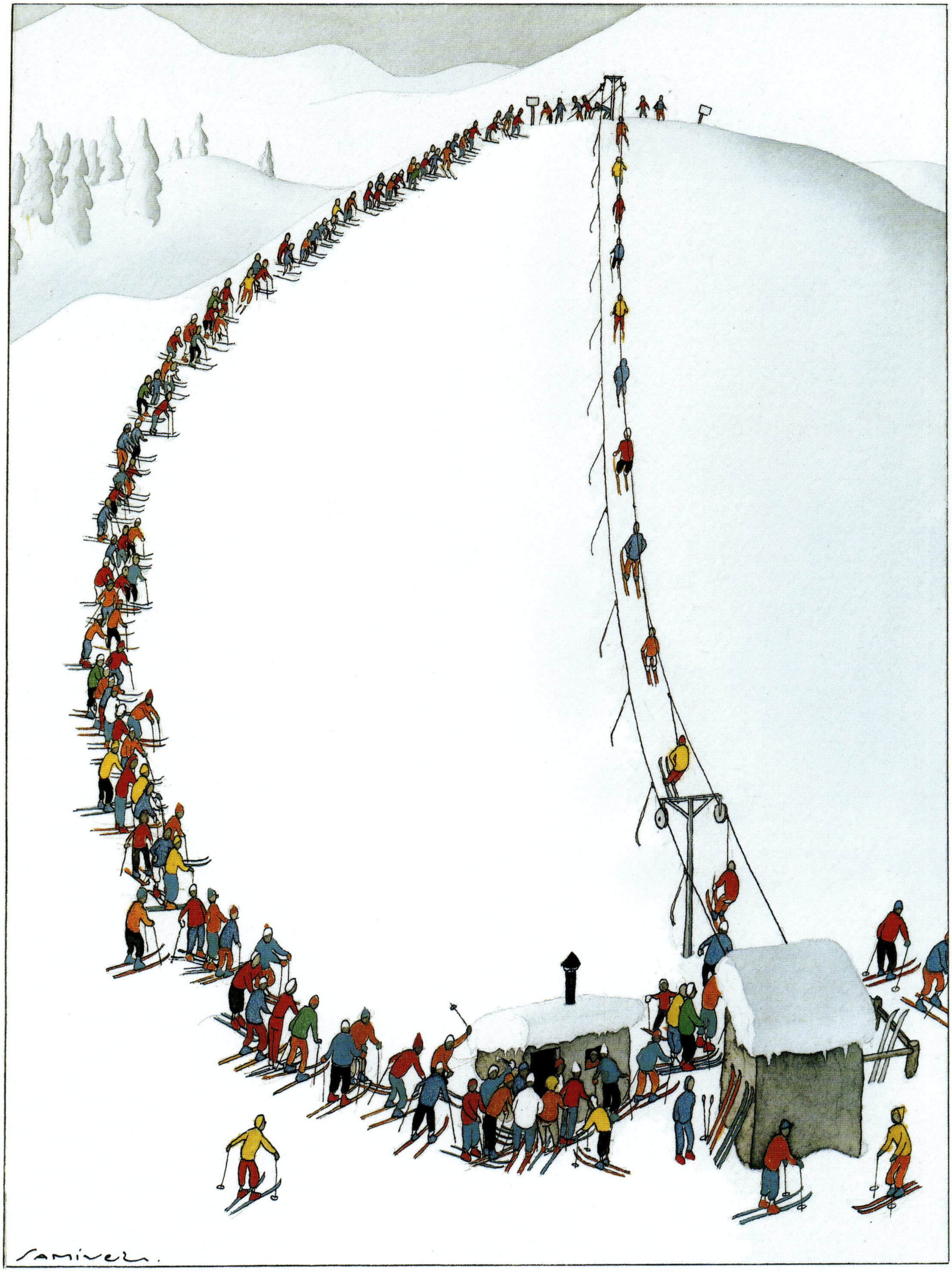

Les Chenilles processionnaires, années 1970.
Aquarelle.
Musée d'ethnographie de Genève.

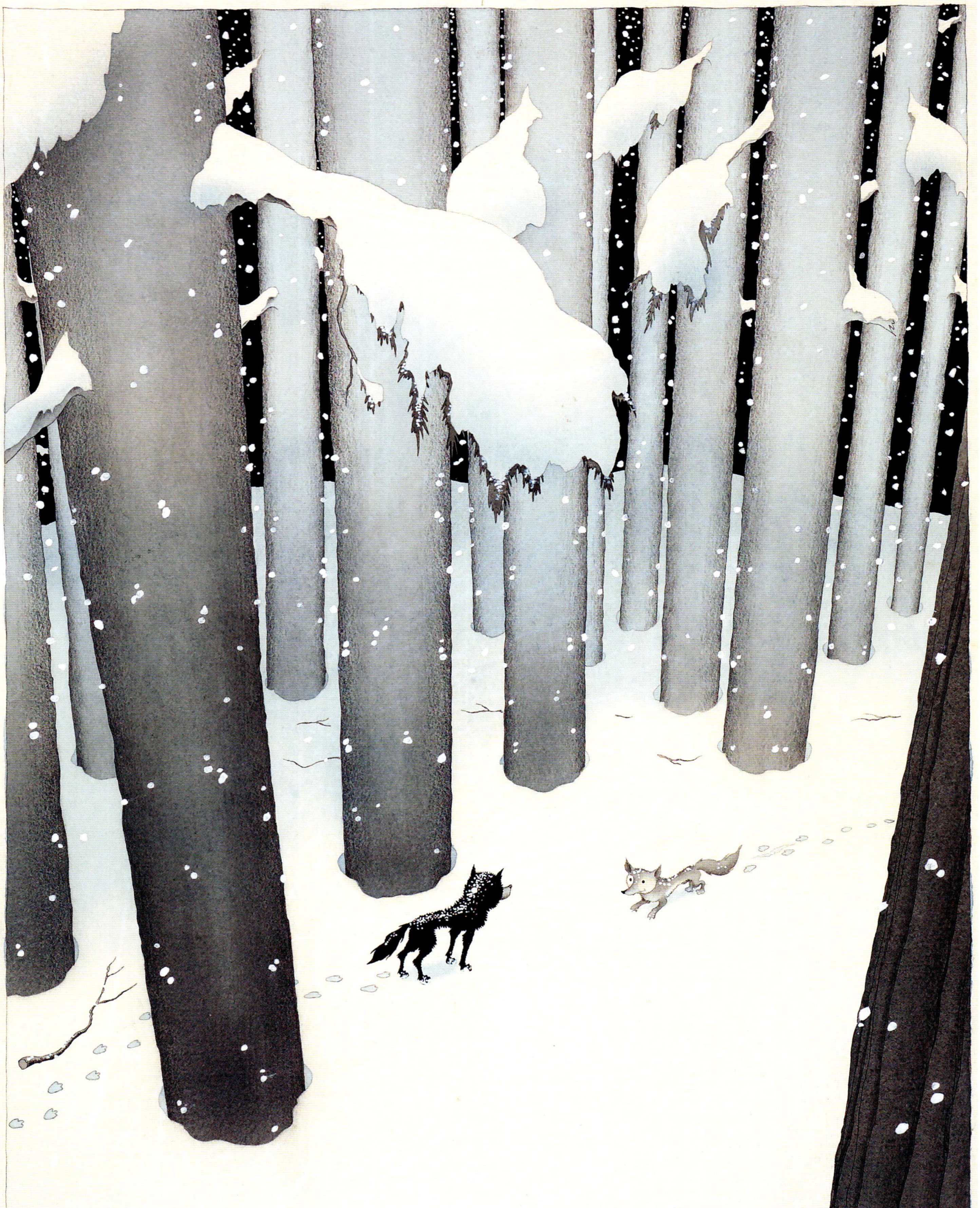

Les Malheurs d'Ysengrin, 1939.
Dessins aquarellés.
Musée d'ethnographie de Genève.

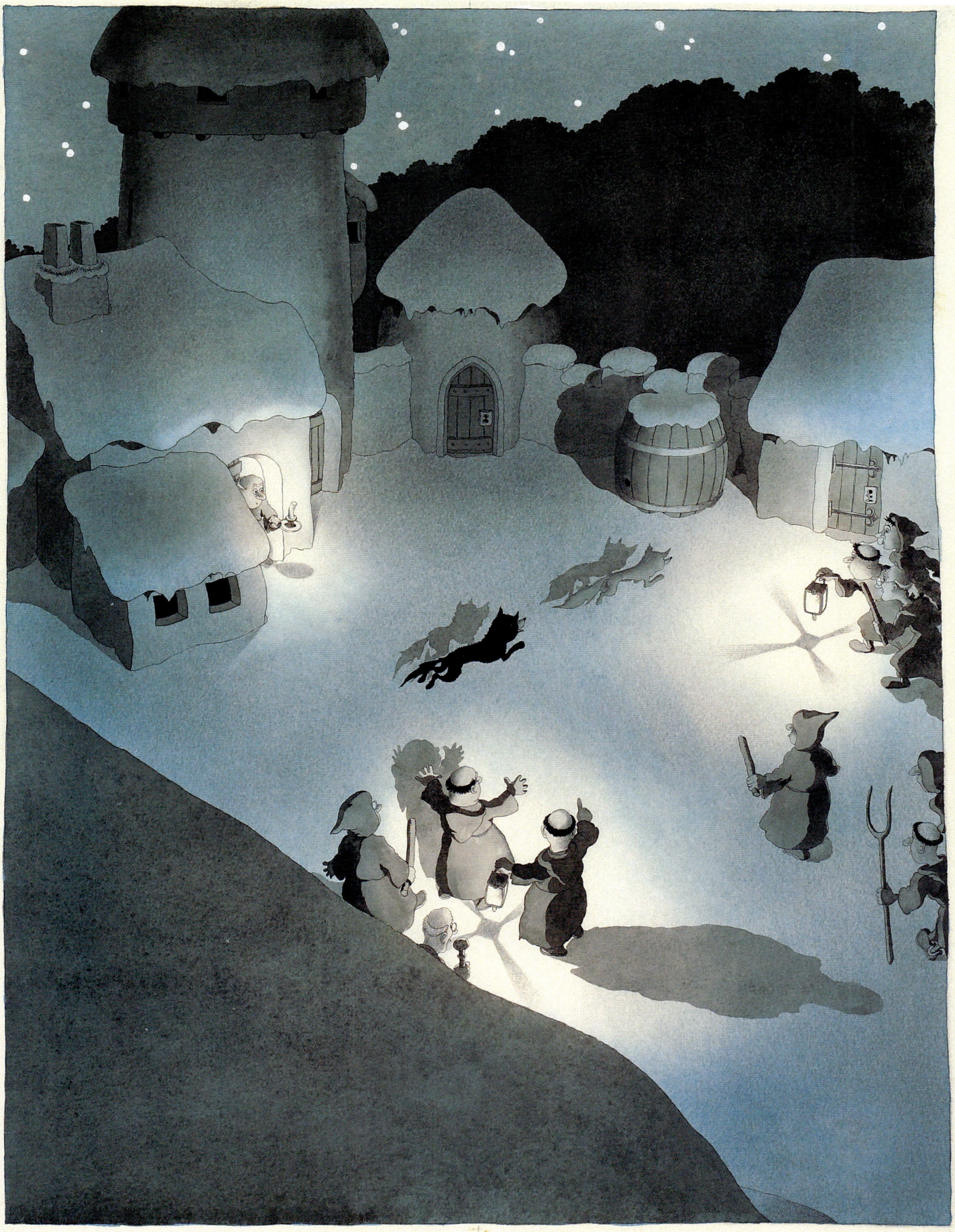

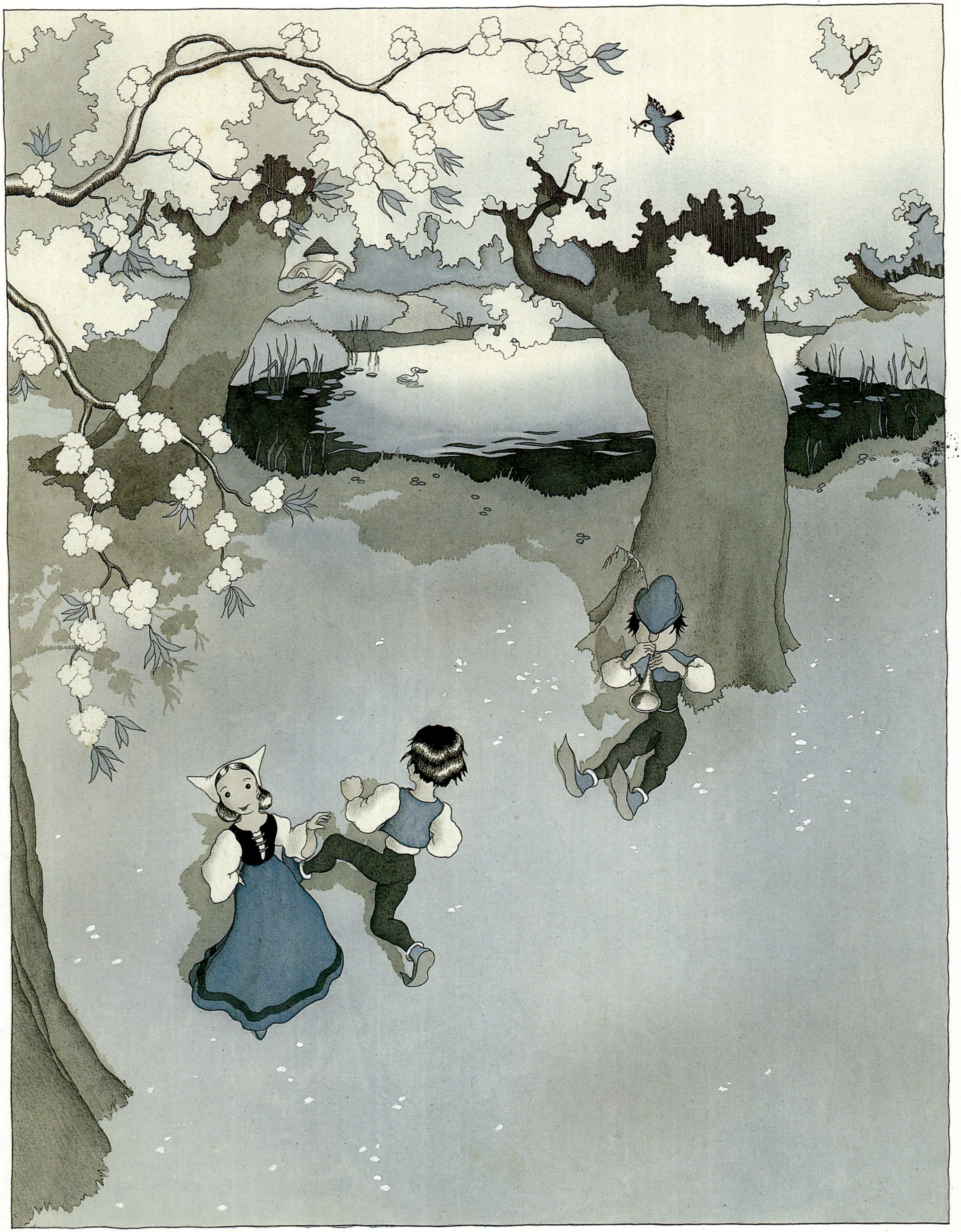

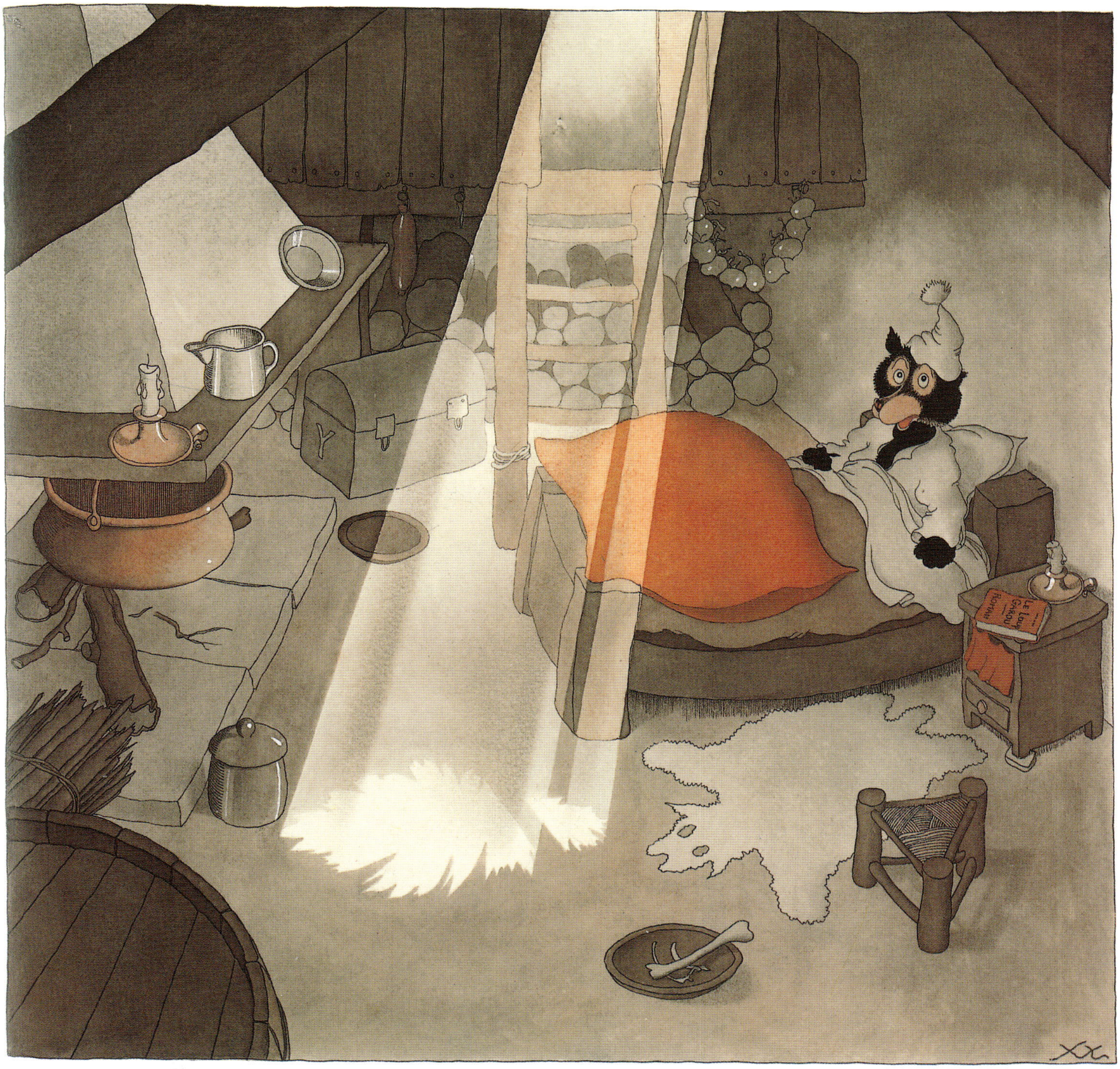

Les Malheurs d'Ysengrin, 1939.
Dessins aquarellés.
Musée d'ethnographie de Genève.

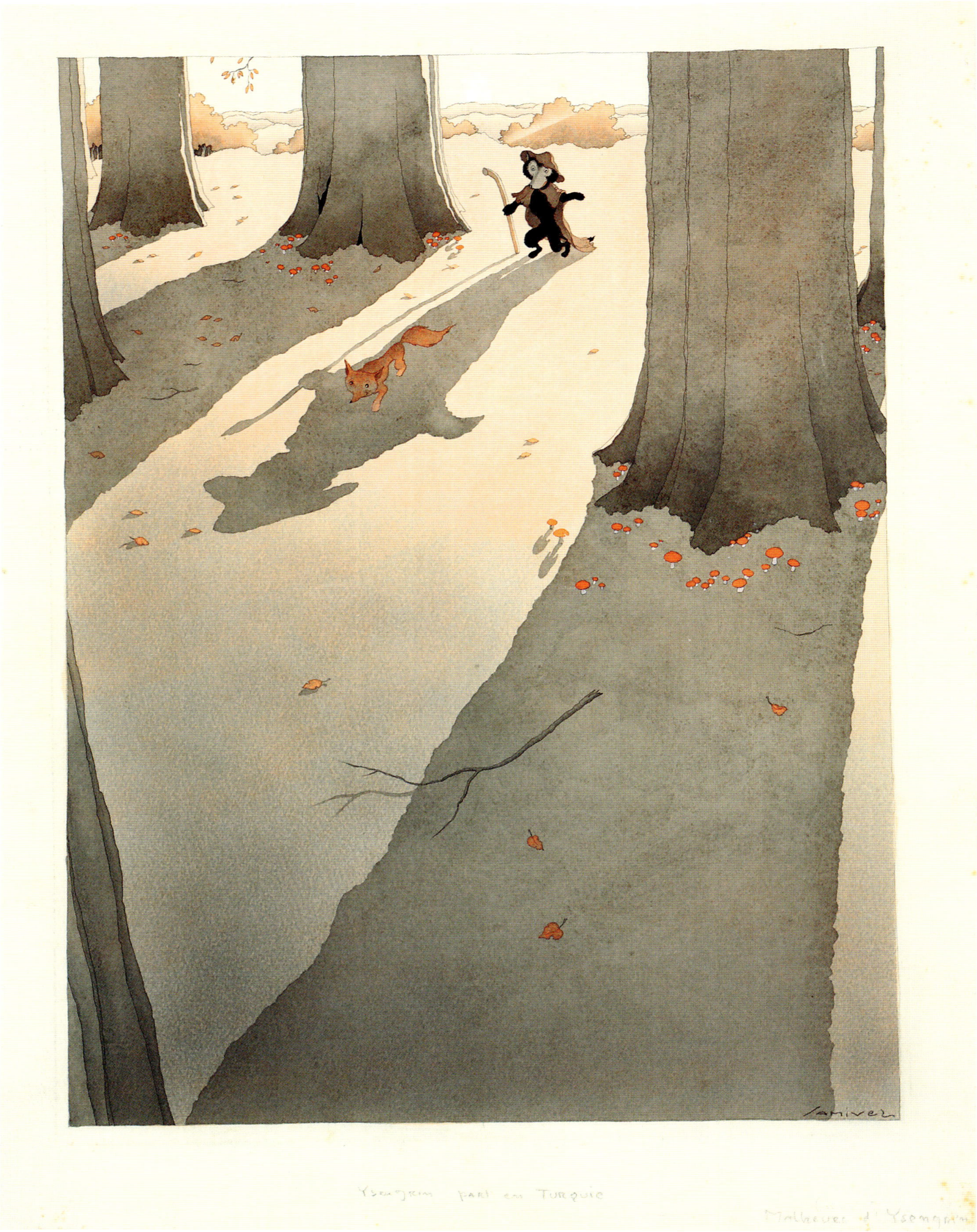

Les Malheurs d'Ysengrin, 1939.
« À l'orée du bois ».
Page de droite
« Le bel été ».
Aquarelles.
Musée d'ethnographie de Genève.

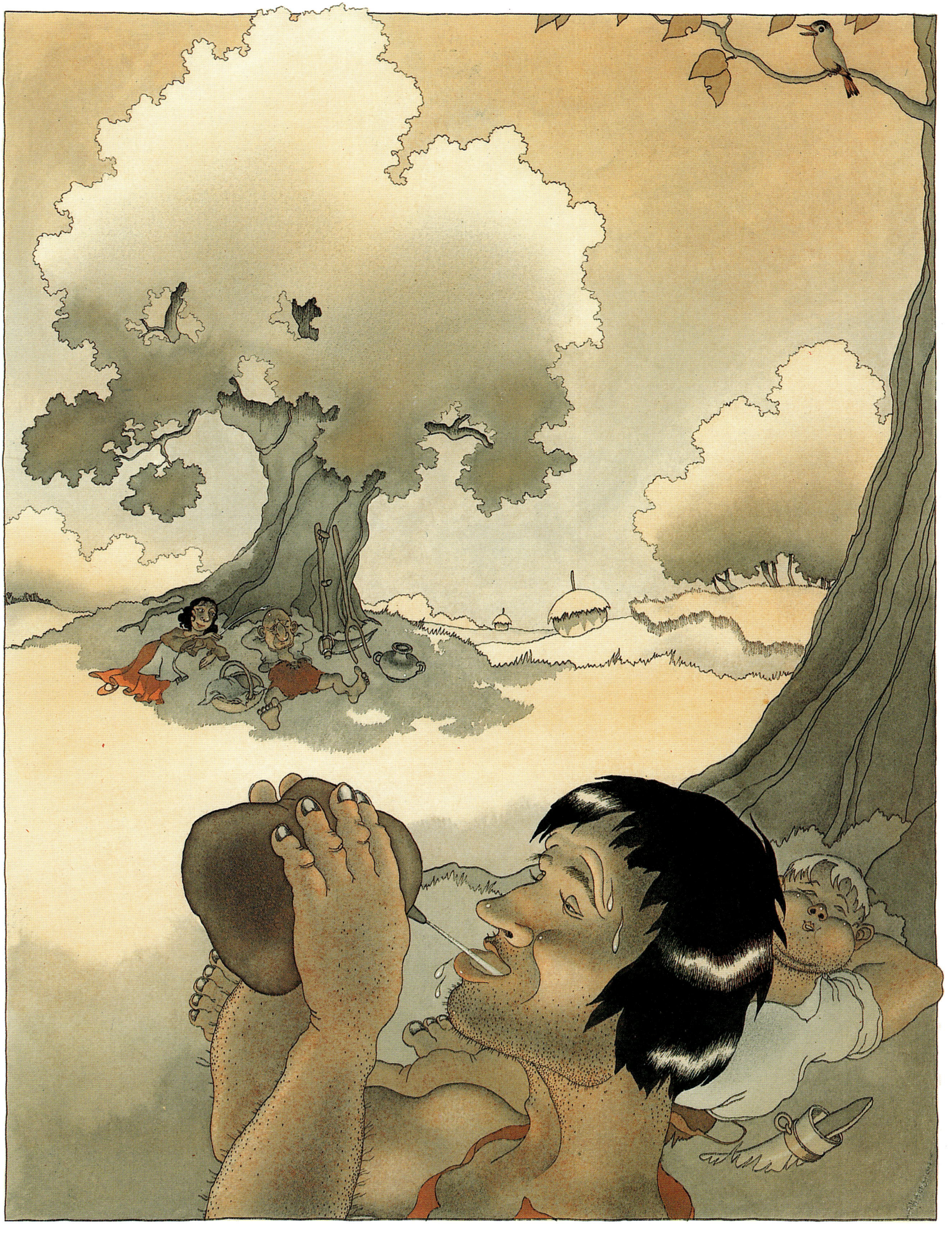

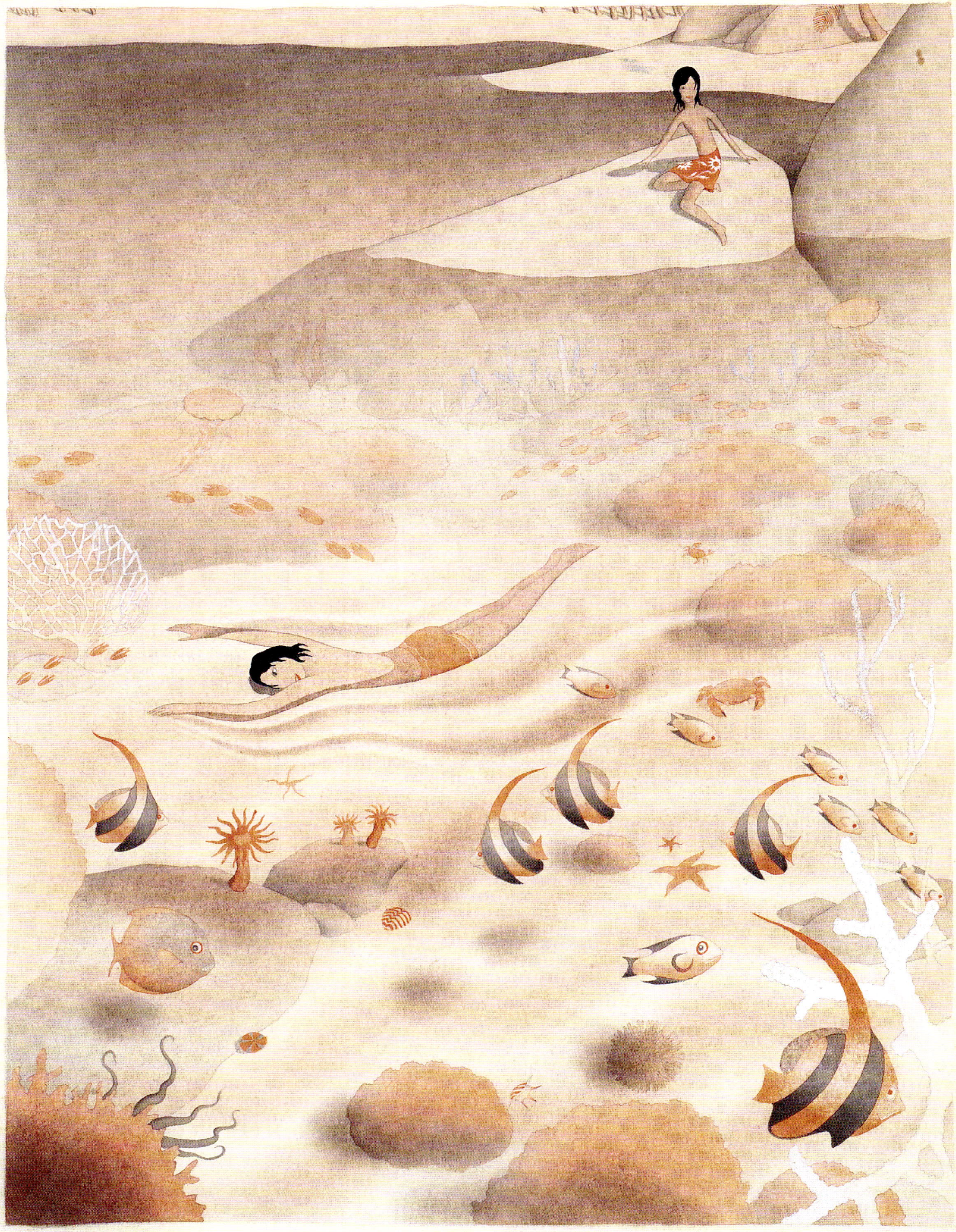

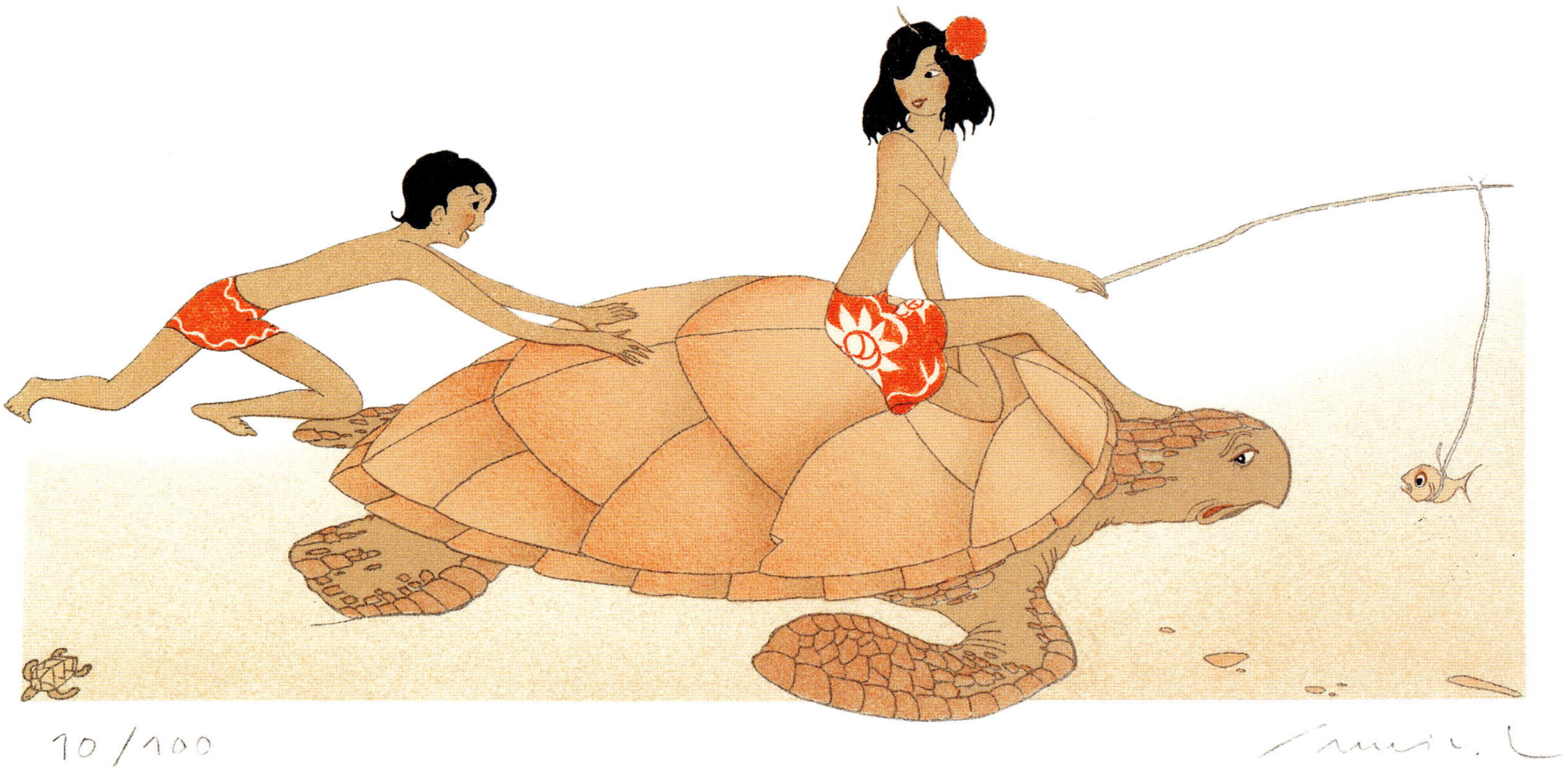

L'île bleue, 1936.
Lithographie réalisée à l'occasion
de la parution de Samivel des rêves, 1986.

Page de gauche
L'île bleue, 1936.
Aquarelle.

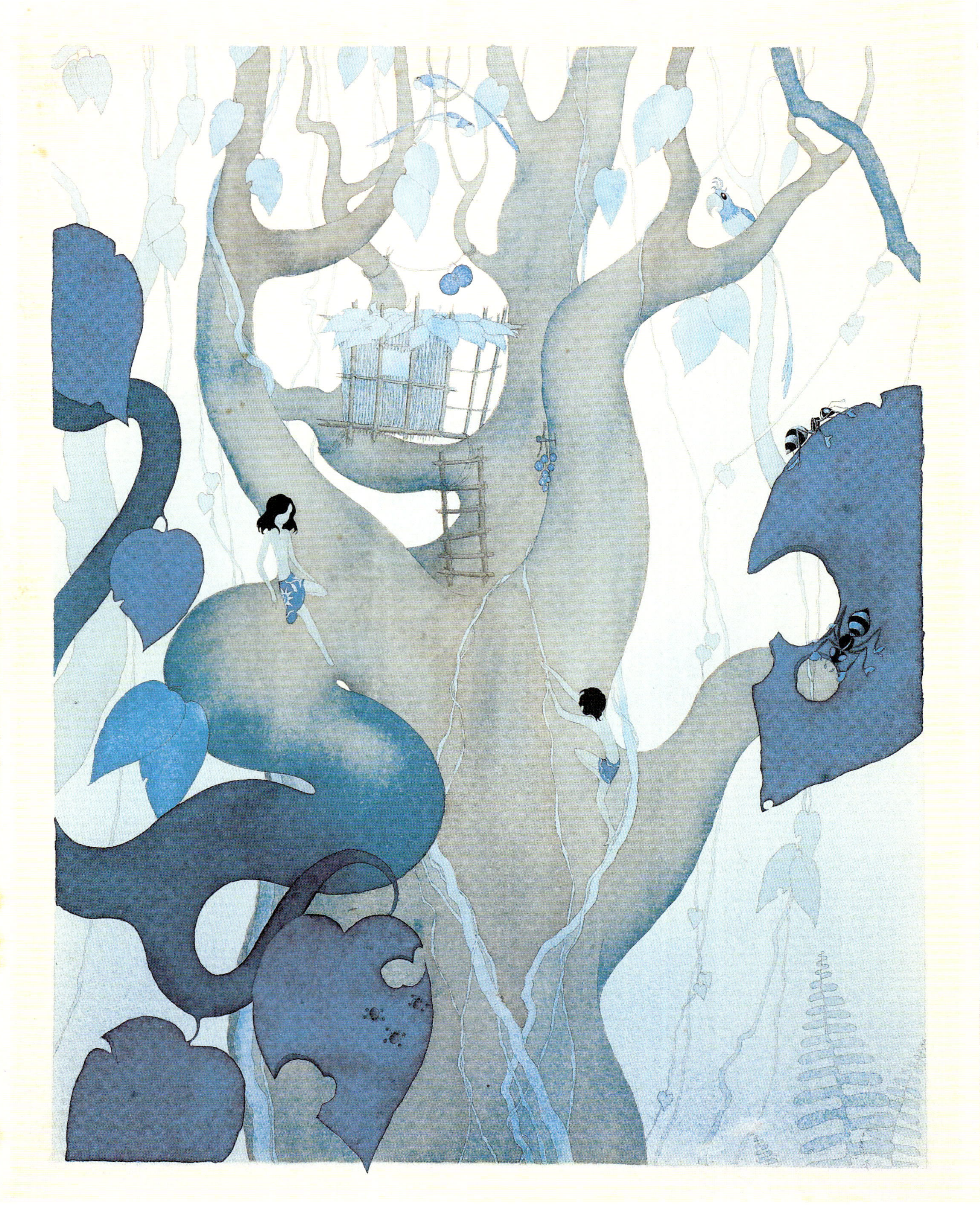

L'île bleue, 1936,
« La maison dans l'arbre ».

Page de droite
« Surf, ou les jeux sur la plage ».
Aquarelles réalisées pour l'album inédit, publiées dans Samivel des rêves, 1986.
Musée d'ethnographie de Genève.

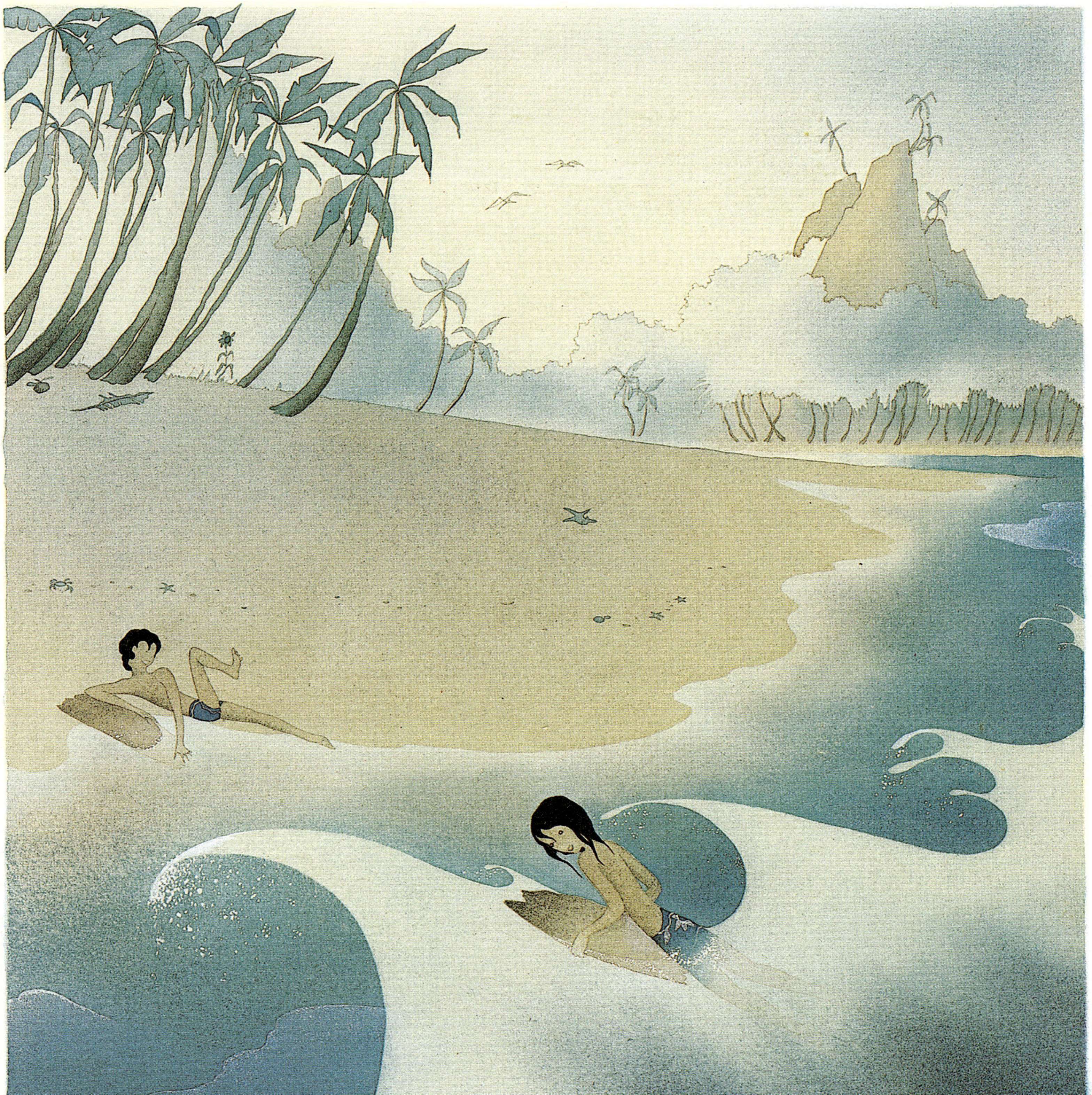

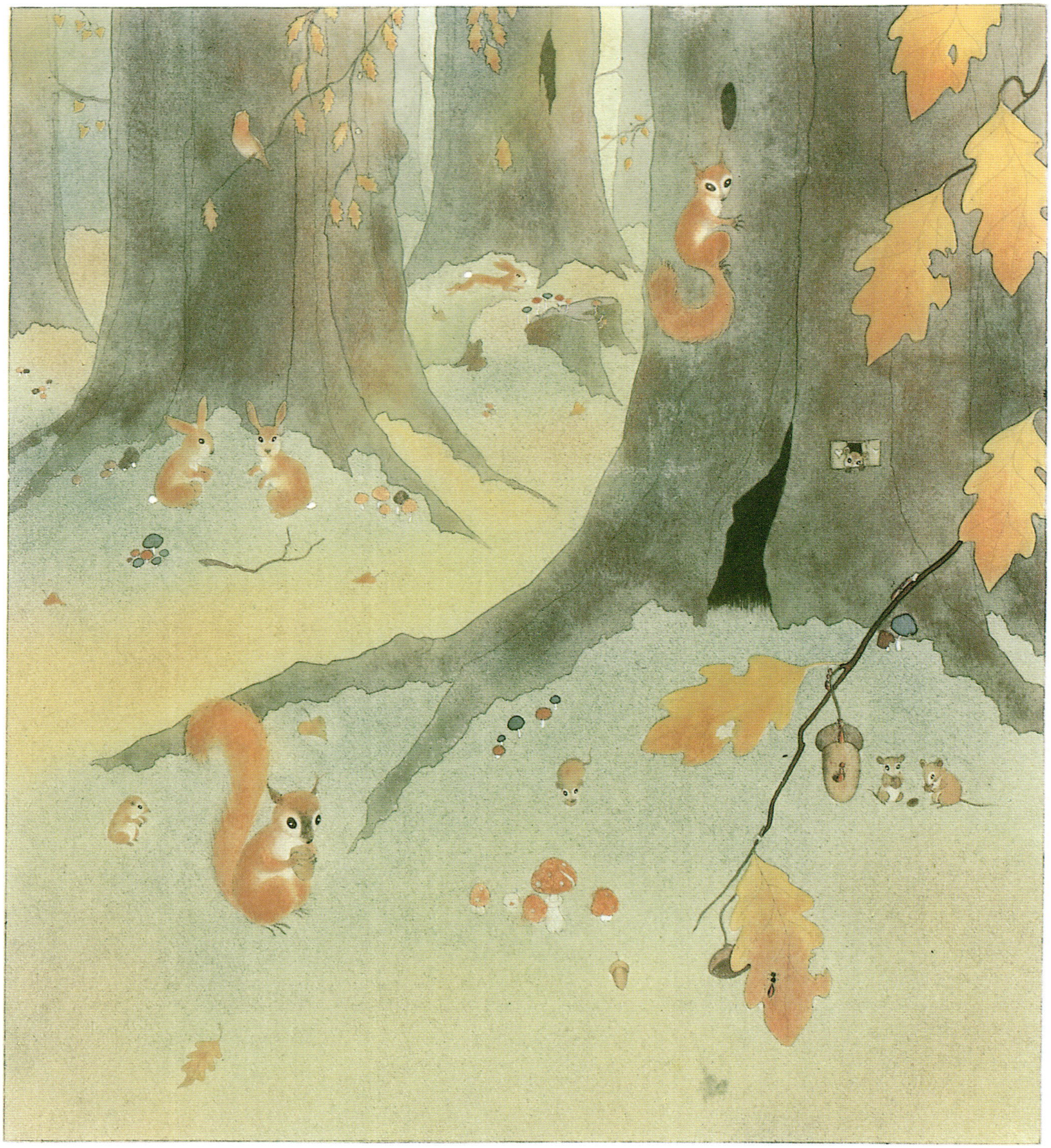

Goupil, 1936.
« La forêt met sa robe rousse… »
Aquarelle.

Page de droite
Pantagruel, 1935.
« La demeure des héros devenus vieux ».
Aquarelle.
Musée d'ethnographie de Genève.

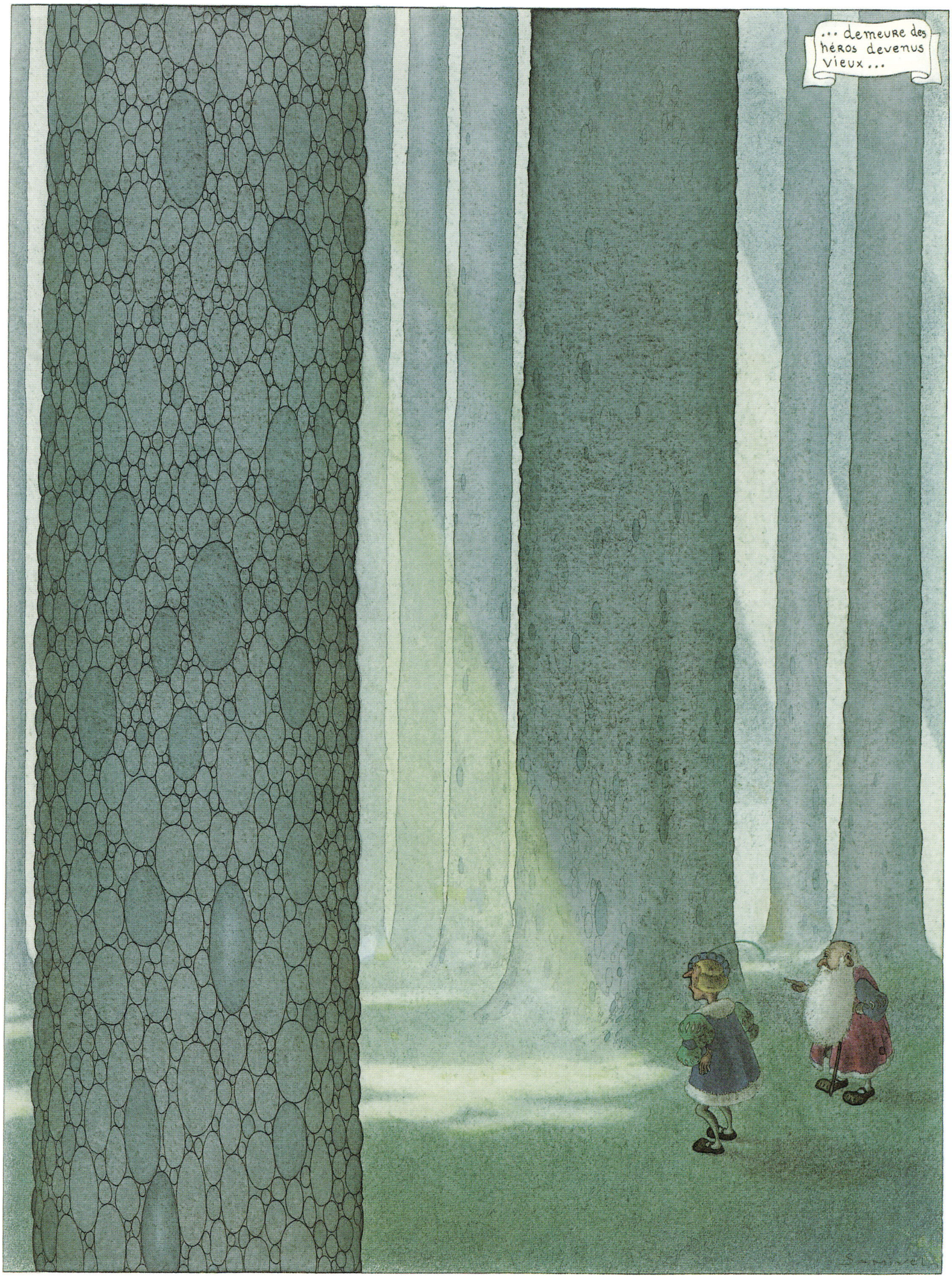
... demeure des héros devenus vieux...

Le fonds Samivel du Musée d'ethnographie de Genève

L'héritage

« Tout a commencé un jour de l'année 1987[1]. »

Bernard Crettaz, qui fut pendant vingt-cinq ans conservateur du département Europe du Musée d'ethnographie de Genève, a raconté dans l'étonnant portrait qu'il a tracé de l'artiste comment s'était nouée son amitié avec Samivel, à l'occasion d'une recherche que celui-ci avait entreprise dans la collection Amoudruz, vaste fonds polymorphe sur la culture alpine réuni à Genève au cours du XXe siècle[2], pour la préparation de son livre *La Montagne Paradis* (1988). Il a décrit le personnage, alors « un superbe jeune vieillard alerte, disert, docte, dissertant sur tout, parlant des civilisations et des montagnes du monde entier, se hasardant dans les interprétations les plus audacieuses et les plus originales avec cette pointe de dogmatisme si propre aux érudits autodidactes. » Mais aussi « joyeux, drôle, ironique et curieux de tout comme un enfant[3]. »

De cette rencontre, suivie de beaucoup d'autres et de débats fervents, parfois emportés, autour de la lecture des Alpes, naquit l'idée d'une exposition rétrospective retraçant la vie et l'œuvre de Samivel. L'exposition « Samivel, poète du verbe et de l'image » fut présentée en 1990-1991, tout d'abord au château de Ripaille à Thonon-les-Bains, puis au Musée d'ethnographie de Genève, à l'Annexe de Conches, avec un succès retentissant.

Samivel était très connu en Suisse. Les archives léguées au Musée d'ethnographie en témoignent : radio, presse, comptes rendus d'ouvrages, conférences. L'exposition de 1990 n'était la première en Suisse : en hiver 1985-1986, la galerie Papiers-Gras, aux Halles de l'Île à Genève, spécialisée dans la bande dessinée, avait présenté son travail ; en 1987-1988, le Musée alpin de Berne lui avait également consacré une exposition. Le film biographique de Karel Prokop *Samivel, l'esprit émerveillé*, réalisé en 1991 en Islande, en Égypte et dans la vallée de Chamonix, inclut des scènes tournées au Musée d'ethnographie de Genève. Genève, patrie de Jean-Jacques Rousseau, du « découvreur » du mont Blanc Horace Bénédicte de Saussure et du Rodolphe Tœpffer des *Voyages en zigzag*, avait été, avant l'arrivée du chemin de fer et des autoroutes, une étape obligée des voyageurs vers Chamonix et la mer de Glace. Elle comptait encore assez d'*aficionados* de Samivel, collectionneurs de ses œuvres, alpinistes membres du Club alpin qui avaient partagé avec lui des randonnées, habitués des projections de Connaissance du monde à la salle centrale, amoureux de la montagne, écologistes, mais aussi lettrés gardant le souvenir enchanté de leurs livres d'enfants, pour se révéler plus que bon public, enthousiaste. À Conches, les collectionneurs étaient venus avec des sacs de livres et il y eut une queue pendant trois heures pour les faire dédicacer par Samivel.

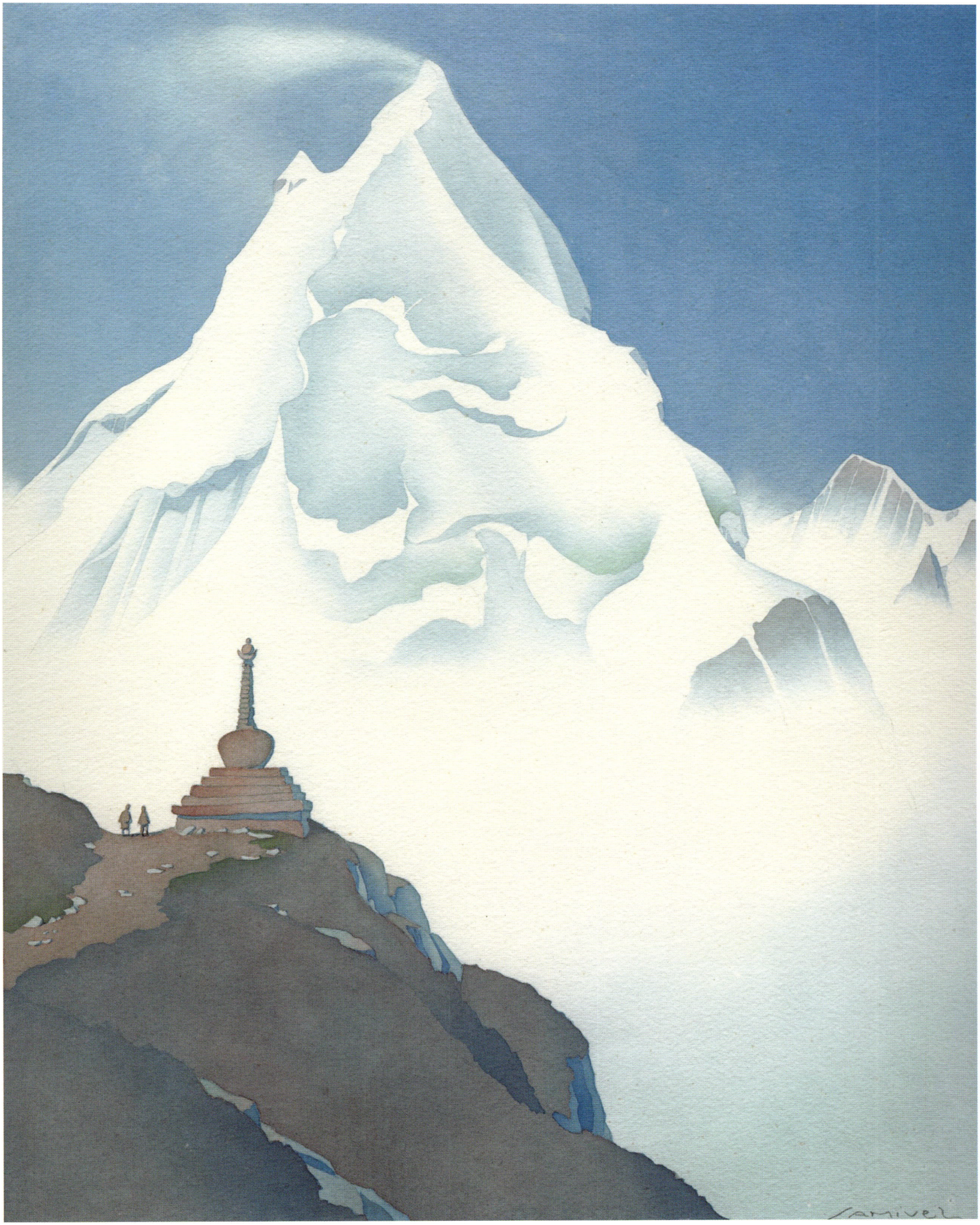
Samivel

Composition inédite pour
La Légende du ski, 1940.
Aquarelle.

Page précédente
Couverture d'Hommes,
cimes et dieux, 1973.
Aquarelle.

À quelque temps de là, et au grand étonnement de Bernard Crettaz qui n'avait rien demandé, Samivel proposa « autour d'un verre de vin rouge » de léguer ses originaux au Musée d'ethnographie de la Ville de Genève. C'était un honneur pour l'institution.

Le legs fut accepté par les autorités genevoises et par notre musée pour autant qu'il ne s'accompagnât d'aucune condition particulière autre que la conservation du fonds et son exposition publique au gré du programme de l'institution. Les discussions étaient en cours en 1992, lorsque Samivel mourut. Son épouse, Suzy Gayet, fit savoir au Musée d'ethnographie de Genève qu'elle entendait respecter les vœux de son mari, exprimés dans un codicille à son testament en date du 12 novembre 1991 :

« Précisant mes volontés en ce qui concerne le sort de mes œuvres littéraires (manuscrits, exemplaires d'auteur), artistiques (dessins, illustrations, aquarelles), cinématographiques, photographiques (films originaux et copies-photos noir et couleurs) – et l'ensemble des documents les concernant, savoir : articles et notes de presse, lettres adressées à l'auteur et ses réponses ; journaux ou magasines comportant article de ou sur l'auteur – Photos de l'auteur ou de ses œuvres, documents de publicité...

Pour éviter toute dispersion de cet ensemble matériel après ma mort, j'ai décidé d'en faire don à un organisme à vocation culturelle... (musée, fondation...) capable d'assurer la protection morale et matérielle de l'œuvre ; et veiller à ce qu'elle demeure accessible au public.

D'autre part, j'ai dû constater à l'occasion de diverses circonstances que dans mon propre pays, certaines considérations qui n'ont rien à voir avec la culture, les arts et les lettres, dépendant des opinions ou des capacités de tel ou tel responsable ou décideur, de la mode ou de choix politiques, pouvaient compromettre ou même annuler l'effet des intentions initiales du donateur.

En conséquence, une telle donation doit être faite au profit d'un organisme situé – si j'ose dire – en territoire neutre, à l'abri d'interventions négatives, donc à l'étranger, mais dans un pays de culture française. La Suisse Romande me paraît toute désignée, région à laquelle m'attachent d'anciens liens de sympathie, qui se sont concrétisés de mon côté en différents écrits de nature historique ou artistique, et récemment, du côté Suisse Romande, par le chaleureux accueil fait à mon exposition artistique et littéraire organisée en 1990/1991 par le musée de Conches, lui-même dépendant du Musée d'ethnographie de Genève, boulevard Carl-Vogt à Genève [4]. »

Bernard Crettaz est originaire du val d'Anniviers en Valais, où il a passé une enfance de fils de paysans de montagne. Après un épisode au Grand Séminaire de Sion, il est devenu sociologue dans la mouvance de Mai 68, puis professeur à l'université de Genève, voué à l'étude passionnée et passionnelle du passage « du rural à l'urbain », apologue de la civilisation de la vache, mais aussi critique sévère de la *disneylandisation* du monde alpin et de la Suisse. Pour qui le connaît, l'hypothèse du coup de foudre ne peut pas être exclue. Dans un premier temps, Samivel a dû tomber sous le charme de Crettaz, de son physique terrien de petit montagnard trapu et de son verbe éloquent, de son intelligence aiguë, de sa culture d'universitaire. Le bonheur de Crettaz à sa rencontre avec cet artiste inclassable a dû mettre un baume sur le cœur d'un Samivel blessé par le dédain que lui témoignait alors l'*establishment* culturel de son pays. Pourtant leurs rapports ne furent pas simples. Samivel

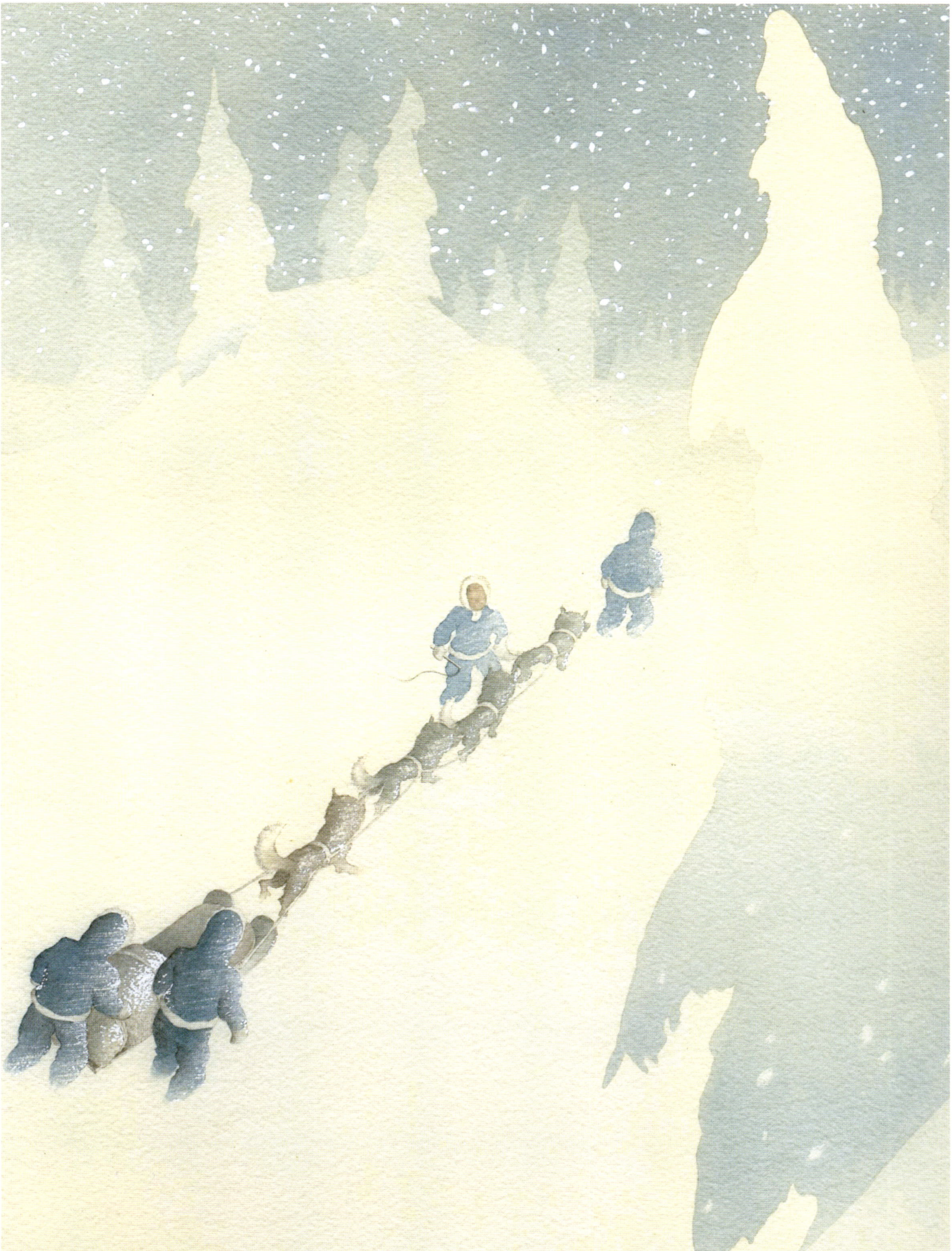
SAMIVEL

Ramuz, La Grande Peur de la montagne.
En haut à gauche : « L'alpage » ;
à droite : « Le torrent » :
en bas à gauche : « L'épidémie » ;
à droite : « Autour du feu ».
Dessins à l'encre de Chine réalisés en 1946.
La Grande Peur de la montagne a été éditée
en série limitée, en 2004, par les associations
Les Amis de Ramuz et Les Amis de Samivel.
Photolithographies.
Musée d'ethnographie de Genève.

le Parisien, même s'il avait vécu à Chambéry et arpenté la montagne en tous sens en consentant à toutes les ascèses de l'effort, avait sur elle une conception largement élaborée à partir de la ville, idéalisée, sacrée, « élitaire et aristocratique [5] », tandis que Crettaz l'Anniviard la vivait dans sa réalité crue et avec le sentiment très vif d'une dépossession dont le tourisme, la villégiature et les sports d'hiver étaient responsables. Sur ce point, au moins, Samivel, que l'instinct grégaire des usagers de la montagne à l'ère de la consommation démocratique rebutait au plus haut point, pouvait tomber d'accord avec lui. On sait aussi, par plusieurs témoignages, que Samivel avait été enchanté de l'accueil que lui avait réservé à Ripaille le directeur du Musée d'ethnographie de Genève, Louis Necker, par ailleurs président de la fondation de Ripaille au titre d'héritier de ce château construit au XIVe siècle sur les bords du Léman par les comtes de Savoie. Pour le montage de son exposition, Samivel avait passé entre les murs du domaine des jours émerveillés.

Le legs une fois accepté, il fallut en prendre possession ; « un scrupule m'habitait. [...] était-il juste de faire passer la frontière à des œuvres françaises pour une possession exclusivement suisse ? », se demandait Crettaz [6]. Il fut procédé aux inventaires dans la maison de Vence, habitation et studio de travail de l'artiste, Courtil Saint-Donat, 250 route de Grasse, et dans son appartement de Grenoble où il était décédé. C'est le collaborateur et complice de Bernard Crettaz, Christian Delécraz, accompagné du secrétaire du musée, Gabriel Dethurens, qui se chargea de ramener le trésor Samivel, d'abord de Vence au château de Ripaille à Thonon-les-Bains, puis à Genève. Ils firent le voyage avec un break Ford dans lequel ils empilèrent cadres, cartables et cartons d'archives.

Delécraz s'entendit avec le notaire et les deux fils de Samivel pour le transfert des œuvres de Vence au château de Ripaille, dans l'attente des documents définitifs pour leur importation en Suisse. La famille permit aussi qu'on emportât des livres et des papiers sans valeur commerciale, qui pourraient être utiles à documenter le travail de l'artiste.

L'enlèvement des œuvres conservées à Grenoble n'eut lieu que le 28 juin 1993, en présence de Mme Guylaine Nové-Josserand, parente et assistante de Samivel pendant dix-huit ans [7], après contrôle des œuvres selon la liste notariée et vérification du matériel cinématographique. On emporta aussi des documents, notamment un lot de lettres avec des signatures célèbres [8].

Après achèvement des démarches administratives auprès des autorités françaises, il fut procédé la même année au transfert de la totalité du legs vers la Suisse.

Samivel au Musée d'ethnographie de Genève

C'est donc l'ensemble des œuvres de Samivel figurant dans les deux inventaires après décès (sauf une), ainsi qu'un lot de livres et d'archives personnelles qui se trouvent aujourd'hui au Musée d'ethnographie de Genève. Celui-ci possède ce fonds « en pleine et absolue propriété [9]. »

À leur arrivée, les œuvres ont été décadrées, inventoriées et restaurées par les soins de notre atelier de restauration en vue d'assurer la meilleure des conservations possibles. La totalité des aquarelles, lavis, dessins à la mine de plomb, dessins à l'encre de Chine, sans oublier les affiches, a été remise en état. Les archives personnelles ont été entreposées dans un dépôt dans l'attente d'un dépouillement. Gardien du fonds, le musée investit chaque année des

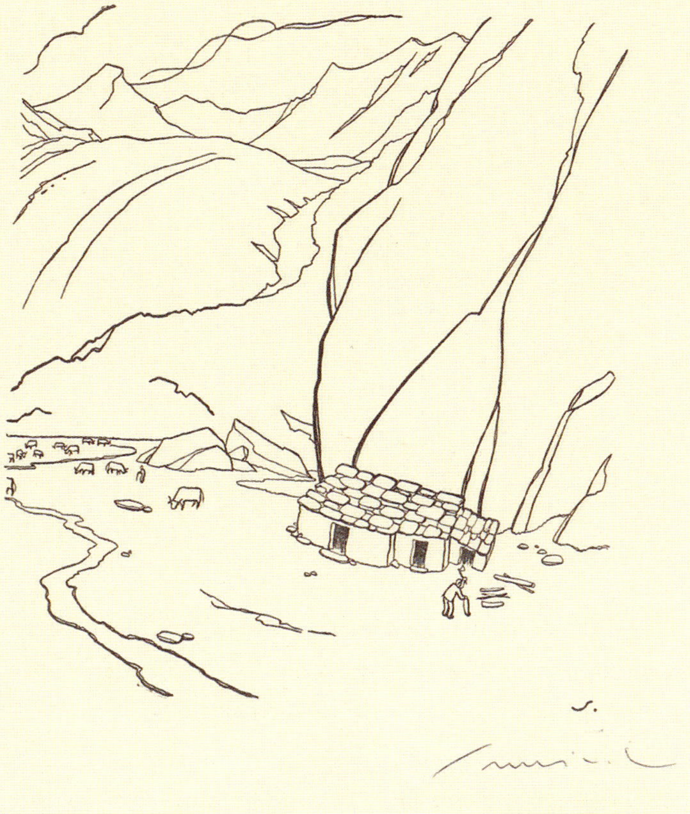

L'ALPAGE

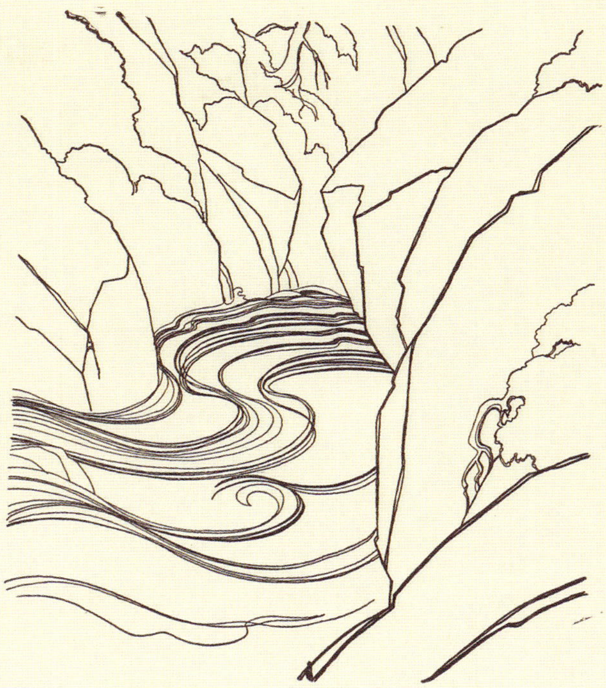

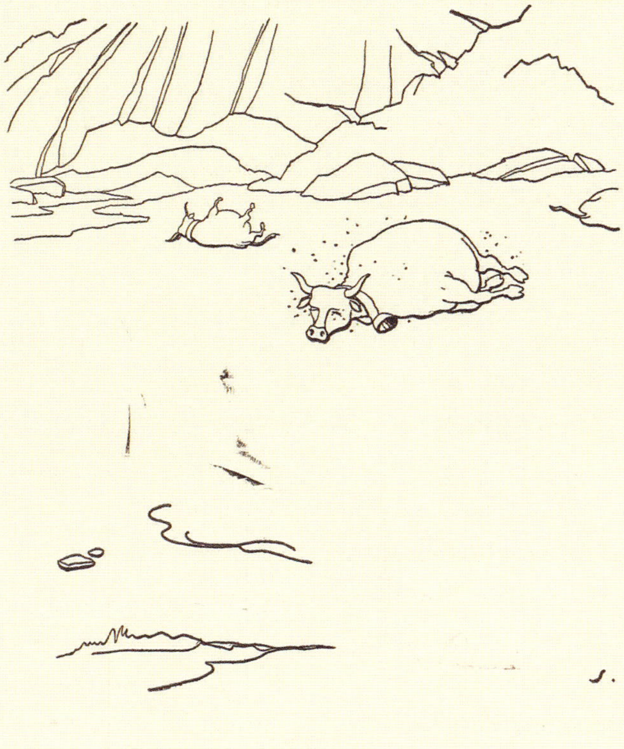

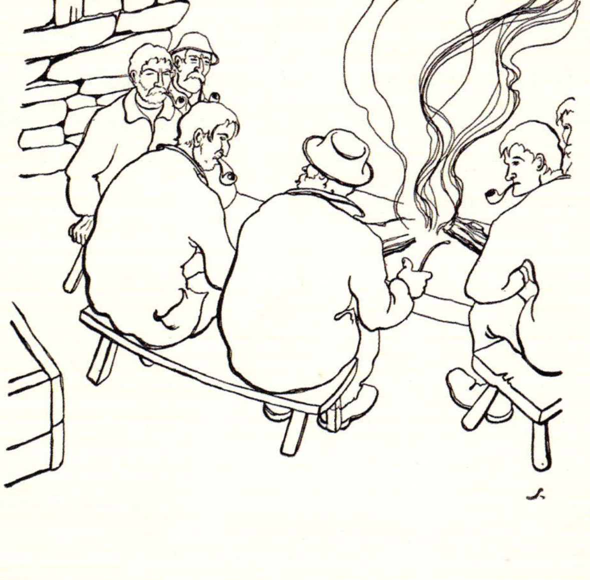

moyens financiers et en personnel pour sa conservation, son inventaire, des restaurations, des photographies, des prêts.

En 1996-1997, le Musée d'ethnographie a mis sur pied une exposition itinérante « Samivel en montagne / Les visions d'un amateur d'abîmes », fruit d'une collaboration transfrontalière, qui fut montrée à la bibliothèque de la Cité à Genève, au château d'Yverdon, au Museo Nazionale della Montagna à Turin et à Chamonix-Mont-Blanc[10]. Le catalogue bilingue qui l'accompagnait dressait l'état de l'œuvre finie en insistant sur ce message culturel : « La divulgation du monde de l'altitude et de sa dimension spirituelle [...], la nécessité de défendre et sauvegarder les espaces sauvages des Alpes[11]. » Deux raisons ont dicté ce choix. Crettaz écrit : « Dans la mémoire vivante du soussigné qui a été lui-même alpiniste, *L'Amateur d'abîmes* occupe une place spéciale comme un livre libérateur face à tous les snobismes et néosnobismes de la montagne. Cela valait bien une exposition, dictée par ailleurs et plus profondément par le fait que cette œuvre peut être considérée comme une vraie initiation à l'œuvre totale de Samivel[12]. »

Peu de temps après, en automne 1994, le musée organisait un mini-festival Samivel. Il choisit de présenter les trois films qui lui paraissaient les plus importants dans la carrière du cinéaste soit : *Cimes et merveilles*, *Les Trésors de l'Égypte* et *L'Or de l'Islande*. Les projections en 16 mm étaient accompagnées d'une bande sonore pour la musique et le commentaire. Il fut décidé de transférer sur un support vidéo le film le plus réputé de Samivel, *Cimes et merveilles*, dans sa version de 1973, vibrant appel à la défense de la nature et à la protection de la vie. Celui-ci fut proposé par le musée au Festival du film de la montagne des Diablerets (1996). Enfin, le musée monta en 2000 une exposition hors murs, à Grimentz dans le val d'Anniviers.

Il faut mentionner que l'institution genevoise centenaire a renoncé depuis 2002 à toute exposition permanente, en attendant son agrandissement, dont l'ambitieux projet, différé en 2001 par un référendum populaire, est actuellement repris sous une forme plus modeste. Les collections ont été installées dans un nouveau dépôt, les expositions permanentes démantelées, le vieux bâtiment a été rafraîchi et le programme se limite aujourd'hui à des expositions temporaires dont le programme est arrêté de longue date. En 2007, c'est donc la fondation du Château de Saint-Maurice en Valais qui a décidé d'honorer le centième anniversaire de la naissance de Samivel en exposant une grande partie du fonds appartenant à l'institution genevoise[13]. Genève prête des œuvres, des photographies, des films, des documents d'archives, etc. Ce partenariat nous a amenés à mettre au point l'inventaire informatisé de l'œuvre et à classer les archives.

L'œuvre graphique

Le fonds Samivel du musée est très lacunaire. Beaucoup d'œuvres sont restées dans la famille ou ont été acquises par des musées et, surtout, par de très nombreux amateurs et collectionneurs privés. Le catalogue raisonné de l'œuvre complète reste à faire et réserverait à coup sûr bien des découvertes. Mais l'ensemble aléatoire réuni à Genève illustre assez bien le parcours atypique et prodigue du montagnard, dessinateur, illustrateur, peintre, humoriste, écrivain, poète, cinéaste, voyageur, photographe, auteur de livre d'enfants, etc. Il est constitué d'œuvres littéraires, picturales, photographiques, graphiques, cinématographiques, d'objets et instruments de travail, ainsi que d'archives

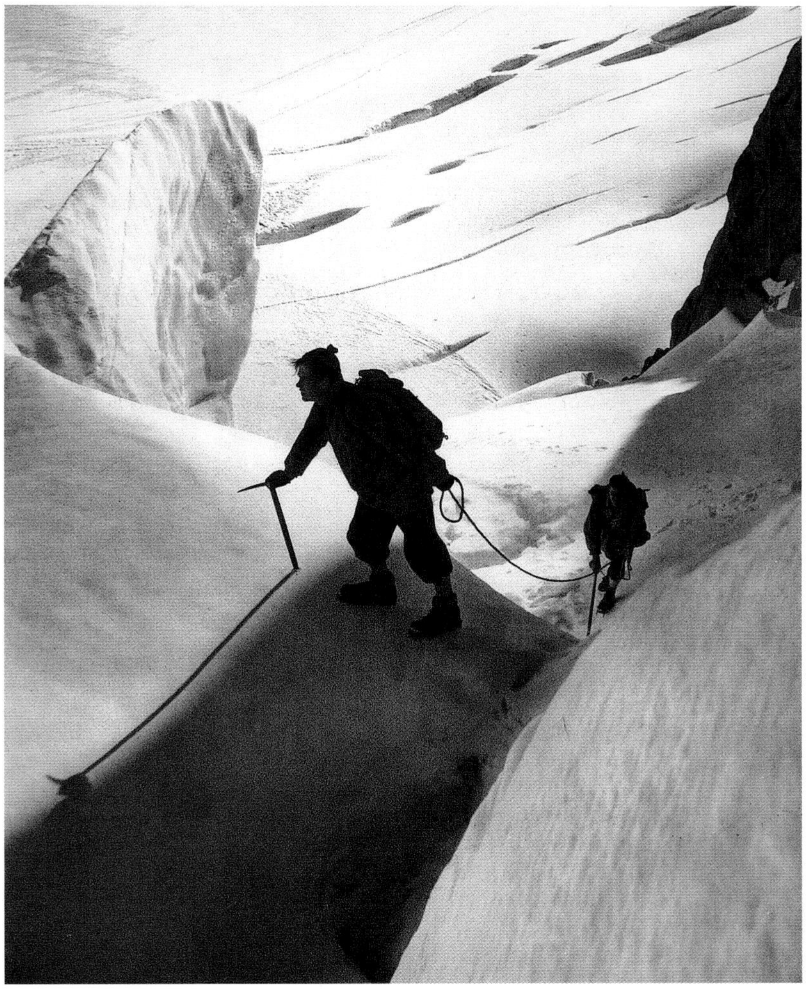

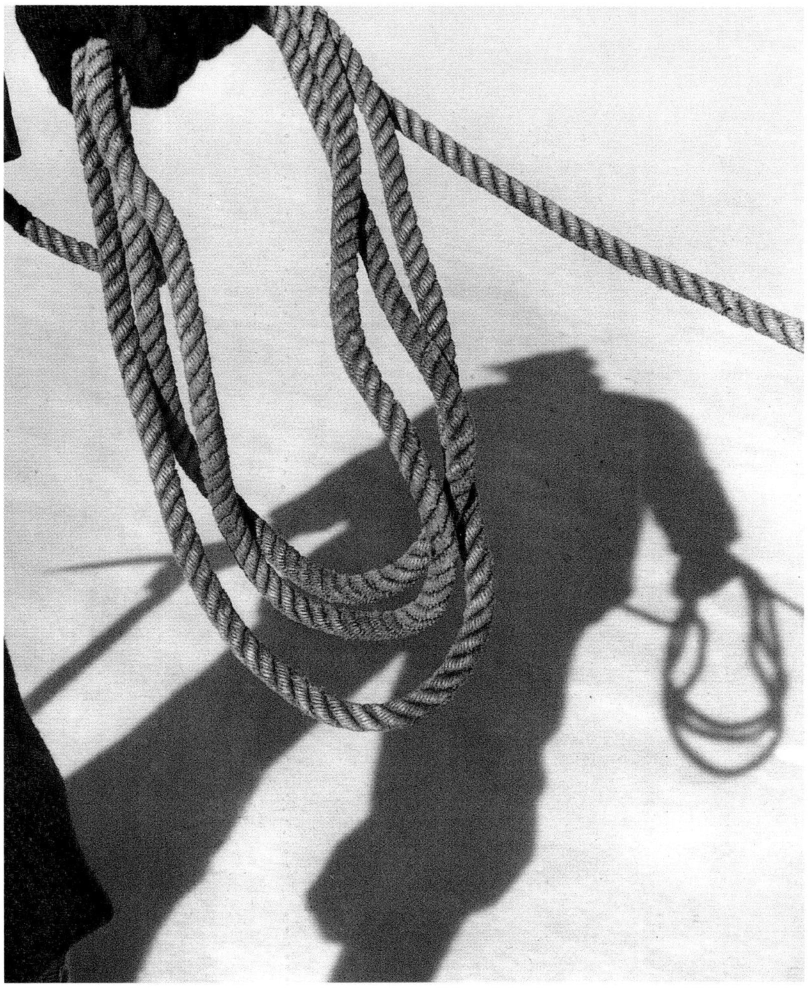

Photos tirées du livre
Cimes et merveilles, 1952.

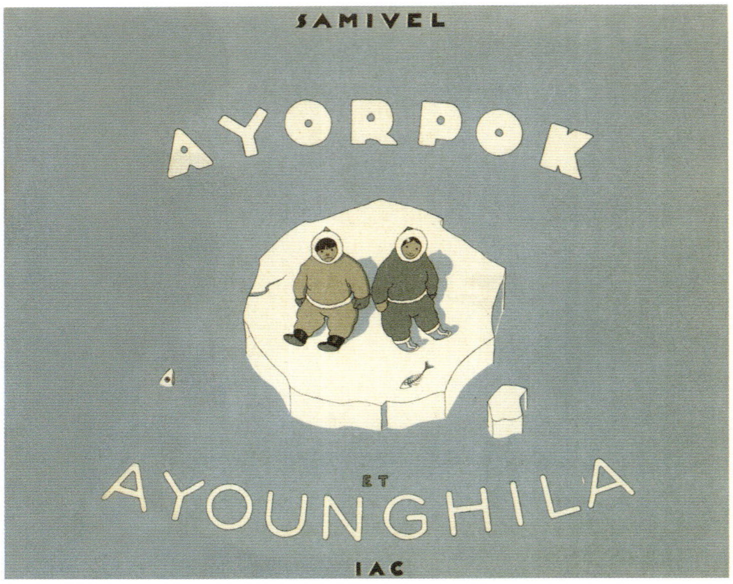

Couverture d'Ayorpok et Ayounghila, 1950. Aquarelle.

personnelles. Tandis que les premiers travaux de Samivel remontent à 1928, le fonds genevois remonte aux années 1930 et se poursuit jusque dans les années 1990. Il compte 392 pièces toutes sur papier, dont 159 œuvres originales et 14 lithographies, soit un peu moins de la moitié. Le reste est formé de 29 affiches, 190 épreuves d'imprimerie et 25 impressions diverses.

L'inventaire du fonds iconographique Europe du Musée d'ethnographie de Genève sera bientôt accessible sur le Web. Il comporte pour l'essentiel les quelque 6 000 documents réunis dans la collection Amoudruz et les fonds particuliers ou pièces isolées venus rejoindre cette « somme » au cours des trente dernières années. Il n'est pas question ici de détailler, serait-ce sous une forme abrégée, un inventaire du fonds Samivel. L'exposition de la fondation du Château de Saint-Maurice, comme le présent ouvrage, en présente une grande partie.

Samivel a mis en œuvre des techniques différentes et a aussi souvent mélangé les techniques dans une même œuvre. Pour ce qui concerne les originaux, le fonds, disparate, compte 88 aquarelles (dessins aquarellés ou aquarelles et encre de Chine et aquarelles et mine de plomb), 18 lavis (ou lavis et mine de plomb), 48 dessins à l'encre de Chine (certains avec des rehauts à la mine de plomb) et 6 dessins à la mine de plomb.

Les aquarelles

Certaines des aquarelles ont servi à l'édition de livres et de portfolios, d'autres à la production d'affiches et de cartes postales (parues pour la plupart aux Éditions Mythra à Sallanches), enfin certaines sont hors série, ayant été réalisées pour elles-mêmes, pour être exposées et offertes à la vente.

Le musée possède les 17 aquarelles illustrant Alphonse Daudet, *Tartarin sur les Alpes* (1991), le seul volume à être complètement représenté, y compris avec sa page de couverture et la lithographie jointe à l'édition (« Brav... Brav... Französe ») ; 9 aquarelles illustrant Jean de La Fontaine ; 7 illustrant Van der Meulen, *Les Dynastes* (1942) ; 7 pour Samivel, *Les Malheurs d'Ysengrin* (1939) et 6 pour Samivel, *Bon voyage, monsieur Dumollet !* (1941). Les autres ouvrages ne sont représentés que par 1, 2, 3 ou 4 aquarelles. C'est le cas pour François Villon, l'*Œuvre poétique* (1945), François Rabelais, *Gargantua* (1934) et *Pantagruel* (1935) et Alain Bombard, *Histoire du naufragé volontaire* (1953), dont le fonds genevois possède des aquarelles et des encres de Chine. C'est aussi le cas des ouvrages dont Samivel est à la fois l'auteur (ou l'adaptateur) et l'illustrateur : *Sous l'œil des choucas ou les Plaisirs de l'alpinisme* (1932), *Goupil* (1936), *Le Joueur de flûte de Hamelin* (1942), *Ayarpok et Ayounghila : conte eskimo* (1950) et *Merlin Merlot* (1942). Le fonds genevois recèle encore 4 aquarelles pour Samivel, *L'Île bleue* (inédit) et 2 d'un portfolio de 4 *Dessins en couleurs de Samivel* (Éditions Folklores et Provinces de France, n. d.)

Parmi les plus belles aquarelles du fonds Samivel de Genève en figurent 18 qui n'ont pas fait l'objet d'édition de livres, mais d'affiches et de cartes postales ou qui sont restées dans les cartables de l'atelier. Parmi celles-ci, il faut citer 4 remarquables aquarelles du Groenland réalisées lors d'une des Expéditions polaires françaises (EPF) de Paul-Émile Victor, très précisément la première à porter ce nom, pour laquelle Samivel fut engagé comme cinéaste. Il y réalisa des films en 16 mm, *Les Hommes du phoque*, *Printemps arctique* et *Le Film de l'Expédition*, dont on retrouve les échos dans les aquarelles, comme les 4 que nous venons de citer et celles qui illustrent le joli conte *Ayorpok et Ayounghila*.

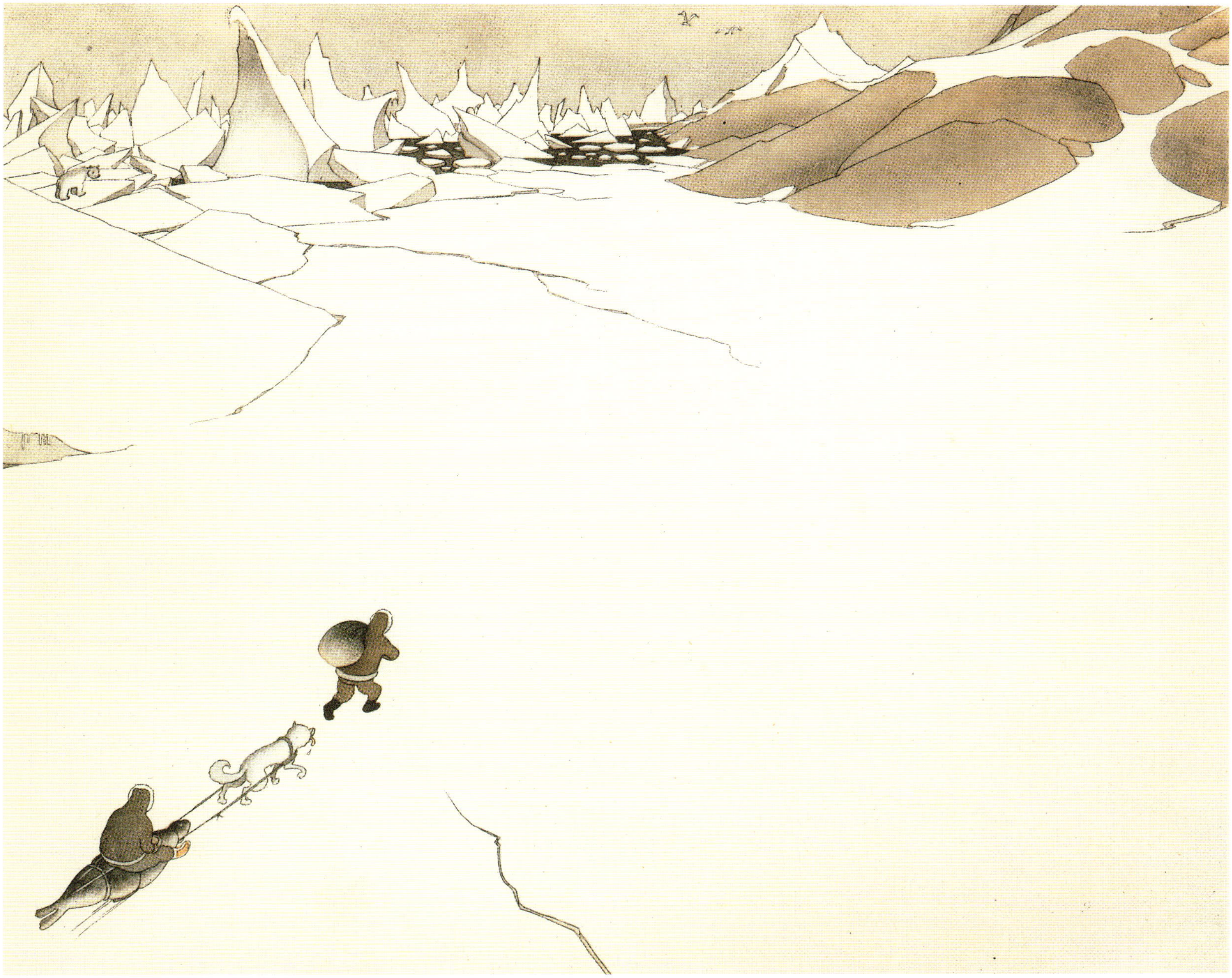

Ayorpok et Ayounghila, 1950.
« Croisière d'été ».
Aquarelle.

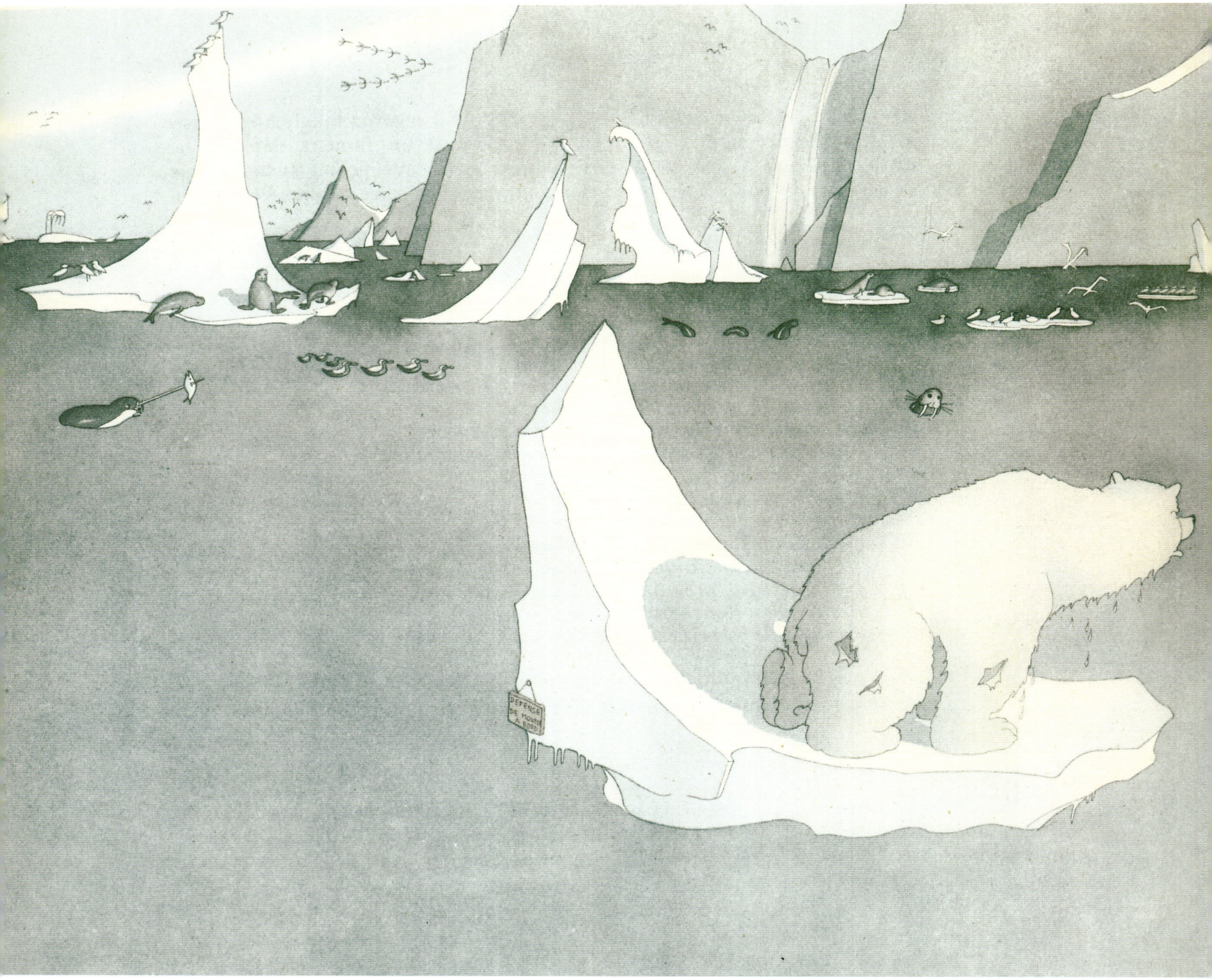

Ayorpok et Ayounghila, 1950.
Double page centrale.
Aquarelle.

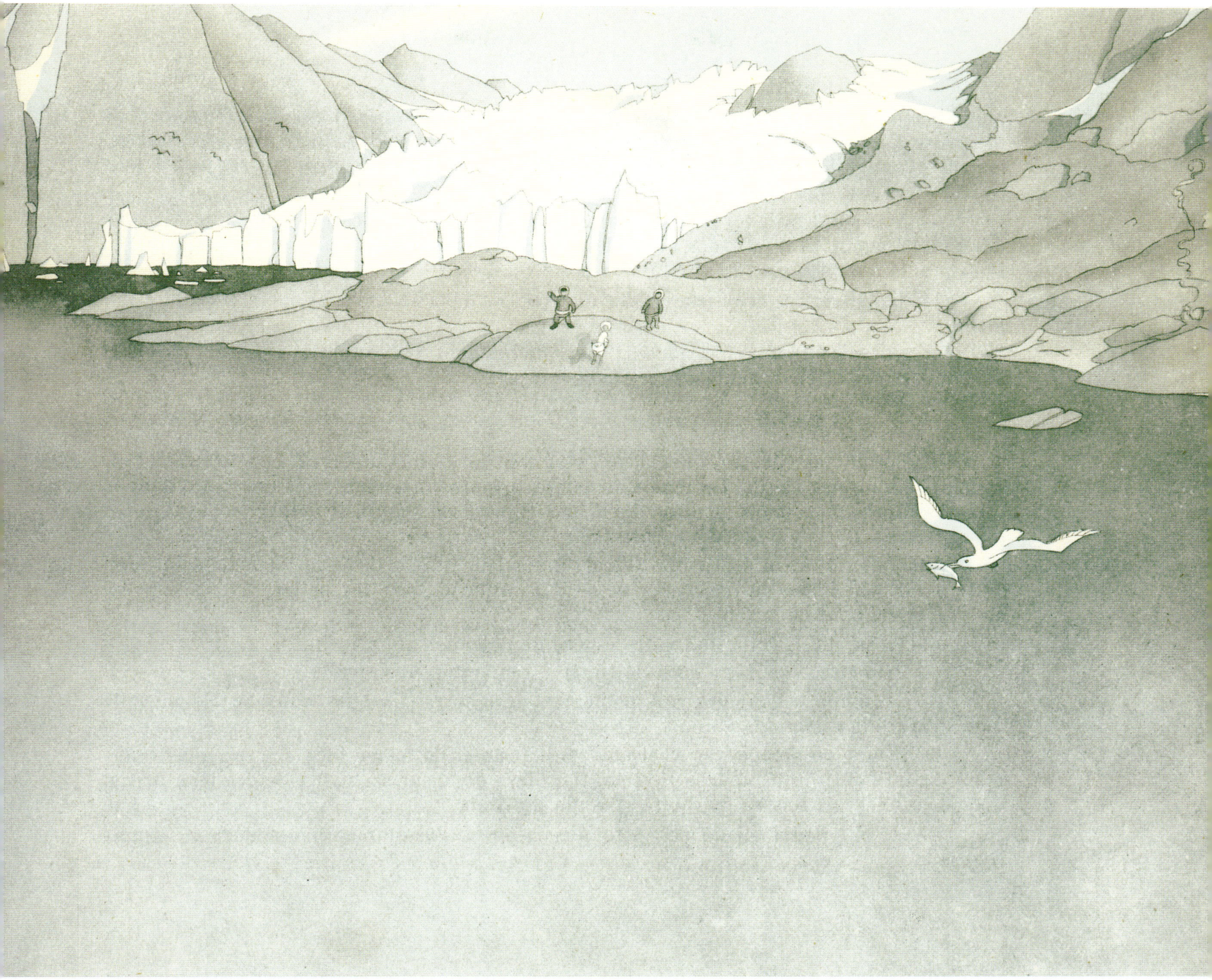

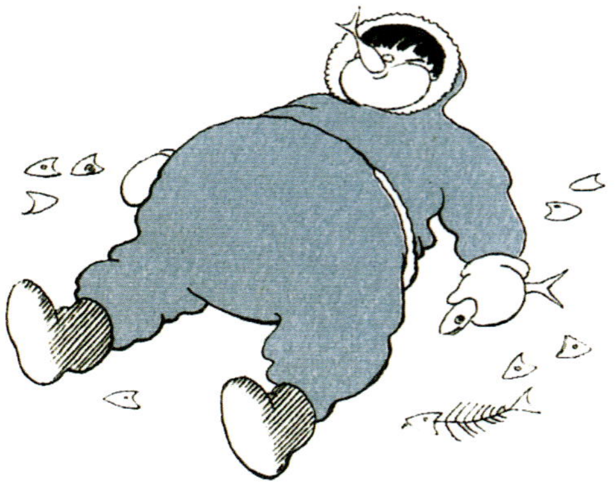

Ayorpok et Ayounghila, 1950.
« Ayorpok digérant ».
Aquarelle.
Musée d'ethnographie de Genève.

Les lavis

Le Musée d'ethnographie possède un ensemble de 18 lavis, dont la plus grande partie illustre *L'Opéra de pics* (1944).

Les encres de Chine

Cette technique montre toute la virtuosité du trait chez Samivel. On trouve parmi les originaux du fonds genevois quelques-unes des encres en à-plat qui illustrent *Pantagruel* et *Gargantua*, déjà cités pour leurs aquarelles, ainsi que l'un ou l'autre des livres de Samivel, *Parade de diplodocus* (1933), *La Complainte de la baleine et de M. Jonas* (1944) et *La Dame du puits* (1991). Y figurent aussi la coccinelle de l'affiche du film de Samivel, *Univers géant ou Nouveaux voyages de Gulliver* (1957), ou encore l'image grinçante et prémonitoire de la prétentieuse limousine intitulée « L'Athée ou le culte du dieu Kattroue ». Enfin, 26 des encres de Chine genevoises ont paru dans *Les Nouvelles littéraires.*

Les dessins à la mine de plomb

Ils consistent essentiellement en 6 nus.

Les lithographies

Les lithographies du fonds genevois concernent les deux ouvrages de Samivel, *Sur les planches* (1931) et *Bonshommes de neige* (1948). Par ailleurs, il possède 13 photolithographies noir-blanc (avant couleurs) sur les 17 que compte *La Grand Peur dans la montagne* de Ramuz. Préparé en 1946, cet ouvrage a été victime d'un accident : les œuvres originales en couleurs se sont perdues dans un courrier postal et le livre n'a finalement paru qu'en 2004, à l'initiative des associations Les Amis de Ramuz et Les Amis de Samivel, avec la collaboration de Guylaine Nové-Josserand et du Musée d'ethnographie de Genève (Champier, Les Amis de Samivel, et Tours, Les Amis de Ramuz, 2004). Les dessins noir-blanc sont remarquables par leur trait décanté, qui saisit les hommes comme les parois rocheuses, les vaches comme les misérables cabanes d'alpage, figés dans leur angoisse et décomposés, au sens propre du terme, dans l'attente de la catastrophe à venir.

Les archives personnelles

Samivel a énuméré dans son testament la nature de ses archives personnelles. La liste en est reprise dans la « Délivrance de legs » de 1993[14].

Les livres

Samivel écrit : « Sur le plan littéraire, manuscrits ou textes dactylographiés originaux, une bibliothèque des ouvrages publiés en France ou à l'étranger sous ma signature. »

Or, le fonds genevois n'épuise pas la riche bibliographie de Samivel. Il comprend une centaine d'ouvrages, y compris des rééditions, des traductions et jusqu'à 3 exemplaires des mêmes ouvrages les plus récents. Parmi les éditions originales illustrées, mentionnons, entre autres, *Sous l'œil des choucas... ou les Plaisirs de l'alpinisme*, (1932) ; *Moins dix degrés* (1933) ; *La Grande Nuit de Merlin* (1943) ; *Vingt Fables de La Fontaine* (1944) ; *L'Opéra de pics* (1944) ; *Villon* (1945), *Ayorpok et Ayounghila* (1950)...

Tous ces ouvrages ont été catalogués et versés à la bibliothèque du musée, où ils ont rejoint le fonds Amoudruz – voisinage fécond. Cet ensemble s'enrichit encore d'ouvrages de référence, que Samivel avait à l'évidence employés à la documentation de ses propres textes et conservés dans ses archives personnelles.

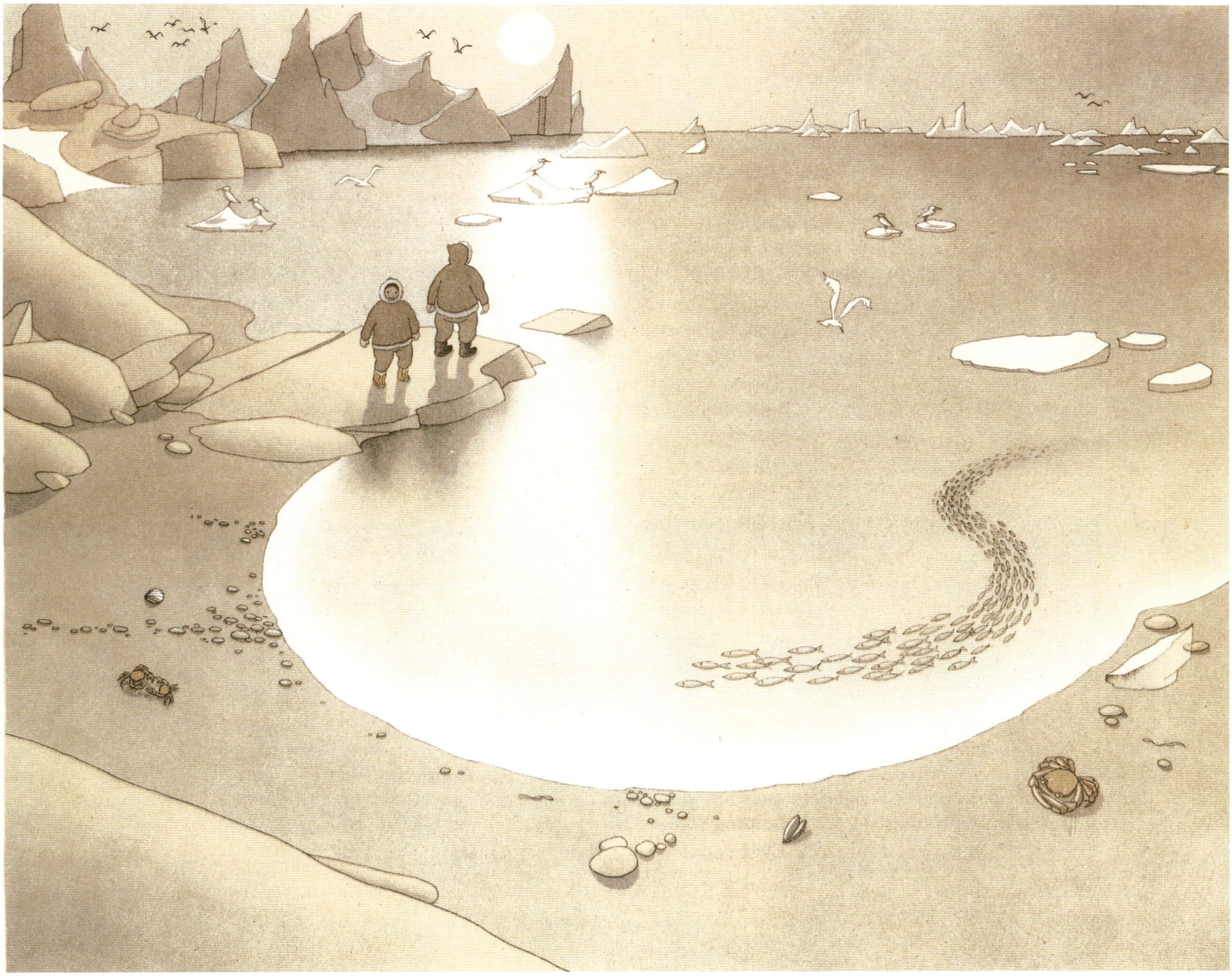

Ayorpok et Ayounghila, 1950.
« Paradis polaire ».
Aquarelle.
Musée d'ethnographie de Genève.

Les films

Samivel écrit : « Sur le plan photographique ou cinématographique : collection de photos, films (originaux) 16 mm, muets, non commerciaux, ayant été présentés par l'auteur en conférences en France et dans les pays francophones par le truchement de Connaissance du Monde, de L'Alliance française, d'Exploration du Monde (Belgique), etc. / Tout ce matériel actuellement en dépôt. »

Les films représentent un aspect majeur de l'œuvre de Samivel. Il en a tournés de nombreux en 8 mm avant la Seconde Guerre mondiale, avant de réaliser son premier film en 16 mm au Groenland, lors de l'Expédition polaire française de 1948 citée plus haut. La presque totalité de ces films, tournés en 16 mm et en couleurs, ont été projetés et commentés par Samivel dans le cadre des conférences de « Connaissance du monde ».

Le fonds genevois compte 62 bandes, dont une douzaine sont des bandes de lancement, des bandes-son ou des rushes. Les films eux-mêmes y sont représentés en multiples (jusqu'à dix) exemplaires de différents formats. L'inventaire en cours au département d'anthropologie visuelle du Musée d'ethnographie devrait s'achever en 2007. Il s'agit des 13 titres suivants, en format 16 mm : *Le Film de l'Expédition* (Expédition au Groenland avec P.-É. Victor, 1948) ; *Montagne des merveilles* (1949), qui présente les gravures rupestres préhistoriques du mont Bego dans les Alpes-Maritimes ; *Cimes et merveilles* (1952), qui remporta le premier prix au Festival du film de montagne de Trente en Italie ; *Les Trésors de l'Égypte* (1954), premier prix du film d'exploration au Festival de Trente ; *Grand Paradis* (1956), un film sur la faune sauvage des Alpes ; *Les Jardins de la mer* (1956) ; *Univers géant, ou les nouveaux voyages de Gulliver* (1957) qui présente, à la façon d'un conte philosophique, la vie des insectes et préfigure le célèbre *Microcosmos* de Claude Nuridsany et Marie Pérennou (1996) ; *Le soleil se lève en Grèce* (1958) ; *L'Or de l'Islande* (1963) ; *Soleils en Provence* (1968) ; la nouvelle version du célèbre film de montagne *Cimes et merveilles* (1973) ; enfin *Derniers Seigneurs* (n. d.). Quant aux photographies, elles sont encore à trier et à cataloguer.

Les papiers

Samivel écrit : « très nombreux document accessoires ; revues ou journaux ayant publié des textes de SVL ou sur SVL, correspondances, documents publicitaires, catalogues, livres d'or, etc. » Samivel possédait un système de classement invariable : des enveloppes de papier beige de différents formats, titrés à la main et contenant chacune un dossier possédant sa propre cohérence, chronologique ou thématique. Établi au fil des jours, ce rangement se prête en ce moment au musée à un dépouillement.

Les objets

L'atelier de Samivel à Vence nous a livré enfin un matériel de marcheur, d'alpiniste, de photographe, de cinéaste, de conférencier...

Erica Deuber Zeigler, Jean-Louis Feuz,

Erica Deuber Zeigler, historienne de l'art chargée de recherche au MEG.

Jean-Louis Feuz, historien de l'art, collaborateur scientifique au MEG.

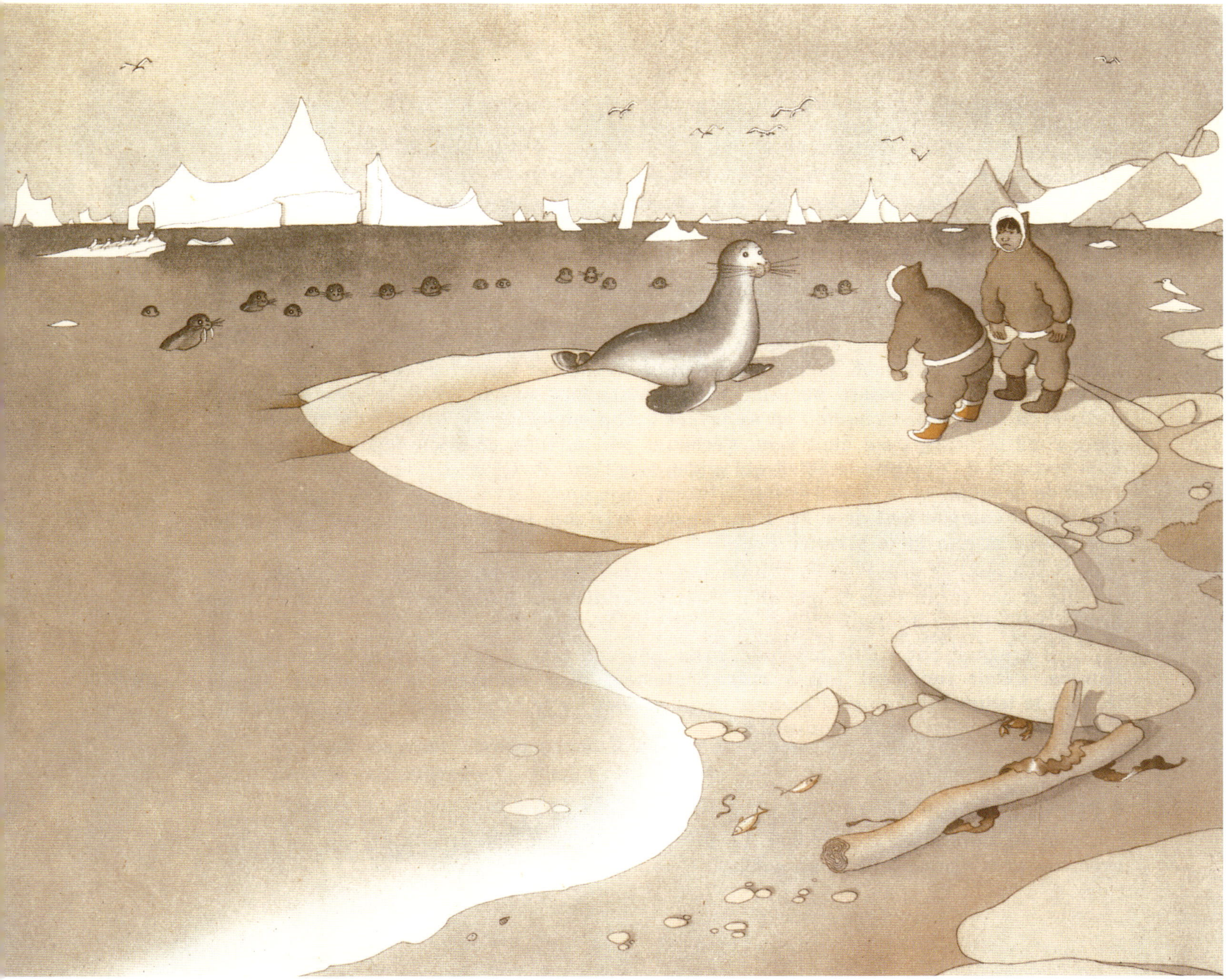

Ayorpok et Ayounghila, 1950.
« Discours au phoque ».
Aquarelle.

NOTES

1. Bernard Crettaz, « Samivel et le Musée d'ethnographie de Genève », in *Samivel en montagne. Les visions d'un amateur d'abîmes.* Une exposition et un catalogue du Museo Nazionale della Montagna « Duca degli Abruzzi » – CAI Torino et du Musée d'ethnographie Genève. Torino : Museo nazionale della montagna « Duca degli Abruzzi » : Club Alpino Italiano — Sezione di Torino, Genève, Musée d'ethnographie, 1997, p. 103.
2. Fonds unique d'objets et d'archives, iconographique et bibliographique consacré au monde alpin et rhodanien, réuni par le Genevois d'origine savoyarde Georges Amoudruz et acquis en 1976 par le Musée d'ethnographie de Genève.
3. Bernard Crettaz, *op. cit.* : p. 103.
4. Me Gonin, notaire à La Colle-sur-Loup (Alpes-Maritimes), « Délivrance de legs », 1993. Archives du Musée d'ethnographie de Genève.
5. Bernard Crettaz, *op. cit.*, p. 104.
6. Bernard Crettaz, *op. cit.*, p. 105.
7. « Exécutrice testamentaire des dispositions de Samivel et sa représentante autorisée auprès du musée d'Ethnographie de Genève ou de tout autre organisme culturel intéressé », selon les termes de la « Délivrance de legs » de 1993.
8. Christian Delécraz, « Enlèvement des œuvres de feu Samivel à Grenoble, chez Mme Guylaine Nové-Josserand, le 28 juin 1993. Importation de la totalité du legs en Suisse », Genève, le 29 juin 1993. Archives du Musée d'ethnographie de Genève.
9. Me Gonin, « Délivrance de legs », La Colle-sur-Loup, 1993. Archives du Musée d'ethnographie de Genève. Il va de soi que les droits attachés aux éditions des livres et des films qui font partie du fonds appartiennent aux ayants-droit.
10. « Samivel in montagna / Samivel en montagne, La magia delle altezze / Les visions d'un amateur d'abîmes », Bibliothèque de la Cité, Genève, 10 oct.-21 déc. 1996, Museo Nazionale della Montagna, Torino, 16 mai-6 juill. 1997, Chamonix Mont-Blanc, 15 juill.-31 août 1997. Voir catalogue, *op. cit.*
11. *Samivel en montagne. Les visions d'un amateur d'abîmes. Op. cit.*, p. 6.
12. Bernard Crettaz, *op. cit.*, p. 106.
13. « Il y a 100 ans naissait Samivel. Illustrateur, écrivain et cinéaste », du 31 mars au 30 septembre 2007.
14. Voir note 4.

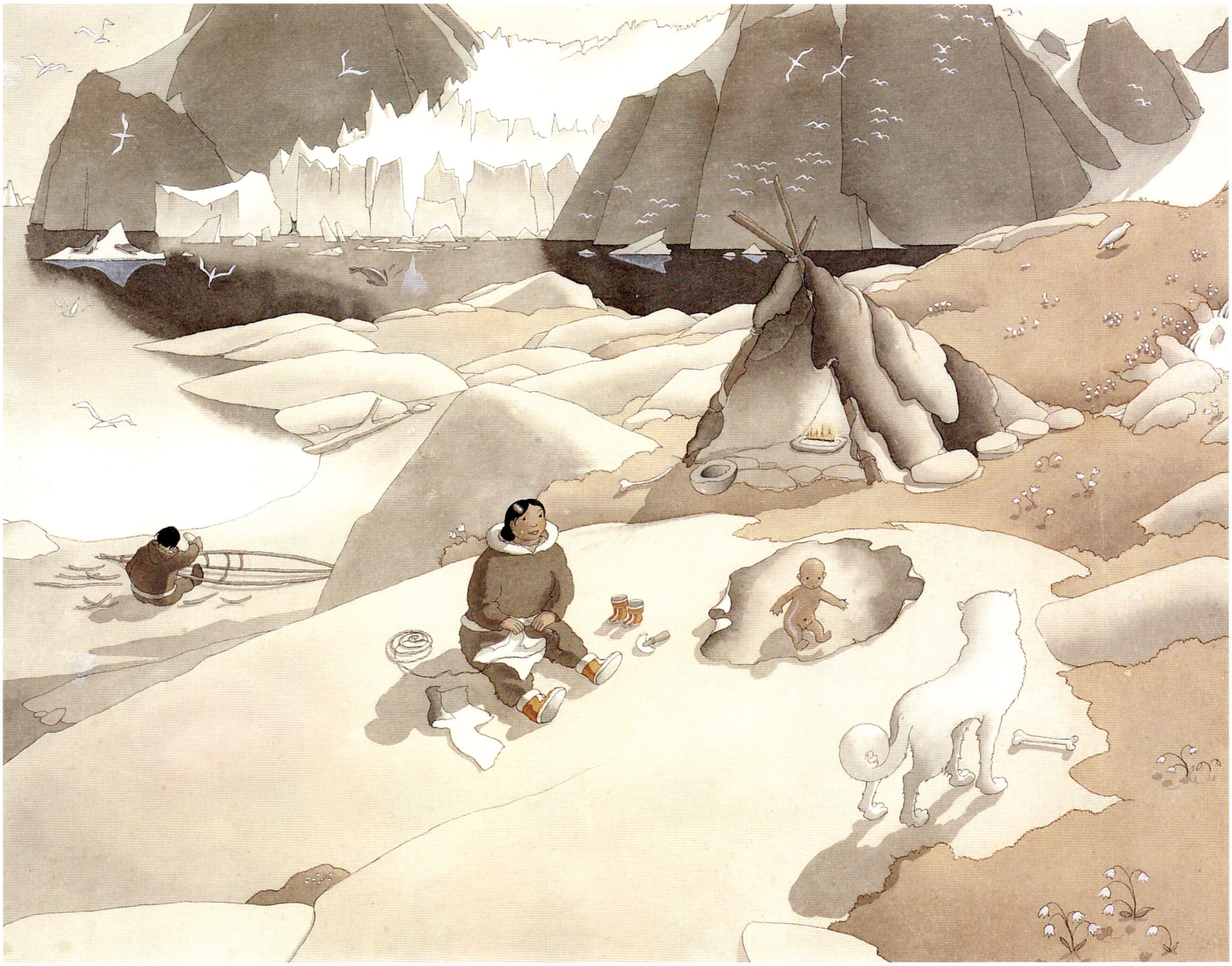

Ayorpok et Ayounghila, 1950.
« L'arrivée du numéro 3 ».
Aquarelle.

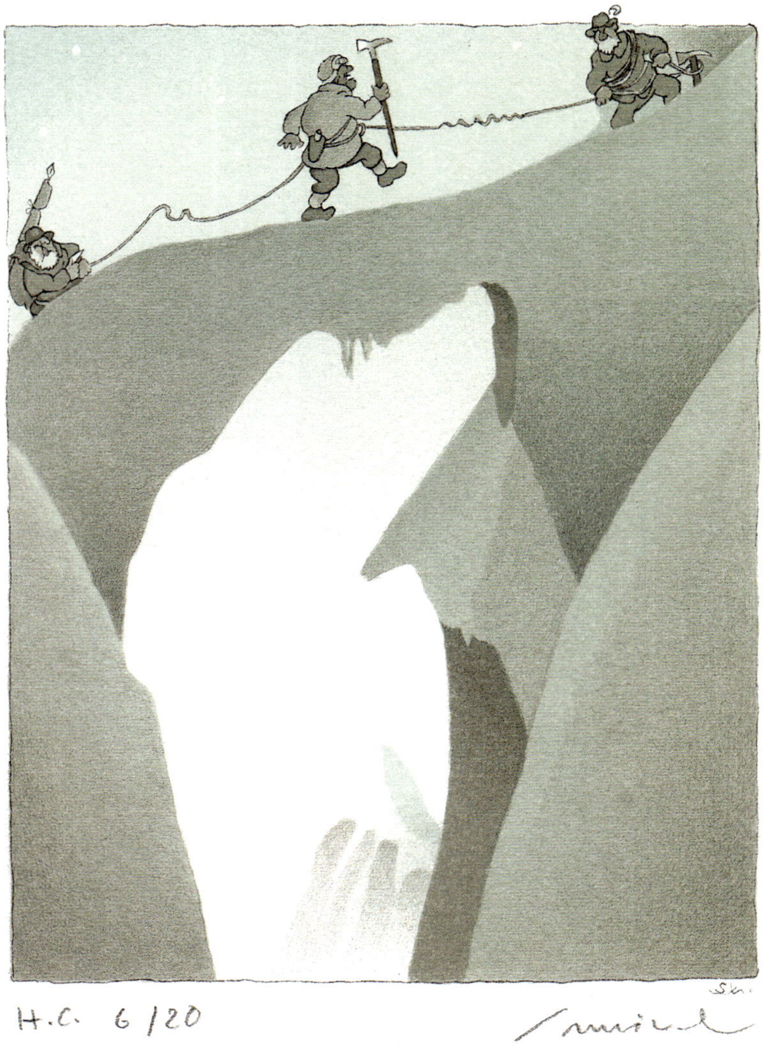

Tartarin sur les Alpes, 1991.
« Brav… brav… Französe… »
Lithographie réalisée à l'occasion
de la sortie du livre.

Page de droite
Tartarin sur les Alpes, 1991.
« Braves gens aux traits durs et frustes,
taillés en pleine roche… »
Aquarelle.
Musée d'ethnographie de Genève.

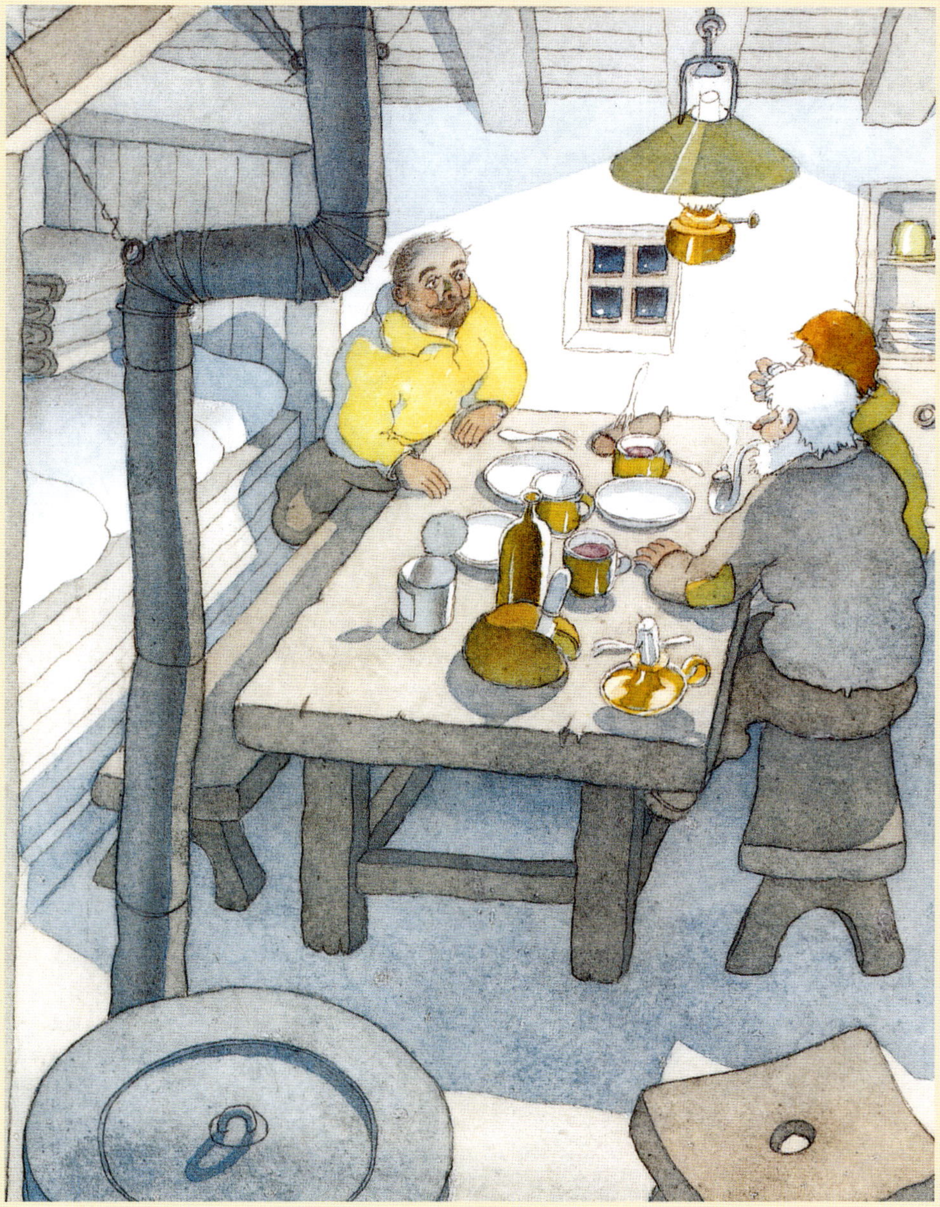

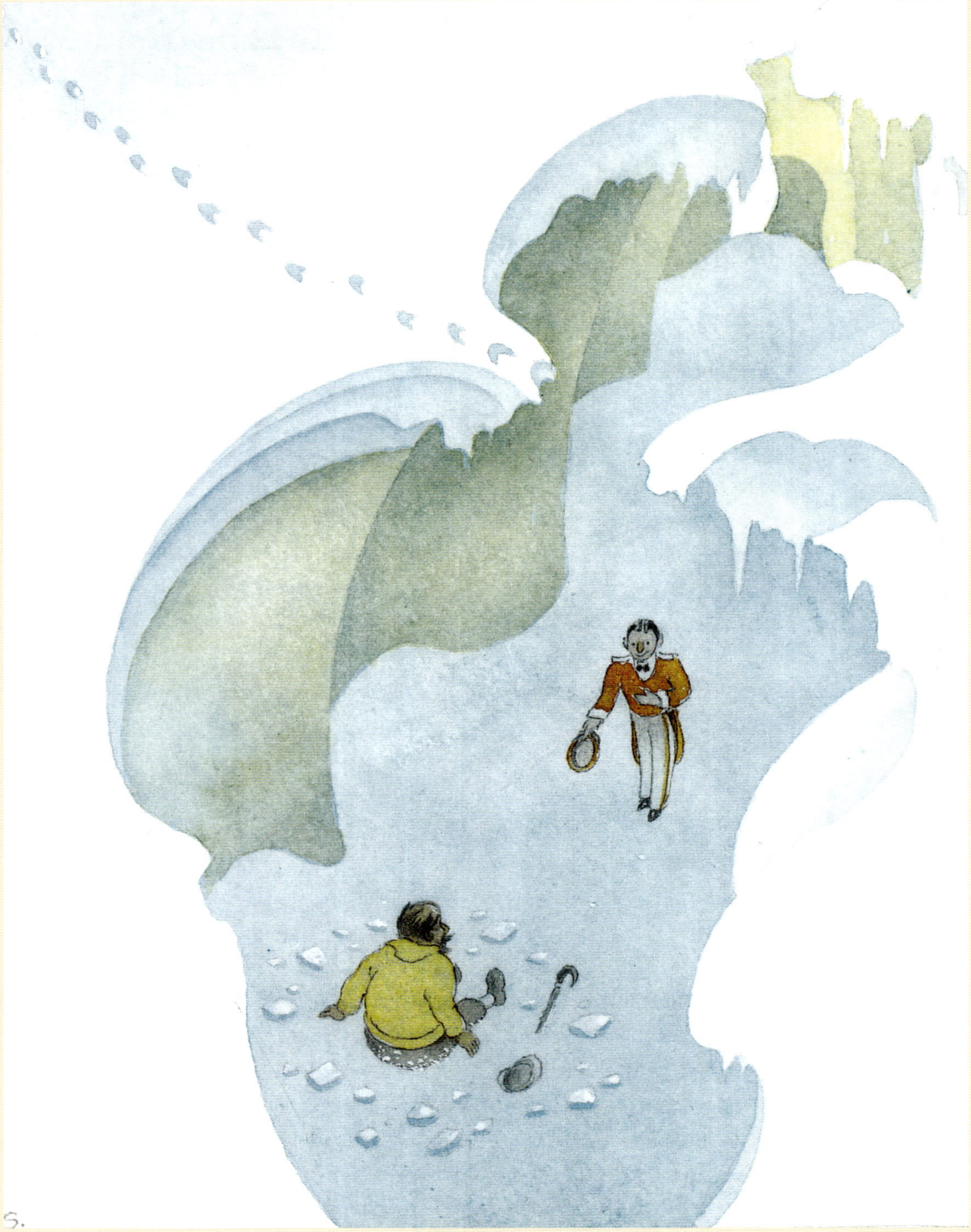
S.

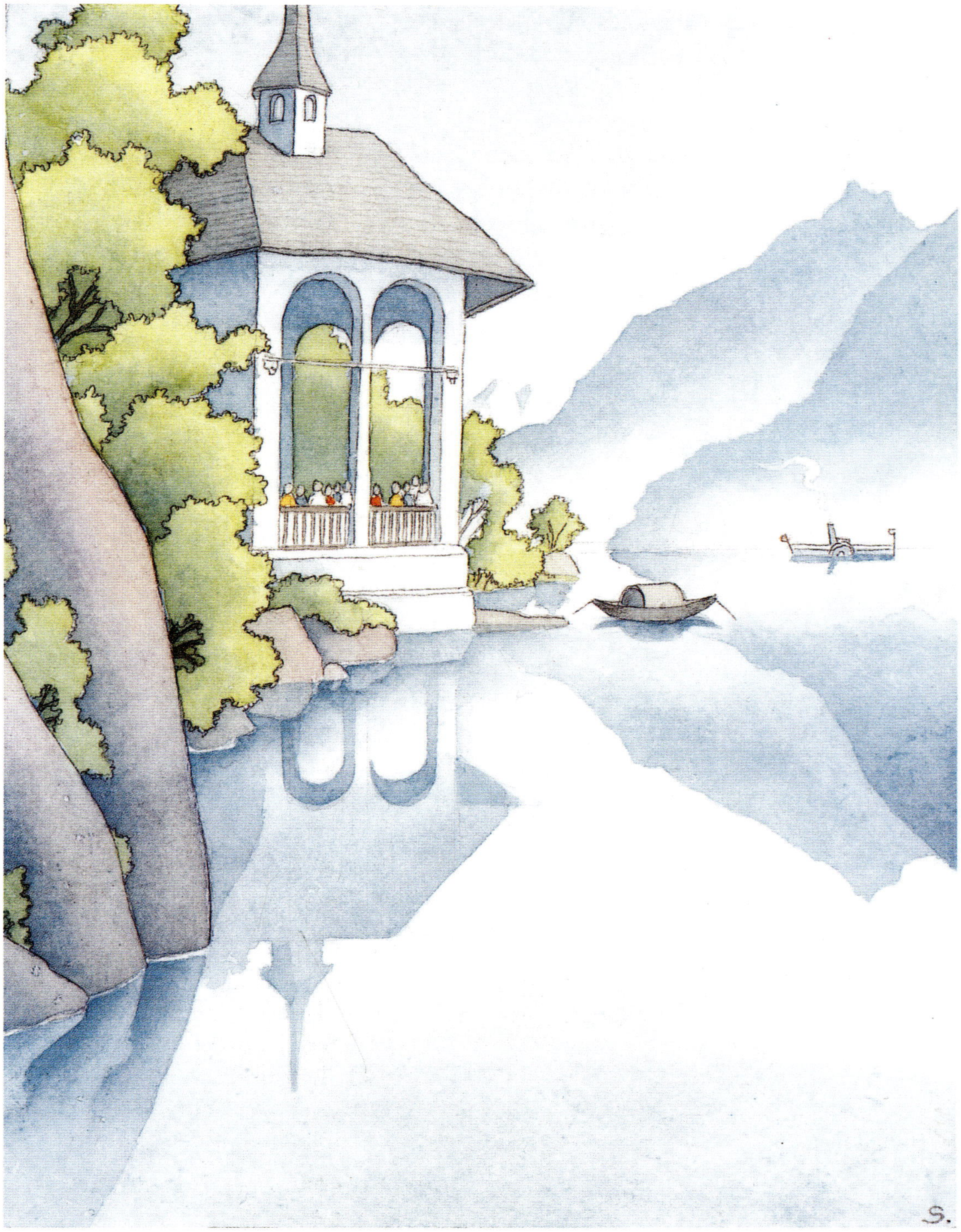

Tartarin sur les Alpes, 1991.
« La chapelle est située… tout au bord du lac,
sur la roche même où Guillaume Tell… »

Page de gauche
« Monsieur n'a pas de bagages ?… »,
Aquarelles.
Musée d'ethnographie de Genève.

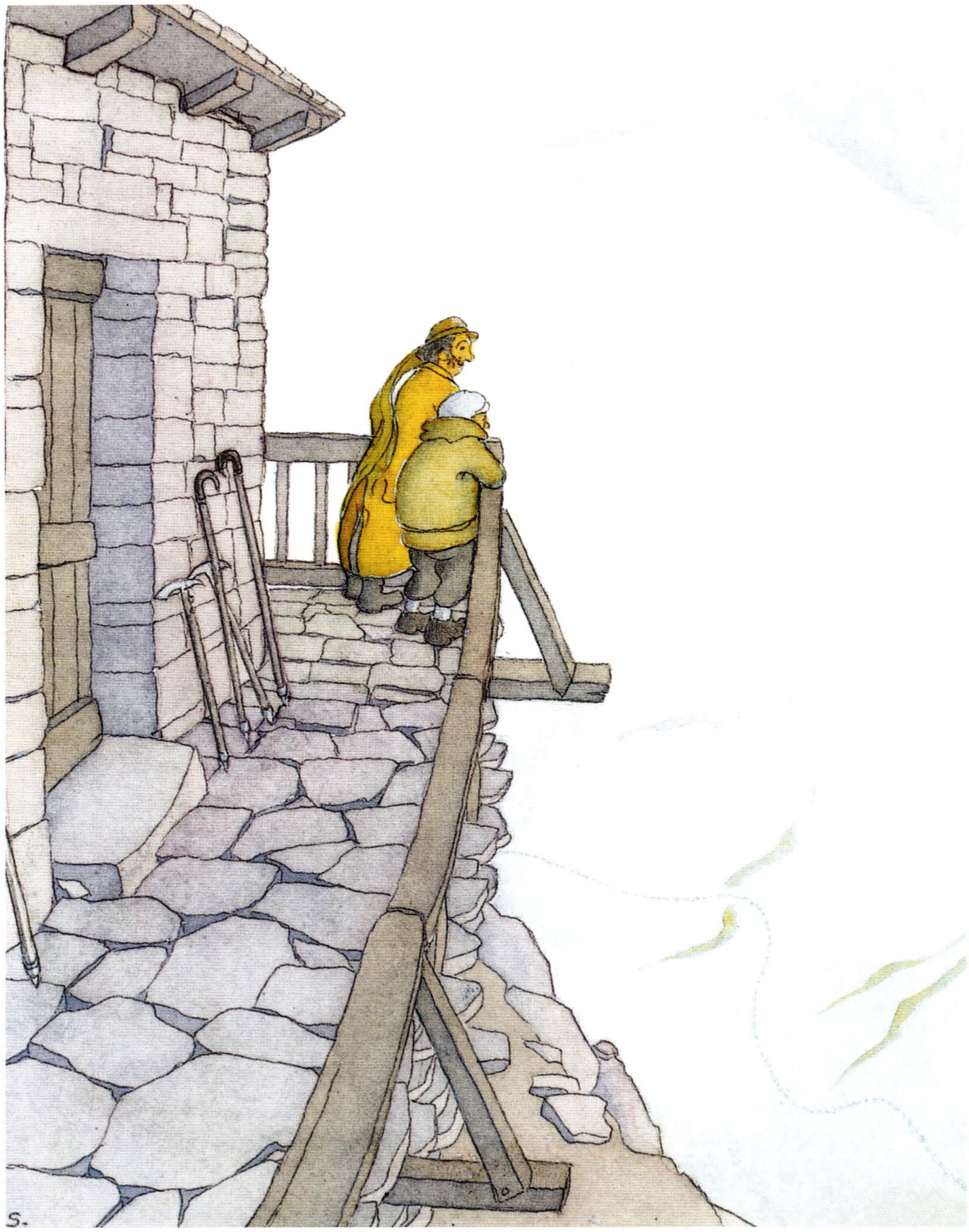

Tartarin sur les Alpes, 1991.
« Ah ! vaï, farceur ; et la Compagnie !...
Le mont Blanc n'est donc pas aménagé
comme les autres ? »

Page de droite
« Vé ! le chamois... »
Aquarelles.
Musée d'ethnographie de Genève.

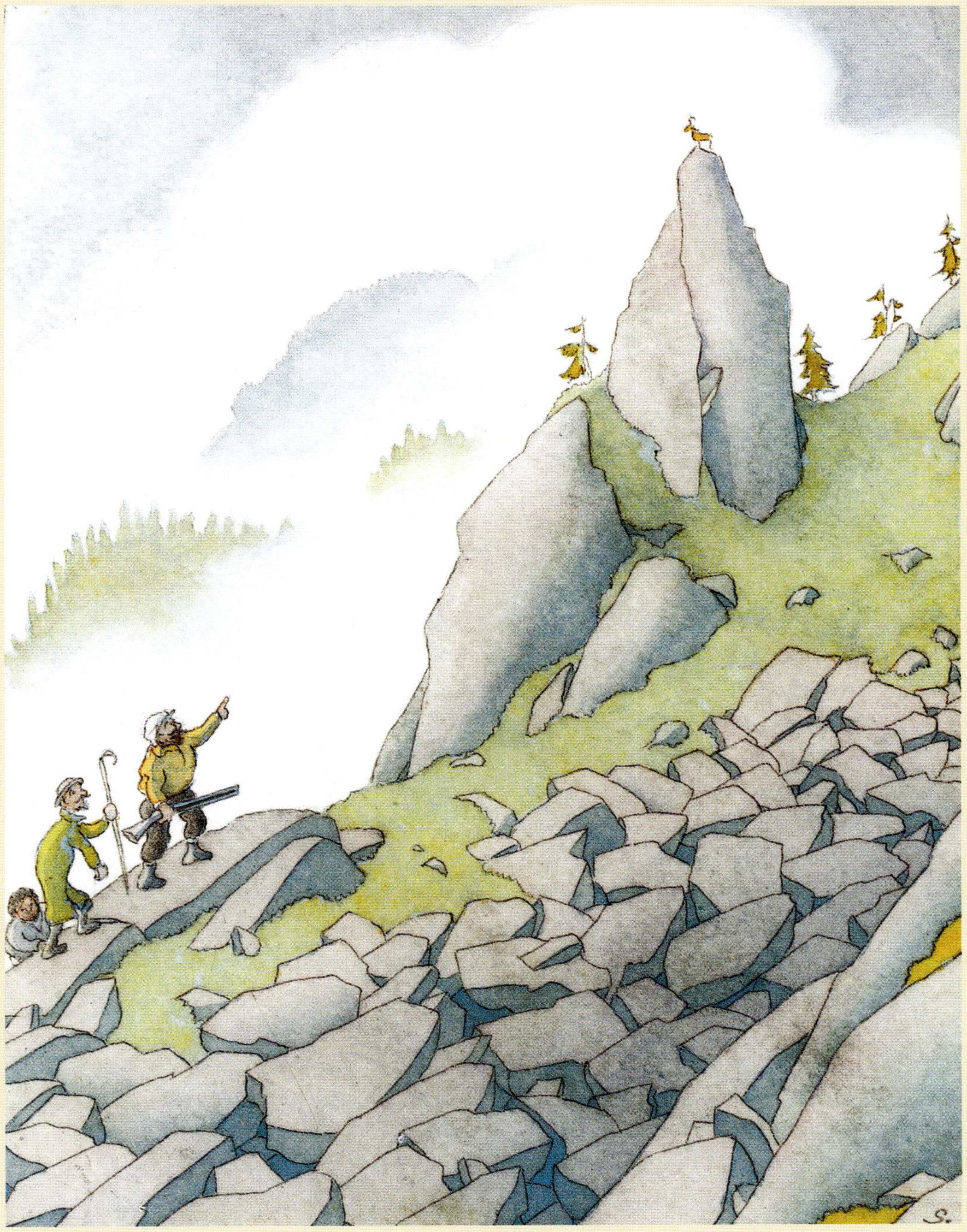

Bibliographie

1928

Premiers dessins humoristiques sur la montagne parus dans une revue grenobloise, *La Vie alpine*.

1931

Sur les planches (7 planches humoristiques en couleurs sur le ski.), Paris, Éd. Didier et Richard.

1932

Sous l'œil des choucas (dessins noir et blanc. Précédés d'une adresse de Guido Rey), Paris, Éd. Delagrave.

1933

Moins dix degrés (sur les sports d'hiver. Recueil de dessins humoristiques noir et blanc et lavis). Paris, Éd. Delagrave.

Parade des diplodocus (texte et dessins en noir et couleurs), Paris, Éd. Hartmann.

1934

Gargantua (illustrations en noir et couleurs), Paris, Éd. Delagrave.

Ces monts affreux (illustrations à la mine de plomb en hors-textes, Paris, Éd. Delagrave.

1935

Ces monts sublimes (les deux titres sont de Samivel, illustrations à la mine de plomb en hors-textes), Paris, Éd. Delagrave.

Les Blagueurs de Bagdad (mise en scène texte et dessins Samivel), Paris, Éd. Hartmann.

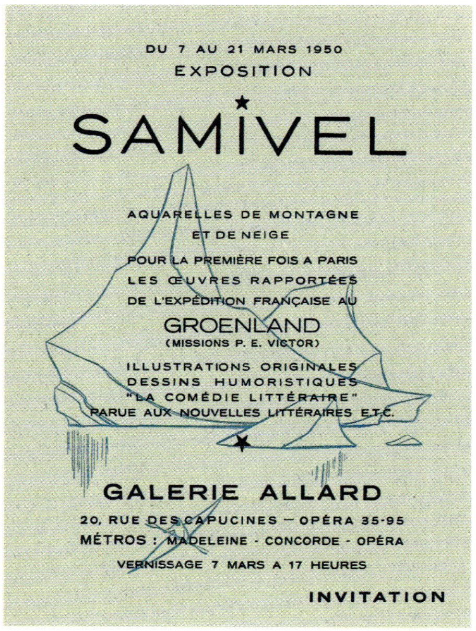

Pantagruel (illustrations en noir et couleurs), Paris, Éd. Delagrave, réédité en 1975.

1936

Goupil (sur le thème du *Roman de Renart*. Texte en vers libres et illustrations couleurs Samivel), Paris, Éd. Delagrave, réédité en 1996.

1937

Neiges (10 estampes précédées d'une introduction de l'artiste), Paris, Éd. Delagrave.

Brun l'ours (sur le thème du *Roman de Renart*. Texte en vers libres et illustrations couleurs de Samivel), Paris, Éd. Delagrave, réédité en 1996.

1938

Canard, ou le Songe d'un jour de neige (texte, dessins noir et couleurs), Paris, Éd. Delagrave.

1939

Les Malheurs d'Ysengrin (Chantefable et illustrations en couleurs de Samivel), Paris, Éd. Delagrave.

1940

L'Amateur d'abîmes (récit de haute montagne. Premières Éd. illustrées de croquis en noir et blanc dans le texte), Paris, Éd. Stock. Réédition Hoëbeke, 1997.

La Légende du ski (hors-texte en couleurs et dessins en noir et blanc de Samivel), Paris, Éd. Delagrave.

François de France (texte et dessins de Samivel) Lyon, Imprimerie Artistique en Couleurs (IAC).

1941

Chansons de montagne (livret de chansons illustrées et écrites par Samivel), Lyon, IAC.

Bon voyage, monsieur Dumollet ! (texte et illutrations en couleurs), Paris, Éd. Delagrave, réédité en 1978.

1942

Le Joueur de flûte de Hamelin (conte original et illustrations de Samivel), Paris, Éd. Flammarion, « les albums du Père Castor ».

Merlin Merlot (conte écrit et illustré par Samivel), Paris, Éd. Flammarion.

La Grande Nuit de Merlin (conte fantastique, écrit et illustré par Samivel), Lyon, IAC.

Les Dynastes (roman de P. Van der Meulen. Illustrations couleurs de Samivel), Grenoble, Éd. Arthaud.

1944

Les Fables de La Fontaine (illustrations de Samivel), Lyon, IAC.

L'Opéra de pics (dessins noir et blanc, lavis, hors-textes couleurs. Introduction de Jean Giono, texte de Samivel), Paris, Éd. Arthaud, réédité en 2004, Grenoble, Éd. Glénat.

La Complainte de la baleine et de M. Jonas (texte et dessins noir et blanc de Samivel), Lyon, IAC.

1945

Chapeaux pointus (fables écrites et illustrées par Samivel), Paris, Éd. Stock.

Villon, l'œuvre poétique (illustrations en noir et couleurs de Samivel), Lyon, IAC.

1946

Monsieur Dumollet sur le Mont-Blanc (roman humoristique et illustrations en couleurs de Samivel), Lyon, Éd. IAC, Paris, Éd. Hoëbeke, 1989.

Train de fables. La Fontaine, Florian, Samivel et illustrées par Samivel. Lyon, IAC.

1947

Trag le chamois (texte, dessins noir et couleurs), Paris, Éd. Delagrave, réédité en 1988.

1948

Monsieur Dumollet à Paris (texte et illustrations en couleurs de Samivel), Lyon, IAC.

L'Île du piano à queue (nouvelles), Lyon, I.A.C.

Bonshommes de neige, « dessins inanimés », texte et dessins de Samivel, Paris, Éd. Didier, réédité à Paris, Éd. Hoëbeke, 1987.

1950

Ayorpok et Ayounghila (conte eskimo et illustrations de Samivel), Lyon, IAC.

1951

Contes à pics (nouvelles, illustrées de lavis), Paris, Éd. Arthaud, réédité en 1993.

1952

Cimes et merveilles (texte illustré de photos couleurs et noir et blanc. Ouvrage parallèle au film du même titre), Paris, Éd. Arthaud, nouvelle édition (*Cimes et merveilles II*) en 1975.

1953

Histoire du naufragé volontaire d'Alain Bombard (illustré de hors-textes en noir et blanc de Samivel), Paris, Éd. de Paris, réédité en 1979, Paris, Éd. Fernand Nathan.

1954

Trésors de l'Égypte (préface, texte et mise en pages de Samivel. Photos M. Audrain. Ouvrage parallèle au film du même titre), Paris, Éd. Arthaud.

1958

Grand Paradis (avec la collaboration de René-Pierre Bille pour les photos. Ouvrage parallèle au film du même titre), Paris, Éd. Hachette.

Univers géant (préface, texte et photos de Samivel. Ouvrage parallèle au film du même titre) Paris, Éd. Arthaud.

1959

Le soleil se lève en Grèce (introduction, texte de Samivel. Photos de Samivel et M. Gidon. Ouvrage parallèle au film du même titre), Paris, Éd. Arthaud.

1963

L'Or de l'Islande (introduction et texte de Samivel. Photos de P. Plumet. Ouvrage parallèle au film du même titre), Paris, Éd. Arthaud.

1967

Le Fou d'Edenberg (roman), Paris, Éd. Albin Michel, réédité en 1979.

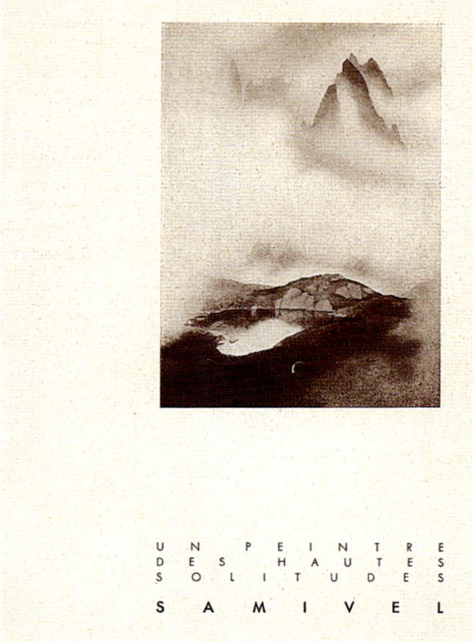

1969
Soleils en Provence (texte et photos de Samivel. Ouvrage parallèle au film du même titre), Paris, Éd. Arthaud.

1973
Hommes, cimes et dieux. Les Grandes Mythologies de l'altitude et la légende dorée des montagnes à travers le monde. Paris, Éd. Arthaud, réédité en 2005.

1976
L'Œil émerveillé ou la Nature comme spectacle (essai littéraire sur la beauté du monde), Paris, Éd. Albin Michel, réédité en 2002.

1978
Le Grand Oisans sauvage, Paris, Éd. Arthaud, réédité en 1987.

1980
Contes des brillantes montagnes avant la nuit (nouvelles), Paris, Éd. Arthaud, réédité en 1993.

1981
La Grande Ronde autour du Mont-Blanc (récit et histoire. Photographies Norande). Grenoble, Éd. Glénat, nouvelle édition en 1999.

1983
Les Grands Passages des Alpes occidentales (histoire. Photographies Norande), Grenoble, Éd. Glénat. Nouvelle édition (*Les Cols des Alpes*) en 1996.

Il y aura de l'eau pour les cygnes (nouvelles, et deux pièces de théâtre), Paris, Éd. Albin Michel.

1985
Samivel des cimes, Paris, Éd. Hoëbeke, nouvelle édition en 2000.

1986
Monastères de montagne (Histoire. Photographies Norande), Paris, Éd. Arthaud, réédité en 1996.

Les Cols des Alpes, Grenoble, Éd. Glénat, réédité en 1996.

Samivel des rêves. Paris, Éd. Hoëbeke.

1988
Montagne paradis ou le rêve romantique (Photographies Norande), Paris, Éd. Arthaud.

L'Or des Temps (Égypte, Islande, Grèce), Paris, Éd. Arthaud.

1991
Tartarin sur les Alpes, d'Alphonse Daudet. (illustrations et introduction par Samivel), Paris, Éd. Hoëbeke.

La Dame du Puits (fablier pour adultes), Lausanne, Éd. L'Âge d'Homme.

1995
Nouvelles d'en haut (contes et récits), Paris, Éd. Hoëbeke.

FILMOGRAPHIE

1948 : Première Expédition polaire française au Groenland

Printemps arctique
Les Hommes du phoque
Chronique filmée de l'Expédition

1949 : *Montagne des merveilles*

1952 : *Cimes et merveilles* (16 mm), couleur, 1er prix international du film de montagne au Festival de Trente.

1954 : *Trésor de l'Égypte* (16 mm), couleur, 1er prix international du film d'exploration dans le Temps.

1956 : *Grand Paradis* (16 mm), couleur, 1er prix international du film de montagne au Festival de Trente.

Jardins de la mer (16 mm), couleur. Prix à la qualité de Centre national du cinéma français.

1957 : *Univers géant ou Les Nouveaux Voyages de Gulliver* (16 mm), couleur. Sur le monde des insectes. À la façon d'un conte philosophique.

La Jungle de l'herbe (16 mm), couleur (prix à la qualité de Centre national du cinéma français).

Le soleil se lève en Grèce (16 mm), couleur.

1963 : *L'Or de l'Islande* (16 mm), couleur.

1968 : *Soleils en Provence* (16 mm), couleur.

1973 : *Cimes et merveilles II*, couleur.

En 1991, le réalisateur Karel Prokop, qui a également tourné un film sur Théodore Monod, réalise un film sur Samivel : *Samivel, l'esprit émerveillé*. Diffusé sur FR3 et sur la TSR en novembre et décembre 1992.

EXPOSITIONS

1928 : Chambéry

1929 : Cercle de la Librairie, Paris.

1930 : galerie Pierotti, Chambéry.

1931 : exposition des peintres de montagne, Cercle de la Librairie, Paris, exposition des Humoristes

1932 : exposition des Humoristes, exposition d'art alpin, Chamonix.

1934 : exposition particulière, Section du Club alpin, Lyon.

1935 : exposition particulière, « Magie blanche », galerie Drouant, Paris.

Exposition particulière, galerie-librairie de la Mésange, Strasbourg.

Exposition particulière galerie Laforge, Grenoble.

Exposition particulière galerie Drouant, Paris.

1942 : Salon des Humoristes, Vichy

Exposition particulière, galerie Roger, Lyon.

Salon d'Humour, exposition itinérante.1950 : exposition particulière, galerie Allard, Paris (œuvres rapportées du Groenland).

Dessins humoristiques parus dans *Les Nouvelles littéraires*.

1957 : exposition particulière, musée de la Ville d'Annecy.

1973 : exposition particulière, maison de la Montagne, Chamonix.

1977 : exposition particulière, galerie-librairie Maurel, Marseille.

1978 : exposition particulière, librairie Decitre, Lyon.

1981 : Musée savoisien, Chambéry.

1984 : exposition particulière, galerie Papiers-Gras, Genève

1986 : librairie Arthaud, Grenoble.

1987 : *Samivel poète du verbe et de l'image*, palais des Congrès de Mégève.

1987-1988 : Musée alpin de Berne, Suisse.

1990 : château de Ripaille, Thonon.

1990-1991 : musée d'Ethnographie de Genève, Annexe de Conches, Suisse.

1996 : *Les Visions d'un amateur d'abîmes*, bibliothèque de la Cité, Genève, puis au château d'Yverdon à Chamonix en 1997.

1997 : *Les Visions d'un amateur d'abîmes*, Museo Nazionale della Montagna, Turin, Italie.

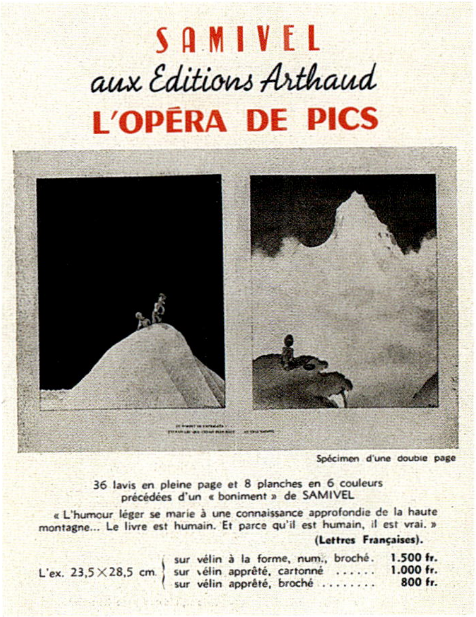

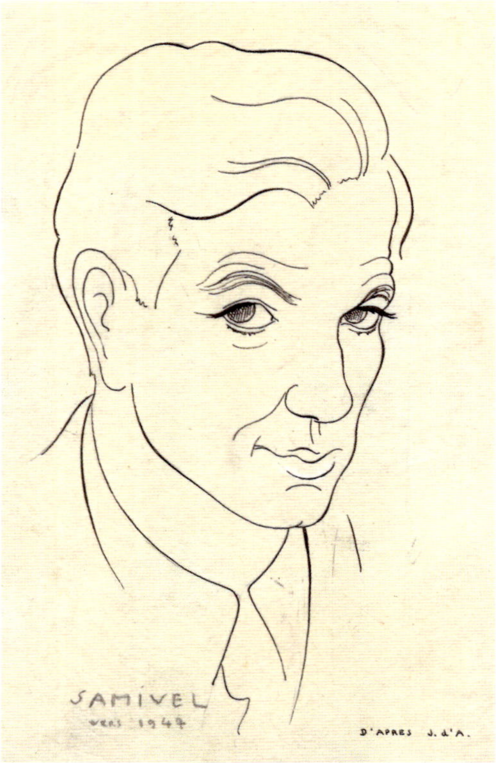

Autoportrait, vers 1947.
Dessin à l'encre de Chine.

Association Les Amis de Samivel
58, route Gayat
F-38260 Champier
tél/fax : 00 33 (0) 54 52 03

Crédits photographiques
Photos Norande : pp. 6-7 ; 18-19 ; 40.
Archives Éditions Hoëbeke : pp. 8-9 ; 10-11 ; 12-13 ; 14-15 ; 16 ; 17 ; 20 ; 21 (haut gauche et bas gauche) ; 22 ; 28 ; 42 ; 48 ; 50 ; 51 ; 53 ; 55 ; 57 ; 59 ; 60 ; 61 ; 62 ; 63 ; 64 (haut et bas) ; 65 ; 66 ; 67 (haut et bas) ; 68 ; 69 ; 70 ; 71.
Musée d'ethnographie de Genève, photos Jonathan Watts : pp. 31 ; 36 ; 37 ; 45 ; 47 ; 58 ; 73 ; 74 ; 75 ; 80 ; 81 ; 82 ; 83 ; 87 ; 88 ; 89 ; 90 (haut et bas) ; 98 (gauche et droite) ; 99 ; 105 ; 106 ; 110 ; 112 ; 113 ; 119 (haut et bas).

ISBN 13 : 9782-84230-280-1
Dépôt légal : avril 2007
Mise en pages : Éric Blanchard
Photogravure : Color'Way
Achevé d'imprimer en mars 2007
Imprimé et relié en Italie